守望者
The Catcher

阅读　你的生活

观点 本然的

THE VIEW FROM NOWHERE

中文修订版

〔美〕托马斯 · 内格尔
（Thomas Nagel）
——————— 著

贾可春 ———— 译

中国人民大学出版社
· 北 京 ·

纪念塞缪尔·托迪斯

译者序

本书作者托马斯·内格尔系当代美国著名哲学家，原籍南斯拉夫，1937年出生于贝尔格莱德，1944年移居美国，1950年代中期到1960年代初期先后求学于康奈尔大学、牛津大学和哈佛大学，并于1963年在约翰·罗尔斯的指导下在哈佛大学获得博士学位。从哈佛大学毕业后，内格尔先后在加利福尼亚大学伯克利分校和普林斯顿大学任教共十余年；在此期间，苏珊·沃尔夫（Susan Wolf）、谢利·卡根（Shelly Kagan）及塞缪尔·谢弗勒（Samuel Scheffler）等全球知名哲学家都曾在其指导下获得博士学位。从1980年起，内格尔一直在纽约大学任教，直至2016年在该校荣誉退休。内格尔亦是美国艺术与科学院院士、美国哲学学会会员、英国科学院通讯院士，并曾获得美国和加拿大古根海默人文社会科学基金奖（1966）、美国迪亚蒙斯坦－施皮尔福格尔艺术评论奖

（1996）、美国梅隆杰出成就奖（2006）、美国罗尔夫·肖克罗逻辑与哲学奖（2008）、美国巴尔扎恩道德哲学奖（2008）等许多全球知名奖项，同时他也是牛津大学及布加勒斯特大学等高校荣誉博士学位获得者。2016 年 9 月，内格尔被美国一著名教育网站评选为全球 50 位最具影响力的健在哲学家之一。其主要著作有：《利他主义的可能性》（1970）、《人的问题》（1979）、《本然的观点》（1986）、《它究竟意味着什么：一篇很短的哲学导论》（1987）、《平等与不公》（1991）、《他人心灵》（1995）、《最后的话》（1997）、《所有权的神话：税收与公平》（2002）、《世俗哲学与宗教气质》（2010）、《心灵和宇宙：为什么唯物论的新达尔文的自然概念几乎肯定是错误的》（2012）。

作为上个世纪 70 年代以来最有影响的哲学家之一，内格尔在心灵哲学、认识论、伦理学及政治哲学等诸多领域都卓有成就，尤其是他在心灵问题上对还原论的批评以及在义务论和自由主义伦理学、政治哲学等方面所提出的诸多颇有创见的理论受到了欧美哲学界的普遍重视，而最能集中体现内格尔哲学成就的，无疑就是他于 1986 年出版的这部《本然的观点》。全书所探讨的唯一问题或者说中心问题，是主观的观点与客观的观点的关系问题，亦称"内在的观点"与"外在的观点"的关系问题，或曰"内在—外在的张力"问题。事实上，这不仅是本书所探讨的中心问题，而且也是内格尔多年来全部哲学思考的中心问题。他在哲学的各个分支领域所提出的诸多引人注目的重要思想，大都是围绕这个问题而展开的。

所谓主观的观点与客观的观点的关系问题，其实就是"怎样把世界内的一个特殊的人的视角与关于包含此人及其观点在内的同一个世界的客观观点相结合"（本书第 1 页）的问题。按照内格尔在本书中的论述，弄清这一问题，实质上就是要弄清三个细分问题：(1) 两种观点是如何关联的；(2) 在思想和行为中为了把另一种考虑进来，两种观点分别可以通过什么方式被提出和修改；(3) 两种观点是如何联合控制人的思想和行为的。他认为，这个问题具有相当的重要性，因为"它是关于道德、知识、自由、自我以及心灵同物理世界之间的关系的最根本的问题"（本书第 1 页）。回答这个问题，本质上是在建立一种世界观和人生观。

在内格尔那里，主观的观点是从内部看世界的观点即内在的观点，而客观的观点是从外部看世界的观点即外在的观点，二者在看待世界时都要求具有优先性。主观性和客观性其实是理解世界的两种方法。在内格尔看来，解决二者的关系问题，核心在于解决我们应当如何对待客观性的问题。客观的观点要求把一切都置于"大画面"中来看待，它抵制纯粹内在的观点以自我为中心的扭曲，并要求支配主观的观点。客观性追求其实是人的一种天赋能力，因为"这种支配不是从外部强加的，而是从客观性对个体思考的固有吸引力中引申出来的"[①]。然而，客观性的能力却是有限的，因为我们自身就是有限的存在物；客观性无法对世界做出令人满意的解释，而且也不能完全支配人的行为，其实"在世界、生命及我们自己这些问题上，依然存在某些无法依据一种最客观的立场而得到充

---

① 托马斯·内格尔. 人的问题. 万以, 译. 上海：上海译文出版社，2004：210. ——译者注

分理解的事物，不管在我们的起点之外它会把我们的理解扩展到多远"（本书第6页）。客观性在哲学上会导致虚假的还原论分析，而当认识到其局限时又会导致怀疑论。物理主义、功能主义及科学主义，都是客观性的一些盲目的形式。基于对客观性的这种独特的理解，作者在本书中处理主观的观点与客观的观点的关系问题时，重点对客观性进行了一种批评的辩护。在这种意义上，我们可以说，本书其实是作者专门对客观性所做的一种探讨与解释，而本书的书名《本然的观点》所强调的也正是客观性意欲达到的那种目标。

在本书中，作者着重探讨了主观的观点与客观的观点的关系问题——或干脆说，客观性问题——在心灵的形而上学、知识论、自由意志和伦理学等领域中的表现形式及可能的解决思路。

在心灵哲学方面，行为主义、因果论及功能主义等各种心理—物理的还原论都奠基于一种传统的观点，即物理的客观性提供了实在的一般形式。但内格尔指出，意识的主观性是实在的一种不可还原的特征，它应当与物质、能量、时间、空间及数这些东西占据同样根本的位置。我们没有理由假定，关于物理世界的一切东西，都能通过物理的客观性概念及其某种可能的发展而得以理解。实在不可能仅仅是物理的实在；假如最终存在某些不能用物理的方式加以分析的视角，就必须修改我们关于客观实在性的观念。内格尔认为，我们可以在不把精神还原为物质的情况下，对心灵——并非单指人的心灵——做一种自然的客观的理解。他还特别强调，一个事物可以同时具有两组相互不可还原的必要性质即精神的和物理的，因而脑也可以成为精神状态的主体。他认为，这比二元论对世界的解释更可信。

在认识论问题上，内格尔断言，客观性努力扩展我们对世界的理解，但怀疑的可能性终究是不可避免的。所以，我们只能使关于我们在世界中的位置的概念更完整，而这本质上就是在确立客观的立场。这种确立的最终目标，是一种完全包围自身并实现自我超越的观念；但作为有限的存在物，我们不可能获得此种目标。内格尔认为，客观性之进步，依赖于我们每一步都把先前的理解纳入对我们与世界的精神关系所做的新的描述中。内格尔的认识论是理性主义的，但这不是因为他认为我们的信念的最终基础可以先天地被发现，而是因为他认为，除非假定它们在我们没有意识到的某种全局性的事物——这并非仅仅属于人类的某种事物——中有一种基础，它们就是无法理解的。他指出，认识论的希望在于，逐步确立一种能与个体视角共存并能理解它的超然的视角。

在自由意志问题上，也存在着关于行为的内在观点与外在观点的冲突和对立。内格尔指出，客观性要求我们依据外在的立场去行动，但我们只能从世界的内部来行动。当我们从外部看待自己时，从内部所经验到的意志的自主就会表现为某种幻觉；而且当从外部看待世界时，我们根本无力做出任何行动。内格尔强调，解决这个问题的办法在于，从我们的个人视角内部寻找不会被一种更大的观察角度所排斥的行为根据，也就是说，在客观的立场和意志力的内在视角之间寻求一种和解。他指出，这种和解实质上是在一种更外在的视角的笼罩下的外在视角与内在视角之间的一种有限的和谐；此种有限的和谐，依据一种不完全的观点并以某种方式从世界内部来行动，而这种方式则会防止客观序列中的后继者的抵制行为。

就伦理学而言，客观性是其发展的驱动性力量。这样的一种力量，要求对我们的行为的所有理由进行最客观而又可能的描述，并依据最大限度的超然的立场来约束我们的行为。然而，内格尔指出，在实践理性中，我们根本不能摆脱主观的立场所具有的独立的作用，因为"善，像真一样，包含不可还原的主观的成分"（本书第7页）；就像形而上学不能假定所有的实在都是物理的一样，伦理学亦不能假定所有的价值都是非个人的。尽管主观的立场往往会与客观的立场发生严重的冲突，但这种冲突并不是以最客观的立场之当然的胜利而告终的。在为个体的人的生活设计伦理学时，我们必须严肃而又认真地对待二者之间的冲突问题，并以适当的方式把客观的价值与主观的价值结合起来。当然，这并不意味着要放弃客观性；伦理学仍要追求客观性，并反对怀疑论，只不过要防止过分的客观化所带来的问题。

除了考察心灵哲学、认识论、自由意志及伦理学等问题外，作者亦探讨了价值及生命的意义等问题。通过这些工作，作者意在表明，尽管客观性是人的天赋能力，但我们关于世界的客观的观念是不完整的，客观性注定抛弃了某些不该抛弃的东西，因此这样的观念必须加以补充和修改。正因如此，作者最终认为，"一个人必须在某种程度上，既要准备不从任何地方看待世界，也要准备从他的地方看待世界，并以相应的方式生活"（本书第98页）。

需要说明一下本书的书名及几个重要术语的翻译问题。

本书的英文原名是 *The View from Nowhere*，一般的中文资料在介绍内格尔的生平与著作时通常照字面译为"没有出处的观点"或"没有来源的观点"。其实，内格尔用这个书名所要表达的并不是这个意思，而是一种新的世界概念。通常，我们在形成自己的世界概念时，往往会从我们自身所处的特定的观察角度（观点）出发，从而使那个概念带有我们自身的局限性。这样得来的概念，按照作者的看法，其实是来自某个地方的观点，它相当于从某个地方看世界。而作者所说的新的世界概念，不是从我们自身的观察角度（观点）出发而获得的，事实上它不是从任何地方出发而获得的；这样的世界概念被内格尔称为"不来自任何地方的观点"（本书第80 页），它摆脱了我们因处于特定的观察角度而带来的眼光上的局限性，而且它包含并理解这个事实，即世界含有拥有此种观点的存在物。拥有这样的世界概念就等于我们走出了自身，即"不从世界内的任何地点来看待世界"（本书第 77 页）。内格尔在书中意欲表达，这种"无归属地的"观点似乎本来就是自然地存在着的，并且不是个体的心灵所能独占的，我们必须遵循客观性的要求去"寻找"它。我把它译为"本然的观点"，希望能够表达作者本人的意思。

view，point of view，perspective：这三个词在本书中出现的频率极高。在通常的英语中，它们所表达的意思并不完全相同，但在本书中作者用它们来表达完全相同的意思，即我们看世界时所依据的观点、角度或者说所处的位置（要注意的是，内格尔所说的"观点"或者说"角度"，是实在的一种不可还原的主观的特征，正是它对客观性提出了挑战）。在本书中，我把 view 译为"观点"，把 perspective 译为"视角"，而在绝大多数情况下把 point of view 译为"观察角度"（偶尔译为"观点"和"角度"）。一义多词和一词多义是本书英文原文表达的一个重要特点（这种情况甚至会出现在同一句话中）；对这三个词给出不同的翻译，既是为了保持作者本人的多样化的表达风格，更是为了在相关的上下文中文字表达的顺畅。其实，原书中表示"观点"的词还有不少，比如 viewpoint、standpoint、vantage point 及 position 等。

detached，detachment：它们是全书极为重要的两个术语，其字面意思分别是"从……中分离出来的"和"分离（的行为或性质）"。作者用它们来说明这样的事实：客观的自我天生具有一种"超越的"能力，就是说，它试图以"摆脱"或"分离"于自身的视角的方式来看待世界，或者说，它总是试图从自身所处的视角之外来看世界。视上下文不同，我把 detached 分别译为"分离的"、"摆脱了的"、"超然的"及"超越的"，而把 detachment 分别译为"分离"和"超然性"。

physical：这个词在本书中有两种意思即"物理的"和"身体的"，而"身体的"其实就是组成人的"物理的"方面，与人的"心理的"方面相对。为了与全书中经常提及的"物理的客观性"保持一贯，在涉及人时，该词偶尔也译为"物理的"。

intersubjective，intersubjectivity：这两个词的通常译法是"主体间的"和"主体间性"，而在本书中则分别被译为"主观间的"或"主观间性"，因为作者用它们来着重强调的不是主体之间的关系，而是不同的主观性——与他所强调的客观性相对——之间的关系。

impersonal：这也是本书（尤其是伦理学部分）的一个重要术语，其本义是"不牵涉个人的"或"无人称的"。视上下文的不同，该词分别被译为"非个人的"和"客观的"。

贾可春

2008 年 7 月 12 日

致　谢

　　本书的写作开始于 1978—1979 年的普林斯顿大学休假年，完成于 1984—1985 年的纽约大学休假年，并在这两个休假年中都得到了国家人文学科基金会研究员基金的资助。

　　第二章、第八章及第九章来源于 1979 年 5 月在牛津大学布拉斯诺兹学院所做的泰纳讲演，这些讲演以《客观性的限度》为题发表于《关于人的价值的泰纳讲演》第 I 卷。第四章来自我的《知识与心灵》一书的文稿，那是一本纪念诺曼·马尔康姆的书。第七章的一个较早的版本，曾于 1981 年 8 月被提交给由瓦哈卡大学哲学研究所组织并在瓦哈卡大学举办的国际哲学研讨会。

　　许多朋友、同事及学生都对我的思想产生了影响。除了文中提到的以外，让我在此对罗吉斯·阿尔布里顿、汤普森·克拉克、罗纳德·德沃金、吉尔伯特·哈曼、谢利·凯根、弗朗西斯·默娜·凯姆、约翰·罗尔斯、托马斯·M．斯坎伦、塞缪尔·谢弗勒、巴里·斯特德、彼特·昂格尔及苏珊·沃尔夫表示感谢。特别感激西蒙·布莱克本和德里克·帕菲特，他们两人都对我的整部书稿做出了有价值的评论。

托马斯·内格尔
1985 年 2 月于纽约

目　录

第一章 导论

本书谈的是一个单一的问题：怎样把世界内的一个特殊的人的
视角与关于包含此人及其观点在内的同一个世界的客观观点相结
合？凡具有超越其自身的特殊观点并把世界构想为一个整体这种冲
动和能力的人，都面临着这个问题。

尽管它是一个单一的问题，但却包含很多方面。调和这两种立
场的困难既出现在生命的行为中，也出现在思想中。它是关于道
德、知识、自由、自我以及心灵同物理世界之间的关系的最根本的
问题。我们对它做出回答或不做回答，将实质性地决定我们关于世
界的观念，我们关于自身的观念和我们对生命、行为及同他人之间
的关系的态度。经由许多哲学问题来探究这个基本的问题，我希望
提供一种看待它们的方式，而其他人也许会发现这种方式是合乎自
然的。

　　如果人们能说出内在的观点与外在的观点是如何关联的，它们中的每一方在把另一方考虑进来时可以通过什么方式被提出和修改，以及它们将如何联合控制一个人的思想和行为，那么这就相当于提出一种世界观。我在这些问题上所要说的话，并不拥有充分的统一性，从而也不配享世界观那样的称号。我认为，追求一种关于生命及世界的高度统一的概念时常会导致哲学上的错误——错误地还原或者拒绝认识部分真实的东西。

4 　　我还要为并不共有一种自然的、统一的立场的复杂生物描绘一种看待世界以及在世界中生活的方式。我的描绘基于一种谨慎的努力，这种努力指的是：当统一性是可能的时，把内在的与外在的或者说主观的与客观的观点充分并列起来，以便获得那种统一性，而当统一性是不可能的时，清楚地认识到它是不可能的。我们得到的不是一种统一的世界观，而是两类具有不稳定的关联性的概念之间的相互作用，以及必然不完全的调和它们的努力。超越的冲动，既是一种创造的力量，也是一种毁灭的力量。

　　我发现以这种方式来对待生命和世界是自然的，而且那包括了两种立场之间的冲突与阻碍它们结合的事物所导致的不适感。依我看，与任何一种假想的解决那些问题的方案相比，某些形式的困惑，比如关于自由、知识及生命的意义的困惑，似乎更是一种洞见。这些困惑并非产生于语言或思维运作方面的错误，从而也不存在任何关于康德（Kant）或维特根斯坦（Wittgenstein）式的纯净语言或思维的希望，即当我们使用理性或语言时若避免某些诱人的失足就可实现的希望。

客观性是一种理解的方法。在基本的意义上，信念和态度才是客观的。仅在派生的意义上，我们才说通过这种方式而获得的真理是客观的。为了对生命和世界的某个方面获得更客观的理解，我们从关于它的最初的观点后退一步进行思考，并形成一个新的概念，而这个新概念把那种观点以及自己同世界之间的关系作为自身的对象。换句话说，我们把自己置身于将要被理解的世界中了。那么，旧的观点到头来被看作一种比新的观点更主观的现象，而且能通过参照新的观点被改正或证实。这个过程能加以重复，从而产生更客观的概念。

这并不总会产生一种结果。有时候，当它确实不产生结果时，人们会认为它产生一种结果：那么，正如尼采（Nietzsche）所警告的那样，对于不能通过一种更客观的立场而被更恰当地理解的实在的某个方面，人们将会得到一种错误的客观化。尽管客观性和实在之间拥有一种联系（唯有假定我们及我们的现象是一个更大的实在的组成部分，通过这种方式从现象中后退来寻求对实在的理解才是合理的），但依然并非对于所有的实在来说，越是被恰当地理解了，就越是被客观地看待了。现象和视角是存在之物的必要部分，而且在某些方面，它们通过一种不太超然的（detached）立场而得到了最恰当的理解。实在论构成了客观性和超然性这两种要求的基础，但仅在某种程度上支持它们。

尽管为了方便我将时常只提及两种立场即主观的和客观的立场，而且尽管在各种不同的发现这种对立的地方存在许多共同的东西，但是相对主观的观点和相对客观的观点之间的差别实际上是一 5

个程度的问题，并且它覆盖了一个广泛的范围。一种观点或思想形式，假如较少依赖于个体的结构特性以及个体在世界中的位置，或者说较少依赖于个体所属的那种特殊生物的特征，则比另一种更客观。一种理解形式所通达的主观类型的范围越广，或者说越少依赖于特定的主观的能力，就越是客观的。一种立场，与一个个体的个人观点相对而言，可能是客观的，但相比于一种更遥远的理论的立场，则可能是主观的。道德的立场比关于私人生活的立场更客观，但与物理学的立场相比，它又较少具有客观性。我们可以把实在看成一组同心的球体，当我们渐渐远离自我的偶然性时，它就会逐步暴露出来。当我们探讨如何解释与生命和理解的特定方面相联系的客观性时，这会变得更加清楚。

我将为客观性提供一种辩护，同时也将提出一种批评。在目前的知识氛围中，这二者都是必要的，因为客观性既被估价得过低，又被估价得过高，而且这两种相悖的估价有时是由同一些人做出的。那些不把客观性看成一种如其本然地理解世界的方法的人，对它估价得过低；那些相信它能独立提供一种关于世界的完全的观点，并取代它从中产生的那些主观的观点的人，对它估价得过高。这两种错误是联系在一起的：它们都起源于人们的一种不充分的健全感。这种健全感既是关于实在的，也是关于实在之独立性的，而所说的独立性指的是实在独立于任何特殊形式的人类理解。

在客观性的合理性和有限性背后所隐藏的基本思想是：我们是一个大的世界中的小的生物，我们对这个世界的理解非常偏颇，而且事物呈现给我们的方式，既取决于世界，也取决于我们的结构。

通过在一特定的层次上积累我们的信息，即从一种立场出发进行广泛的观察，我们可以增加关于世界的知识。但是，仅当我们考察了在形成我们先前的理解时起到关键作用的世界与我们自身之间的那种关系，并形成一个对我们自身、世界及二者间的相互作用拥有更超然的理解的新概念时，我们才能把我们的理解提升到一个新的层次。因此，客观性允许我们超越自身的特殊观点，以培育一种更充分地理解这个世界的膨胀的意识。这一切既适用于价值和态度，也适用于信念和理论。

每一次客观的进展都创造一种新的世界概念，而一个人自身及其先前的概念也包含于世界内。因此，这就不可避免地提出这样的问题：如何利用先前那个相对主观的观点，以及如何把它同新的观点结合起来？一系列客观的进展，可以把我们带到一种将个人的视角或单纯的人的视角越来越远地置于身后的新的实在概念面前。但是，假如我们想要的东西是理解整个世界，我们就不能无限地忘记那些主观的出发点；我们及我们的个人的视角都属于世界。当客观性之追求转身攻击自我，并试图把主观性包围在其实在概念中时，它所遇到的一种限制就出现了。客观的理解难以消化这种材料，这表明既需要对客观性的形式做某种修改，也需要认识到它不可能凭自身提供一幅完整的世界图画或者对世界的一种完全的态度。

当试图将一种客观的观点与来自我们所处的位置的观点结合起来时，此种客观的观点的内容及其对完全性的要求，都会不可避免地受到影响。相反的情形也是真实的；换句话说，在试图与客观的观点共存时，主观的立场及其要求将会被修改。在我不得不说的东西中，很多都将涉及此种结合的可能性。我将讨论与一系列问题相关的客观性的适当形式及限度。但是，我也将指出两种立场在其中不能得到满意的结合的某些方面，而且在这些情形中，我认为正确的方针不是把胜利归于其中的某一方，而是在自己的头脑中清晰地坚持二者的对立，同时又不压制任何一方。除了这类张力会产生某种新的东西这一可能性外，最好还要意识到生命和思想在其中分离的那些方面——假如那就是事情本来的样子。

内在—外在的张力遍布于人的生活，但尤其突出地呈现于哲学问题的产生中。我将集中精力探讨四个问题：心灵的形而上学、知识论、自由意志和伦理学。但是，在关于时间和空间的形而上学、语言哲学及美学中，这个问题也有同样重要的表现。事实上，它很可能在所有哲学领域中都产生了重要的作用。

走出我们自身的抱负具有明显的界限，但知道那些界限在何处或知道它们何时已被超越过，并不总是容易的。我们正确地认为，如果要增进我们对世界及自身的理解，提升我们在思想及行为方面的自由度并变得更好，那么追求对原初立场的超越就是一种不可或缺的方法。但由于受本性所限，我们不可能完全走出自身。无论我们做何种努力，我们依然是世界的子部件，并只能在有限的程度上接近世界的其余部分及我们自身的真实本性。无法准确说明，有多少实在是目前或将来的客观性或任何其他可构想的人类理解形式所不能达到的。

客观性自身使人认识到：它自己的能力可能是有限的，因为在我们身上它是人的一种天赋，而我们显然是有限的存在物。这种认识的极端形式是哲学的怀疑论。在怀疑论中，客观的立场削弱了其自身的基础；而这种削弱所采用的步骤，与其在知觉、愿望及行为中用来对关于日常生活的前反思立场进行怀疑的那些步骤是相同的。考虑到我们被包含于世界中且不可能从头开始创造我们自身，怀疑论极端怀疑我们获得任何知识、自由或伦理真理的可能性。

如果假定，当我们不接受对真理、自由或价值的虚假的还原论分析时，就不能把怀疑论当作荒唐的话语排除出去，那么我所关心的问题之一，就是考虑对待这些不同形式的怀疑论的适当态度。一般说来，我认为怀疑论是有启发作用的，并且是不可反驳的，但它并没有动摇我们对客观性的追求。值得我们尝试着去做的，是让一个人的信念、行为和价值更多地接受一种非个人的立场的影响——即便没有人保证不会依据一种更外在的立场把那种立场作为幻觉揭示出来。无论如何，除了做出尝试之外，我们似乎别无选择。

客观性的界限将是我最关心的问题，它直接产生于客观性由之获得的那种逐渐超然的过程。通过抛弃一种相对主观的、个体的甚或纯粹的人的视角，一种客观的立场就产生了。但是，在世界、生命及我们自己这些问题上，依然存在某些无法依据一种最客观的立场而得到充分理解的事物，不管在我们的起点之外它会把我们的理解扩展到多远。大量的东西本质上是与特殊的或特殊类型的观点相联系的，而且试图用超然于这些视角的客观词项对世界做完整的描述，不可避免地会导致错误的还原，或者导致人们完全否认某些明显真实的现象终究是存在的。

这种形式的客观的盲目性在心灵哲学中表现得最为明显。在那里，从物理主义到功能主义，这种或那种外在的心灵理论广泛地被人坚持着。激发这些观点的东西是如下这样的假定：实际存在的东西在某个方面一定是可理解的——在一种狭隘的意义上，实在就是客观的实在。对许多哲学家来说，作为实在之典范的例子是物理学所描述的世界，而我们就在这门科学中最大限度地摆脱了一种由之看待世界的特定的人的视角。但是，正由于那种原因，物理学就不能去描述有意识的精神过程所具有的那种不可还原的主观特征，不管这些精神过程同脑的物理运动之间具有什么样的密切关联。意识的主观性是实在的一种不可还原的特征；没有它，我们就不能从事物理学或者任何别的事情。而且，在任何一种可信的世界观中，它必须与物质、能量、空间、时间及数这些东西占据同样根本的位置。

精神现象同脑发生关联的方式以及人格同一性同有机体在生物学意义上的持存性发生关联的方式，是我们目前无法获知的，但这些可能性是哲学思考的恰当主题。我认为，已经清楚的是，任何正确的身心关系理论都会根本改变我们关于世界的总体概念，并要求对现在被看作物理现象的东西做出一种新的理解。即便我们可以明显察觉的心灵的显现行为是有处所的（这些行为取决于我们的脑及类似的器官结构），实在的这个方面的一般基础也是没有处所的，但必须假定它内含于宇宙的一般成分及支配这些成分的规则中。

伦理学也存在一种过分的客观性问题。正如客观性是科学的驱动力一样，它也是伦理学的驱动力：正像在思想领域中客观性能使我们确立新的信念一样，在伦理学中，当我们拥有一种立场，且这种立场从关于纯粹个人的愿望与利益的立场中分离出来时，客观性也同样能使我们孕育新的动机。道德把系统的形式给予客观的意志。但在动机方面，与在信念方面一样，逃离自我也是一件棘手的事情。如果走得过远，一个人可能会陷入怀疑论或虚无主义；如果不这样，就会被诱使在行为的证成中剥夺主观的立场所具有的任何独立的作用。

一些非个人的道德理论就包含这种结论。它们认为，我们应当竭尽所能地把自己变成追求以客观的方式构想出来的一般的善的工具（尽管在定义那种善时我们自己的利益和每一个其他的人的利益一道起了作用）。尽管在行为中对自己的观点的超越是伦理学中最重要的创造性力量，但我相信，其结果不可能完全支配个人的立场以及他的前反思的动机。善，像真一样，包含不可还原的主观的成分。

问题在于，在控制一个单一的生命时，如何把客观的价值和主观的价值结合起来。它们不可能在没有相互影响的情况下简单并存，而且在裁决它们之间的冲突时，似乎不可能过分偏重任何一方。伦理学中的这个问题类似于形而上学中的一个问题，即把实在的诸多特征合并到某个关于单一世界的概念中——所说的那些特征在不同的主观性或客观性层次上被暴露给了不同的视角。一种实在论的、反还原论的理论，不管是关于什么事物的，都一定面临这种形式的问题。身心问题是一个例子，而怎样为个体的人的生活设计伦理学的问题是另一个例子。还有第三个例子，那就是生活的意义问题。这个问题之所以会产生，是因为我们能拥有一种使最吸引我们的个人关切显得没有意义的立场。

在追求客观性时实际发生的情况是，一个人自己的某种成分，即非个人的或者说客观的自我，被允许占据支配地位。这种非个人的自我能够摆脱一个人作为人所特有的观点中的那种具体的偶然性。在撤回到这种成分中时，一个人就能摆脱其余的东西，并确立一种关于世界的——而且也尽可能是关于自我中已被他摆脱掉的那些成分的——非个人的概念。这产生了新的重新结合的问题，即如何把这些结果融入一个普通人的生活与自知。一个人不得不让自己**成为**经受过超然之检验的生物，并且他不得不全面**生活**在这个世界中，而这个世界已暴露给他自己的一个经过特别提炼的部分。

我们认识到了自身是偶然的、有限的，并且是被世界所包含的。有必要把这种认识与一种超越的抱负结合起来，不管我们只可以在多么有限的程度上做到这一点。在哲学上，正确的态度是接受我们只能短暂而又不完全地获得——甚至没有把握能在这样的程度上获得——的目标。这尤其意味着不要放弃对真理的追求，尽管假如你所要的是真理而不只是某种要被说出的东西，你仍将有大量的次要的东西要说。对真理的追求所需要的不只是想象：它需要产生和果断地消除一些可供选择的可能性，直到——理想地说——只剩下其中的一种为止；同时它也需要一个人经常乐意地攻击自己所确信的东西。这是获得真实信念的唯一方式。

在一些方面，这是一项谨慎的反潮流的工作。当代哲学中有一种重要的唯心论，根据这种唯心论，存在之物及其存在方式都不可能超出我们原则上所能思考的东西。这种观点继承了逻辑实证主义所发出的不成熟的呼吁，尽管那种特殊形式的唯心论已经过时。哲学似乎周期性地产生如下宣告：以往的哲学家试图去做的事情是不可能成功的或者说荒谬的，而且如果对思想的条件做出适当的理解，我们将会看到，在其与实在的关系问题上，所有那些深奥的问题都是不真实的。

哲学也被当代精神生活中一种比较广泛的倾向即科学主义感染了。科学主义其实是一种特殊形式的唯心论，因为它用一种类型的人类理解来处理宇宙及我们在宇宙问题上所能说的东西。它以极其短浅的目光假定，通过使用类似于我们迄今所提出的那样的科学理论（物理学和进化生物学是其当前的典范），每种存在之物都一定可以得到理解；因此，目前似乎不只是时间序列中的另一个阶段。

恰恰因为具有支配性，这些态度就成了合适的攻击对象。当 *10*然，某些相反的态度是愚蠢的：反科学主义可以退化成对科学的抵制——而事实上，在我们保卫科学并使其免于滥用时，它是必要的。但是，这些过分的东西不应该阻止我们对流行的智力自尊做出一种迟到的向下的纠正。由于假定某些现行的方法将会解决那些本未指望它们去解决的问题，我们浪费了太多的时间。在哲学上以及别的地方，太多的假设和思想体系都基于这样一种荒唐的观点，即我们在现时的历史时刻，拥有完全领会任何事物所必需的基本理解形式。

我认为，需要用以理解我们自身的那些方法尚不存在。因此，本书包含大量的关于世界以及我们如何与世界相融合的思考。有些思考似乎是不合常理的，但世界是一个奇特的地方，只有激进的思考才会使我们有望接近某些真理的候选者。当然，那同接近真理不一样：假如真理是我们的目标，我们必须使自己安于在一种非常有限的范围内以不确定的方式获得它。经由各种形式的还原论、相对论及历史决定论来重新定义这个目标，从而能在很大程度上保证它的实现，就算认识上的一种如愿以偿了。哲学不能躲进萎缩了的抱负之中；它追求永久的非局部的真理，即使我们知道那并非我们将要得到的东西。

这一问题，即怎样把关于这种令人为难却又不可避免的探求行动的外部观点与来自内部的观点结合起来，只是我们那个无所不在的问题的另一个例子。甚至那些认为哲学真实而又重要的人也知道，他们正处于哲学发展的一个特殊的早期的阶段（我们也许希望这是早期的），并且这个阶段的哲学发展不仅受他们自身基本理智能力的限制，而且依赖于以往少数几个大人物的不全面的考察。正如我们在一些基本的方面断定他们的结论是错误的一样，我们因此也须假定，甚至我们时代的最好的努力也终将显得盲目。不盲目自信应当是这项事业的一个实质的部分，并且对此无须进行历史的论证。我们也要认识到，哲学思想其实极易受到个体的性情及愿望的影响。当证据和论证过于贫弱以致无法确立一种结论时，薄弱的环节易于得到其他因素的支持。在每个伟大哲学家对实在的描述中所包含的个人风格及动因是显而易见的，而且同样的说法也适用于许多相对次要的哲学成果。

但是，我们不能服从这种立场的支配：假如我们只是以历史决定论的或客观的态度从外部来看这个课题，那么我们既不能研究

它，也不能理解他人的作品。承认因在一种文化的历史中占据一种
特殊的位置而不可避免地产生的那些局限是一回事，而通过信奉一
种历史决定论——它声称，除了内在于一种特殊的历史观的东西以
外就不再有真理——而把这些局限转变为非局限性的东西则是另一
回事。我认为，在这里，像在别的地方一样，我们陷入了立场之间
的冲突。荒唐从这个领域中产生，而我们所需要的是容忍它的
意志。

即使哲学问题纯粹是我们的特殊历史处境或语言偶然形式的显
现，我们也很可能无法把自己从它们当中解脱出来。如果你处在类
似于语言的某种东西的内部，那么外在的观点并未取代内在的观
点，或者说并未使其失去严肃性。（我无法不无反感地读出"是
由……构成的"这些词，即使我充分地期待，在以后的一百年中，
普遍的误用将使它们获得语法上受人尊重的地位，并使其在最好的
词典中占有一席之地。）对于那些生活在语言中的人，承认语言的
客观的偶然性，丝毫不减弱其规范的实在性。但是，哲学并不像一
种特殊的语言。它的源头是前语言的，也时常是前文化的。其最困
难的任务之一，就在于用语言去表达尚未成形但直观上已被感觉到
的一些问题，并在这种表达过程中使其不致丢失。

这个课题的历史，就是对困扰现存概念及现存解决办法的问题
的一种连续的发现。在每一阶段，我们都面临如下这样的问题：当
超出目前的语言的相对安全的范围时，在不冒着完全脱离实在的危
险的情况下，我们能走出多远？在某种意义上，我们试图走到自己
的心灵之外。有些人认为这是一种疯狂的努力，而我认为这在哲学

上是一种基本的努力。历史决定论的解释并未使哲学问题消失，逻辑实证主义者或语言分析学家的早期诊断方案也同样如此。在其产生影响的范围内，这类严肃的理论只不过通过禁止严肃地表达某些问题而威胁着要使知识的风景贫瘠化一段时间。这些运动以解放的名义压制着我们的知识。

但是，这留下了一个问题：如果关于历史束缚或语法欺骗的理论不是真的，为什么通过这些形式的治疗，一些哲学家认为他们的形而上学问题被治愈了呢？我的对应诊断是，许多哲学家厌烦这个课题，并乐于消除其问题。我们绝大多数人在某段时间内发现这是没有希望的，但有些人通过愉快地接受下述看法来对它的这种棘手性质做出反应：这项事业是错误地构想出来的，并且那些问题是不真实的。这使得他们不仅愿意接受科学主义，而且愿意接受像实证主义与实用主义——它们企图使我们超越古老的争论——那样的干瘪的元哲学理论。

12　　这已不再是超越一个人的先驱这种通常的希望，因为它包含对哲学冲动自身的一种反叛，而人们认为这种冲动是让人丢脸的，并且是不切实际的。人们觉得受到哲学的欺骗是自然而然的，但这种特殊的防御性反应太过分了。不管理解什么东西，一个人都不得不经验那些必要的有助成长的混乱及被夸大的希望；在此之前，这种防御性反应类似于孩提时代的怨恨，并导致一种旨在过早长大的徒劳努力。哲学是智力的孩提时代，而一种试图跨越它的文化永远不会长大。

存在一种持续的诱惑，那就是想让哲学成为某种比其自身困难更小且更为浅显的东西。这是一个极其困难的题目，而且创造性的努力是鲜有成功的——这条一般原则是毫无例外的。我不觉得我的能力足以处理本书所要处理的那些问题。依我看，它们似乎需要一种完全不同于我的智力等级。其他试图处理哲学中心问题的人将体会到同样的感觉。

第二章 心灵

1．物理的客观性

我们的探讨自然而然地从我们自己在世界中的位置开始。最强烈的哲学动机，乃是希望获得一种关于客观实在的全面描述，因为我们容易假定那是实际存在的一切。但是，正是这种关于客观实在的观念使得这样的描述不会包含一切事物，我们自身就是实现此种抱负的第一个障碍。

如果不为各式各类有感觉能力的存在物的结构所限制，世界是可以被客观地理解的。既然这样，有感觉能力的存在物如何与它相适应？这个问题可以分为三个方面：首先，心灵自身有一种客观的特性吗？其次，在心灵与实在的物理方面（人们较少怀疑这些方面的客观地位）之间存在什么样的关系？再次，在世间的芸芸众生中怎么会有一个人是**我**？

在本章及随后的两章中，我将依次讨论这些问题。第二个问题是身心关系问题。第三个问题即成为某个特殊的人是如何可能的，以最纯粹的形式表达了在世界中为自身寻找空间的困难。何以如此？我，或者你，确实是能够成为世间一种特殊生物的事物吗？但是，我将从第一个问题开始：心灵自身能否以客观的方式被理解？它是身心问题的基础。身心问题之所以产生，是因为在试图获得一种非常重要的客观性概念时，精神生活的某些特征为此设置了一种障碍。除非我们理解这个概念，并仔细检验它的诸多要求，否则我们在身心问题上不会取得任何进展。

为了方便，我将称之为**物理**的客观性概念。关于物理的实在实际上是什么样子的，我们也有一个观念；而物理的客观性概念与此并不相同。但是，在获得对物理世界更真实的理解时，它是作为方法的一部分而形成的；而物理世界，最初是通过感官知觉向我们呈现出来的，且这种呈现或多或少是不精确的。

这种形成是分阶段的，且每一阶段都给出了比前一阶段更客观的描述。第一步是要发现，我们的知觉是由事物作用于我们，并通过它们在我们的身体上所产生的效果而产生的，而我们的身体自身就构成了物理世界的一部分。下一步是要认识到，由于通过我们的身体而在我们身上产生知觉的那些物理性质也在别的物理事物上产生不同的效果，并且能在根本不产生知觉的情况下存在，因此它们的真实性质一定可以从它们的知觉现象中分离出来，并且无须相似于这种现象。第三步在于，对于独立于其现象的那种真实性质，努力形成一个关于它的概念；这里所说的现象指的是，或者向我们或者向其他类型的感知者表现出来的现象。这意味着，不但不要依据我们自己的特殊观点来考虑物理世界，而且也不要依据一种更一般的人的知觉的观点来考虑它：不要考虑它看起来、摸起来、闻起来、尝起来或听起来像什么样子。于是，这些第二性质就从我们关于外部世界的描述中隐退了，而且像形状、尺寸、重量和运动这样的作为基础的第一性质从结构上被加以考虑了。

这最终被表明是一种极富成效的策略。我们的有些概念与具体的人的知觉的观点并不相关；借助于使用了这类概念的理论和解释，我们对物理世界的理解被极大地扩展了。我们的感官提供了我们由之开始的证据，但是这种理解具有超然的特性，以至于即使我们没有当前的感官，只要我们是理性的，并能理解关于物理世界的客观概念所具有的那些数学的及形式的性质，我们就能拥有此种理解。甚至在某种意义上，尽管对于其他生物来说，事物在知觉上是通过完全不同的方式而表现出来的，但我们依然可以与它们共同拥有一种对物理学的理解——只要他们也是理性的，并且懂数学。

这种客观的概念所描述的世界不仅是无中心的，而且在某种意义上是没有特征的。尽管世间的事物拥有一些性质，但这些性质都不是知觉方面的。所有的性质都被托付给了心灵，即一个尚待考察的领域。物理世界，就像人们所设想的那样，不包含任何观点，也不包含任何仅能向一种特殊观点表现出来的事物。它所包含的任何东西都能被一种一般理性意识所理解；此种理性意识，将通过任何一种碰巧被它用来看世界的知觉观点而获取自身的知识。[1]

尽管它最终被表明是有力的，但假如它是作为用以寻求对实在的一种完全的理解的方法而被提出的，这种褪了色的物理的客观性概念就遇到了困难。这是因为，当我们注意到事物向我们显现的方式取决于我们的身体同世界其余部分之间的相互作用时，这个过程就开始了。但是，这并没有为我们留下关于知觉及特定的观点的描述，它们作为与物理学不相关的，但似乎仍与其他生物的知觉及观点共存的东西被抛弃了——不要去提及形成一种关于物理世界的客观概念的精神活动，这种活动自身好像不能经受物理分析。

面对这些事实，人们或许认为唯一可设想的结论将会是：除了能与物理的客观性概念相符合的东西以外，实在还拥有另外的东西。但足以引起注意的是，并非对于任何人来说这都是显而易见的。物理的东西具有不可抗拒的吸引力，并且支配着关于存在之物的观念，以至于人们试图把每种事物都还原为形状，并否认任何不能被如此还原的事物的实在性。结果，心灵哲学中充斥着某些极其难以令人置信的看法。

我已在别的地方[2]反驳了那些努力使心灵无害于物理的客观性的人所提出的各种形式的还原论——行为主义的、因果论的或功能主义的。所有这些理论都是由实在的认识论标准所促成的，而这个标准是指：只有能够通过某种方式被理解的事物才是存在的。但是，试图分析精神现象以使它们作为"外在"世界的一部分而被揭露出来，是没有希望的。适于处理潜藏在现象背后的物理世界的纯粹思想形式，不可能把握有意识的精神过程的主观特征；而所说的这些特征是同精神过程的物理的原因与结果相对的。原始的感觉及有意图的精神状态终究都必须能以主观的形式把自身显露在心灵中，尽管它们的内容是客观的。

在心灵哲学中支配当前工作的还原论纲领完全误入了歧途，因为它是以一种没有根据的假定为基础的。这种假定是指：一种特殊的关于客观的实在的概念穷尽了所有存在之物。我最终相信，当前试图通过类比于人造电脑来理解心灵的行为，将被看作对时间的巨大浪费；这种人造电脑能像有意识的存在物那样超凡地完成同样的外部任务。构成心灵之基础的真实原则，只能通过一种更直接的方法被发现——假如确实想发现的话。

但是，仅仅否认心理—物理的还原的可能性，并没有让问题终结。还有一个疑问，即我们是怎样如其本然地设想主观的精神过程被包含在世界中的；而且我们还得问，这些过程能否通过其他方式被客观地理解。物理主义尽管是不可接受的，但在其背后存在一种范围较广的冲动，而且它把被歪曲了的、最终有悖其初衷的表达给了那种冲动。那种冲动就在于发现一种如其本然地思考世界的方式，以至于其中的一切事物——不只是原子与行星——都以相同的方式被看作是真实的：不仅包括世界呈现于我们的那一面，而且包括**实际存在于那里**的某种东西。

我认为，对物理主义还原的现代弱点的部分解释是：一种不太贫乏的还原性的客观性观念，已不适于用来填写构造一幅全面的世界之图的计划。物理学的客观性是切实可行的：通过把它连续地应用于其先前的应用所发现的物理世界的那些性质，它继续循序渐进地产生更多的理解。

确实，物理学的近期发展使一些人相信，它终究可能提供不了一种独立于观察的关于实际存在之物的概念。但是，我不想证明下述这样的观点：由于量子理论的出现，关于客观的实在的观念无论如何不得不被放弃，因此我们最好还是彻底承认精神事物的主观性。即使就像一些物理学家所认为的那样，解释量子理论的方式不可能允许人们在不提及观察者的情况下去描述现象，这个不可消除的观察者也无须是类似人——事物是以相当独特的方式让人看到或感觉到的——这样的某个特殊物种中的一员。因此，这并不需要我们陷入全部的主观经验的范围内。

中心问题不在于是否必须承认一些观点是对**物理的**世界的解释。无论能以什么方式回答那个问题，我们仍然都将面对一个独立的关于心灵的问题。正是意识现象自身，向这种观念即物理的客观性提供实在的一般形式，提出了最明确的挑战。在回答那个问题的过程中，我不想完全放弃客观性观念，而是想表明物理的东西并不是其唯一可能的解释。

2. 精神的客观性

即使我们承认那些显著的不可还原的视角的存在，获得一个统一的世界概念的愿望也没有消失。如果我们不能在一种消除个人视角的形式中获得它，那么我们可以研究能在多大程度上获得它——如果承认那些视角的话。人和其他有意识的存在物是自然秩序的一部分，而且它们的精神状态是世界自身存在方式的一部分。从一类存在物的视角来看，无论是通过主观的想象，还是通过把握物理世界的那种客观的表象，非常不同的另一类存在物的精神状态所具有的主观特征都是不可获知的。问题在于：通过另外一种思想形式，这些裂缝是否至少能部分地被填平？所说的这另一种思想形式承认不同于一个人自己的视角，并且不是通过想象去构想那些视角的。一种具有全部的想象之灵活性的存在物，可以设想自己直接进入每种可能的主观观点，并且无须这样一种用来考虑全部可能的内在生活的主观方法。但由于我们不能那么做，一种更超然的通达其他主观形式的途径将是有用的。

就我们自己的心灵来说，这甚至也有一个关键之处。我们假定自己不只是向我们呈现出来的世界的一部分。但是，如果我们都是本然存在的那个世界的一部分，那么我们应该能把自己（我们的心灵及身体）包含在一个并非只与我们自己的观点相联系的概念中。换句话说，我们应该能够从外部思考自己，但所使用的是精神的而非物理的方式。这样的一种结果，如果是可能的，将有资格充当一种客观的心灵概念。

我要做的事情就在于解释，沿着这些路线对心灵所做的一种自然的客观的理解会是什么样子。这种理解的客观性与精神事物的必不可少的主观性是相容的。我认为，它在通常的心灵概念中有自己的开端，但我们能在这之外使其得以发展。问题在于：它能在这之外走出多远？

实际上，我不知道它能走出多远。但我认为，原则上不存在反对这样的一种发展的意见；而且在关于我们自己的心灵的概念中，其可能性应该是被留有余地的。我认为，我们能把我们自己、我们的经验以及所有事物都包括在一个不依据一种特殊的人的观点就可构想出来的世界中，而且我们在不把精神还原为物质的情况下就能做到这一点。但我也认为，任何这样的概念都必然是不完全的。而且，这意味着，对关于客观的实在概念的追求碰到了并非单纯的实践上的限制，即不能通过任何一种单纯的客观的智力而被克服的限制——尽管这种智力是强有力的。最后，我要宣称，这不是引起哲学惊慌的原因，因为没有任何理由假定本然的世界一定是客观上可理解的——即使在一种引申的意义上。一些事物只能从内部来理解，而且通达它们的途径将取决于我们的主观想象力能走出多远。希望力尽其能地让我们的超然的客观的理解力对准于实在，是自然而然的；但是，假如客观性本质上就是不完全的，那么我们不应该对此感到吃惊。

这种理解所瞄准的目标，即它与被我抛弃的还原论观点共同拥有的那种深层目标，就是超越现象与实在的区分，而方法则在于把现象的存在包含在一种复杂的实在之中。这样一来，将没有什么东西被留在外部。但是，这种扩展了的实在，像物理的实在一样，是没有中心的。尽管我们自己的心灵的主观特征处于**我们的**世界的中心，但是我们必须努力把它们只想象为一个并非被专给人类的观点的世界中的精神事物的显现。我承认这是一项有悖常理的事业，但依我看，进行这种尝试是值得的。

第一个要求是把我们自己的心灵仅仅看作某种一般事物的实例——就像我们习惯上把物理世界的具体事物和事件看作某种一般事物的实例及显现一样。心灵是一种现象，我们必须认为人的心灵并非必然是这种现象的中心，尽管我们的心灵处于我们的世界的中心。在客观的冲动的背后所隐藏的基本观念是，世界并非我们的世界。假如我们把客观的可理解性转变为一种新的实在的标准，那么就可以背弃这种观念。那样做是错误的，因为这个事实即实在扩展到了我们原先的视角所能获得的东西以外，并不意味着我们由此出发所能达到的某种超越的视角可以获知所有的实在。但是，只要我们避免了这种错误，期待着把客观的理解延伸到生命和世界的尽可能大的范围内，并以此期待作为动机，就是合适的。

我并没有用一般的心灵概念来意指一种认为所有心灵都与我们自己的心灵相似的人类中心的概念。我所意指的是一种我们自己也构成了其实例的概念——而且丝毫不意味着我们是其中的关键实例。因此，我所提出的反对心理—物理的还原的意见根本不同于唯心论的或现象学传统的反对意见。我要把心灵看作与物质类似的东西，即认为它们都是世界的一种一般特征。不管是关于物质，还是关于心灵，在我们所处的小的时空范围的附近，我们都遇到了某些实例（尽管就物质来说，不只是碰到那些实例）。对这两种东西而言，我们都无法保证，超出最初的相遇以后，通过抽象、归纳和实验的方法，我们的理解能走多远。一种客观的心灵概念所必然具有的这种不完全性似乎是相当明显的。但也没有理由假定，关于**物理**

的世界的一切东西，都能通过我们的物理的客观性概念的某种可能的发展而被理解：物理科学毕竟只是我们的心灵的一种活动，而且我们没有理由假定，它们在这些方面的能力可以充分地与实在相关联，尽管那些能力是显著的。

在两种情况下，一种被扩展了的理解，就我们能够获得它而言，不仅向我们指出了通达我们近邻之外的事物的途径，而且也将增加关于我们已遇到的以及我们的研究由之开始的那些事物的知识。对于常见的物理对象而言，这是清楚无疑的；我们现在全都是依据物理学及化学——而非仅仅从现象上或从工具的角度——来思考这些物理事物的。关于精神现象，我们的客观的理解没有得到发展，而且它也许绝无太大的发展余地。但是，关于这样的一种客观的观点的观念，经历了对一般的心灵概念的追求，将为我们提供一种我们也可以明白并应用于我们自身的思考方法。

3.　他人心灵

这个问题，即把我们自己置身于一个我们不是其中心的世界中，有一种较为简单的形式。当这种形式在哲学上出现时，它独立于构造一个一般的非唯心论的实在概念这一追求。它在个体层次上表现为他人心灵问题。人们可以说，在精神类型的层次上，这个更广泛的精神的客观性问题对于个体来说类似于他人心灵问题：并不是"我如何能想象除了我自己的心灵之外的心灵"，而是"我们如何能想象主观上不能与我们自己的心灵相比较的心灵"。为了把我们自己置身于一个无中心的世界中，在两种情况下，我们都必须把自己想象成某种更一般的事物的实例。

这个有趣的他人心灵问题，并不是我怎么能知道其他人不是还魂尸的认识论问题。它是一个概念性的问题，即我如何能**理解**把精神状态归属于他人；而这反过来实际上又是这样的问题，即我如何能把我自己的心灵只想象为包含在世界中的精神现象的诸多实例之一。

我们每个人都是各式各样的经验的主体，而且为了理解世界上也存在他人，一个人必须能想象自己不是其主体的那些经验，即那些并不向他自己呈现的经验。为了做到这一点，有必要拥有一个一般的经验主体概念，并把一个人自己当作它的一个实例。我们不能通过把关于当下感觉到的东西的观念延伸到他人的身体而做到这一点，因为像维特根斯坦所注意到的那样，那将只会给你一种关于拥有他们身体里的感觉的观念，而非关于**他们**拥有感觉的观念。

尽管我们全都是随着这个必需的并允许我们真正相信他人心灵的一般概念而长大的，但它在哲学上却是成问题的，而且关于它是如何起作用的，也有很多不同的意见分歧。问题在于他人似乎也是外部世界的一部分，而且意义问题上的经验主义假定使各式各样的哲学家都认为，我们必须使用行为证据来分析把精神状态归因于他人的做法，或者必须把它分析为某种解释性理论的一部分；这里所说的解释性理论是关于产生可观察行为的事物的。不幸的是，这似乎意味着，在第一人称中，精神方面的归因并不拥有与在第三人称中相同的意义。

　　显然，下述假定一定有某种可供替代的选择：在他人心灵问题上所说的任何东西都必须被给予一种解释，而这种解释把它牢固地置身于这个为人们所熟悉的并可通过物理的客观性概念而得到理解的外部世界中。这个假定直接导致了唯我论：理解不了关于与自己的心灵不同的真实心灵的观念。

　　事实上，在普通的心灵概念中，就已萌发了一种完全不同的想象客观实在的方式。我们不能通过某种当我们试图将其应用于自身时就变得不可理喻的方式来解释关于他人心灵的观念，并以这种解释来理解它。当我们想象他人心灵时，我们不能放弃一种观点的必要因素；相反，我们必须赋予它共性，并把我们自己看作诸多观点中的一种。精神事物的客观化的第一阶段，是我们每个人都能理解关于一切人的视角（包括他自己的视角在内）的观念，而且我们并不剥夺一切人的视角之作为视角的特征。它是物理对象的无中心的空间概念在心灵方面的类似物，而在那种概念中，没有哪个点会占有特权的地位。

　　一种客观的心灵概念的开端是这样一种能力，即从外部把一个人自己的经验看成世界中的事件。假如这是可能的，那么他人也能想象那些事件，并且一个人也能从外部想象他人的经验。为了以这种方式来思考，我们不使用一种外部表象的能力，而使用一种关于主观的观点的一般观念，并且我们设想了这种观念的一个具体实例和一种具体形式。到此为止，这个步骤并不包含从我们的经验的一般形式中做出的任何抽象。我们仍然依据我们所熟悉的并与他人共 *21*

有的观点来思考经验。包含在外部的心灵概念中的一切东西，都是对这种观点的一种想象的使用；这种使用部分地表现在关于一个人的自身经验的记忆与期待中。

但是，我们可以走得比这更远，因为同一种基本的方法允许我们思考我们不能设想的经验。通过在主观上进行想象的方式来表象一种来自外部的经验，类似于通过在视觉上进行想象的方式来表象一种客观的空间形态。人们把通常的现象用作一种媒介。被表象的东西无须在各方面都类似于表象。它必须依据主观经验的某些一般特征即主观的共相而得到表象，而一个人从自己的经验中熟悉了这些一般特征的某些实例。但是，在任何领域中形成一种普遍概念的能力，不仅能使一个人表象当前的来自外部的情况，也能使他思考未经验到的并且可能绝不会直接经验到的其他可能性。因此，前理论的心灵概念包含一种客观性，此种客观性不仅允许我们以某种方式走出自身经验，而且允许我们走出完全类似于自身经验的经验。

这种观念是这样的：心灵概念，尽管与主观性相维系，但并不限定于能通过我们自己的主观性而被理解的东西，即我们能将其译为关于自身经验的术语的东西。我们把主观上**无法**想象的其他生物的精神生活包括在（比如说）关于真实的世界的概念中，同时又不通过行为主义、功能主义及物理主义的还原而背弃它们的主观性。我们知道那儿存在某种事物即某种有视角的事物，即使我们不知道它是什么，甚或不知道怎样思考它。问题在于，这种承认是否允许我们确立一种思考它的方式。

当然，一种可能是，这种具体的步骤无法再往前推进。我们能拥有一种足够一般的，从而允许我们逃避唯我论及种族中心论的心灵概念，但我们可能无法超越人的经验的一般形式和人的观点。由于人的想象的灵活性，那种观点允许我们想象我们所没有的经验。但是，它允许我们把心灵概念从一个人的视角中分离出来吗？

问题在于：是否可能存在一种远远地扩展到我们自己的经验之外的一般经验概念或某种类似于它的东西？即使可能存在，我们也可能没有能力——除了在理论上——领会它，就像我们目前大概也没有能力领会五个世纪之后所提出的那些关于客观的物理的实在的概念一样。但是，假如可能存在这样一种概念，那么此种可能性将是试图构造它的充分动机。在心灵问题上，仅当我们事先确信事物不可理解时，我们才能合理地为与我们自己的通常观点如此接近的客观性设定界限。

4. 一般意识

就我所能看到的而言，接受此类界限的唯一原因是一种维特根斯坦式的原因：对心灵概念所进行的这样一种延伸或者说尝试性的扩大，使我们离开了概念之有意义的条件。我不知道维特根斯坦是否会实际地提出这种异议，但这似乎是他的观点的一种自然的发展。他注意到，当经验的概念从内部应用于第一人称，并且这种应用不是基于行为的、环境的或任何其他类型的证据时，它们也需要外部的标准。为了在第一人称中意指应用于一个人自己的任何事物，它们必须也可以依照并非只是私人可获得的环境的及行为的根据而应用于一个人自己和他人。他把这当作必须为所有概念所满足的一般的公众性条件的一个推论，而这个条件反过来又导源于一个必须为任何类型的规则所满足的条件：在遵守它和违背它之间一定存在一种客观的区别，而且仅当有可能把一个人自己的实践与他周围人群的实践进行比较时，我们才能做出这种区别。

我对这最终的"仅当"是持怀疑态度的，而且虽然我提不出可供替代的理论，但是在我看来，依据这个论证即"这难道能通过什么**别的**方式做到吗？"而得出结论似乎是危险的。不过我不想否认，我们用来谈论自己及他人的心灵的经验概念或多或少与维特根斯坦所描述的模式相符合。只要维特根斯坦没有被理解（我认为他没有被理解），当说行为等等的东西是实际存在之物，而精神过程是语言的虚构时，他的这种看法，即经验的第一人称和第三人称的归属条件被纠缠不清地限定在一个单一的公众概念中，在我看来通常就是正确的。[3]

问题在于：在不失去所有内容的情况下，经验概念能否扩展到这些条件以外？否定的回答会把我们关于经验的思想限定在能以特定的方式归属于我们自己及他人的东西上。反对的意见是，在超出这些界限时，这个概念的正确的与错误的应用之间的区分没有得到定义，而且意义的条件因此没有被满足。

在一个众所周知的段落里（Wittgenstein，第 350 节），维特根斯坦说，我不能仅仅通过他人拥有我频繁拥有的东西这样的说法，从我自己的情况出发去扩展精神概念的应用。"好像我要说：'你确实知道"这儿是五点钟"意味着什么，因此你也知道"太阳上是五点钟"意味着什么。它只是意味着，当时间是五点的时候，那儿的时间正好和这儿的时间是相同的。'"对某个试图解释当他说火炉疼时意味着什么的人来说，这是一种公正的回答。但是，能用它来反对在我们知道如何应用它的那些情形以外对这种概念所做的全部扩展吗？假如试图利用一般经验概念来思考某些情形，并且我们现在尚不能——甚至也许任何时候都不能——在这些情形中比较具体地应用这个概念，那么它确实会失去所有内容吗？我认为不会。并非所有这样的情形都类似于太阳上的钟点这个例子。那种情形是十分极端的，因为它引进了一个直接的与决定钟点（即相对于太阳的地球表面位置）的条件不一致的因素。但是，我们在应用这种经验概念的能力之外来推广它，并没有**违背**它所试图超越的应用条件，即使某些类似于把疼痛归属于火炉那样的例子确实超出了可理解性的界限。

不可否认，**假如**某人拥有关于一种有意识的精神状态的概念，并且也以某种频率拥有那种精神状态，那么他将能以维特根斯坦所描述的方式从内部和外部来运用它。假如他不能，那表明他不拥有这个概念。但是，我们没有把这样的状态仅仅归属于拥有精神概念的生物：我们也把它们归属于儿童和动物，并认为，即使我们不拥有语言，我们自己也会拥有经验。假如我们认为我们所能谈论的许多经验的存在不依赖于这些概念的存在，那么，我们为什么不能隔着一种距离，来设想我们不曾拥有并且可能绝不会拥有其完整概念及第一人称和第三人称归属能力的那些类型的经验之存在呢？

在有些情形中，我们有确凿的证据表明经验被呈现了，但又要么不知道它的特征是什么，要么终究不能期望理解其包含自我归属能力的特征；至少在结构和行为上所有同我们不太接近的动物的某些经验是这样的。让我们首先考虑这些情形。在每一种情形中，都存在丰富的有意识的内在生活的外部证据，但我们只在有限程度上应用自己的精神概念——基本上都是一般概念——去描述它们。[4]

24 　　正是通常的前哲学的经验概念导致了这种结果。我们没有简单地将其放弃并随着**语词**匆匆离开。而且，这种延伸并非私人语言的一部分，而是为绝大多数人所共有的关于哪类事物占据他们周围世界的一种自然的观念。我认为，我们被迫得出如下结论：所有这些生物都拥有一些特殊经验，并且这些经验不能通过我们对其拥有第一人称的理解的某些精神概念来表象。这不意味着我们不能用那种一般的或更详细但缺少第一人称理解的方式去思考它们——只要我们继续把它们看作主观的经验，而非只是看作行为的倾向或功能的状态。

　　但是在我看来，我们原则上可以走得更远。我们能使用一般的关于经验及心灵的概念，来思考我们不能自信地识别其外在标记的有意识的生命形式。宇宙中很可能存在大量的生命，而且我们也许仅能识别其中的某些形式，因为我们不能纯粹把与我们迥异的生物的表现形式解释成行为。推测有这样的生物，并认为它们有心灵，当然是有实质意义的。

　　对一般心灵概念所做的这些使用，展示了在其他地方仅是寻常之举的一种理论步骤。我们能够形成关于我们不知道如何去发现的那些现象的观念。一旦关于一种新的物理粒子的概念通过一组性质被构造和定义出来，那些性质于是就可以允许设计一些承认那种粒子的发现的实验。由于这样，物理发现的进步很久以前就转移到了那些仅与复杂的观察技术结合在一起才能加以应用的——而非通过未受协助的知觉或简单的机械措施就能加以应用的——物理概念的构造上了。

只有独断的实证论者才会否认构造我们当前没有能力去应用的那些客观概念的可能性。为了实现这个目标，即为了获得一种关于无论如何也不能把我们置于其中心的世界的概念，我们需要构造这样的概念。在这个目标中，我们受到一种知识乐观主义的支持：这种乐观主义相信，我们拥有一种可以无限发展的能力来理解尚未想象到的东西，而且通过超越我们当前的理解，并试图获得一种将此种理解解释为世界之一部分的更高级的观点，我们可以让这个目标产生作用。但我们也须承认，不管我们走出多远，世界都有可能超出我们理解它的能力。这种承认比对证实论的单纯的否定更强，而且它只能通过某些一般概念来表达，而那些一般概念的所摄范围并不限于我们原则上可以认识的事物。

心灵的情况也是如此。一些特殊类型的经验既不依赖于我们拥有它们的能力，也不依赖于我们以主观的方式想象它们的能力；若要寻求构想这类经验的方法，前提就在于以主观的或其他的方式接受关于一种视角的一般观念，而又不把那种视角限定于一个人所熟悉的那些形式。通过（比如说）观察那些确实拥有我们所不拥有的某种感觉的生物，以这种方式来研究那种感觉的质的结构应该是可能的——即使我们可以达到的理解只是片面的。

但是，假如我们能做到那一点，我们也该能把同一种一般观念应用于我们自身，而且因此也能使用那些无须拥有我们的经验就能被理解的方式来分析我们的经验。那将会构成指向我们自己的心灵的一种客观的立场。就其能被获得而言，我们能把自己的心灵不只看作人的世界的一部分，即我们已经从身体方面加以利用的某种东西。这符合人的一种自然的目标，因为寻求对实在的一般理解是合乎常理的——这里所说的实在包含着我们自身，且不依赖于我们**是**我们自身这一事实。

5. 客观实在的不完全性

然而，在追求这个目标的过程中，即便在最成功地实现了它的地方，也将不可避免地失去某种东西。假如我们试图从一种与经验的主体的观点相区别的客观的观点来理解经验，那么即使我们依旧相信它本质上是有视角的，我们也将不能领会其最独特的性质，除非我们能以主观的方式想象它们。我们将不会确切知道对于一只蟑螂来说炒蛋的味道如何，即使我们提出一种详细的客观的关于蟑螂味觉的现象学。当涉及价值、目标及生命形式时，这条鸿沟甚至更有实质性的影响。

因此，任何一种客观的关于精神世界的概念都不能完全包含它。但既然这样，就可以提出这样的问题，即在寻求这样的一个概念时，关键的东西是什么？目标在于，把视角及其内容放在一个不是依据任何特殊的观点而被发现的世界中。结果将会表明，那些视角的某些方面不能根据一种客观的心灵概念而得到充分的理解。但是，假如实在的某些方面不能在一种客观的概念中被捕获，那么为什么不忘记尽量充分地捕获实在这一抱负呢？世界恰恰**不是**向一种高度抽象的且可为所有理性生物所追求的观点而显现出来的。而且，假如一个人不能拥有完全的客观性，那么，这样的目标，即在一张客观之网中尽其所能多地捕获实在，就是没有意义的，而且是没有动力的。

我认为得不出这样的结论。追求一种关于没有把我们置于其中心的世界的概念，是哲学实在论的一种体现；如果这种追求没有假定一切实在的事物都能通过这样的一个概念而被理解，那就尤其如此。实在并不只是客观的实在，而且任何一种客观的实在概念都必须承认其自身的不完全性。（在别的领域中，这也是客观性要求的一个重要限制。）即使一种客观的一般的心灵概念被提了出来，并被补充到物理的客观性概念中，它也不得不包含如下这样的限制：它所利用的每种经验的及有意图的视角的精确特征，可以只从内部或者通过主观的想象而被理解。一种具有全部想象力的生物完全可以从内部来理解它；但是，一种使用客观的心灵概念的普通生物做不到这一点。在这样说时，我们没有放弃关于世界的实际存在的方式的观念；这种方式独立于它由之向我们或它的任何特殊的居住者显现的方式。我们仅仅放弃了这样的观念，即这与能被客观地理解的东西相符合。世界的存在方式包含现象，而且不存在它们由之全都能被充分把握的任何单个观点。一种客观的心灵概念承认，我们自己的心灵的那些无法被客观地把握的特征，是一种更一般的主观性的例子，而且此种主观性的其他例子也超出了我们的主观把握能力。

这等于拒绝了心灵问题上的唯心论。世界不是我的世界或我们的世界——甚至连精神世界也是如此。这是对唯心论特不含糊的拒斥，因为它肯定了世界的某些方面的实在性，而那些方面是无法用我所拥有的任何概念——甚至包括我们用来超越最初的现象领域的那种客观的概念——去把握的。这里可以发现，物理主义最终基于一种形式的唯心论：一种具有有限的客观性的唯心论。无论哪种形式的客观性都不是对实在的检验，它只不过是理解实在的一种方法。

不过，即使客观的理解只能是片面的，因为一个简单的理由，也值得努力去扩展它。要在存在之物向我们显现的方式以外扩展我们关于它的知识，唯一的途径就在于追求一种对实在的客观的理解。即使我们必得承认我们不能客观地把握的一些事物所具有的实在性，以及只能主观地加以把握的我们自身经验的某些方面所具有的不可消除的主观性，我们对客观的心灵概念的追求也只是对理解的一般追求的一部分。因为它是不完全的而将它放弃，就像在数学中因为公理化是不完全的而将公理化放弃一样。

在试图解释心灵将以怎样的方式包含在单纯存在的真实世界中时，我区分了实在与客观的实在，也区分了客观性与具体的客观性概念。物理的客观性概念不适于用来提升我们对心灵的理解；而且甚至适于这种目的的那种客观性，也不允许我们形成一种完全的关于所有各类互不相容的精神视角的观念。心灵哲学的这些结论，暗示着一种更一般的且亦可在其他领域得到应用的原则：一个人应该追求与他试图去理解的那种主题相符合的客观性，而且甚至就连这类客观性，也可能没有完全解释相关主题。

我们可以从两个方向中的任何一个出发，来处理如何把关于世界的主观的观点和客观的观点结合在一起的问题。一方面，假如一个人从主观性这边出发，那么这个问题就是传统的怀疑论、唯心论及唯我论的问题。若把我个人的经验的视角考虑在内，如何能形成一个关于独立于我对它的知觉的世界的概念呢？我怎么能知道这个概念是正确的呢？（也可以不从个体的观点出发而从关于全体的人的视角的观点出发来问这个问题。）另一方面，假如一个人从客观性这边出发，那么上述问题就相当于：怎样在一个单纯存在且没有观察中心的世界中为某些事物提供容身之所呢？这里所说的这些事物是指：（1）一个人自己，（2）一个人的观点，（3）相似及不相似的其他自我的观点，以及（4）似乎来自这些视角的各种类型的判断对象。

正是这个问题的第二种形式使我特别感兴趣。它是怀疑论的对立面，因为**被给予的东西**（the given）是客观的实在或关于客观实在的观念，而且相比之下，成问题的是主观的实在。尽管没有得到充分的承认，这种方法在近来的分析哲学中很有影响。它与人们对作为理解之典范的物理科学的偏爱是非常一致的。

但是，假如在实在论的压力下，我们承认存在不能按这种方式加以理解的事物，那么就要寻找其他方式来理解它们。一种方式是丰富我们的客观性概念。但是，如果在任何情况下都认为关于现象的最客观、最超然的解释是正确的，就很可能导致还原论的结论。我已证明，对客观实在的最有诱惑力的诉求依赖于一个错误。它不是现成的东西。实在不只是客观的实在。在心灵哲学中，真理有时并不是通过尽量远离一个人的个人视角就能被发现的，在其他地方也是如此。

注释

［1］有一种关于这种思想的极好的描述，见 Williams（7），第64～68页。威廉姆斯（Williams）把它称为**绝对的**实在概念。

［2］Nagel（3）．致谢不嫌晚，让我说明下述事实。早在两年前，提莫西·斯普瑞格（Timothy Sprigge）就提出了意识的必要条件：必须存在"它好像要成为的某种东西"，即所说的那种生物（Sprigge，第166～168页）。B. A. 法雷尔（B. A. Farrell）则在1950年问道"成为一只蝙蝠会是什么样子"，尽管他消除了唯物论的困难。（当我写作本书时，我尚未读过斯普瑞格的文章，并且忘了读过法雷尔的书。）［文章名和书名，见参考文献所列。——译者注］

［3］参见 Wittgenstein（2），第201节及其后几节。关于标准在维特根斯坦那里的地位以及它们为什么没有作为意义的**分析**而被提供，参见 Kripke（2）。

［4］怀疑论者应该读杰宁斯（Jennings）。

第三章 心灵与身体

1. 双面理论

假如我们认为，一个真实的关于精神世界的概念，不管获得多大的客观性，都必须承认心灵的这种不可还原的主观特征，那么我们还是不得不使心灵与包含能用物理的客观性概念加以描述的那个物理世界的宇宙相一致。我们的身体，尤其是我们的中枢神经系统，就像能进行精神活动的所有其他有机体的身体一样，都属于那个物理世界。我们有理由认为，精神生活和身体之间的关联是非常密切的，而且在其主体的身体没有发生物理变化——脊椎动物是在脑上发生变化——的情况下，任何精神事件都不可能发生。

在我们的身体的物理构成中，没有任何独特的东西，只有它们的化学的及生理的结构是不同寻常的。一个动物有机体是由通常的元素构成的，而这些元素反过来又是由在整个已知的物理宇宙中所发现的亚原子粒子构成的。一个活的人体因此可以从任何足够数量的事物（书、砖头、金子、花生酱、钢琴）中构造出来，只不过基本的构成成分必须以适当的方式加以重新排列。实际地进行这种重新排列的唯一方式，是从概念开始并通过营养和成长的自然生物学过程而完成的，但这并未改变材料可以来自任何地方这个事实。

29 　　考虑到我们对物理的实在的客观的理解，问题就产生了：对基本物理材料所做的这样的排列，尽管是复杂的，却不仅产生了有机体的显著的身体能力，而且产生了一个拥有心灵、观点和范围广泛的主观经验及精神能力——这些当中没有一个能被物理的客观实在的概念所容纳——的存在物。假如任何形式的心理—物理的还原论都是不正确的，那么剩下的是什么？

　　一种回答是，一个物理有机体自身显然不能拥有心灵：不存在任何从二百磅亚原子粒子中构造出主观性的方式。因此，必有某种别的东西被补充进去了，而这种东西也可以叫作灵魂，并且这就是精神性质的承载者，即精神状态、精神过程和精神事件的主体。不管它与身体之间有多么密切的相互作用，它终究是某种不同的东西。

　　这种形式的二元论由于必须是真的而通常为人所接受，而由于不可能是真的，时常又为人所抛弃。我自己认为，尽管可以想象关于心灵和身体的二元论是真的，但它似乎是难以置信的。存在一些更好的可替代它的理论——即使最好的那种尚未被人想到。我在上一章中证明过，实在不可能仅仅是物理的实在，而且精神事物和物理事物之间的关系，很可能比二元论为真时更为密切。

对二元论的主要反对意见是：它假定了一个额外的、非物理的实体，同时又未解释**它**如何能支持主观的精神状态而脑却做不到这一点。即使我们断定精神事物并非单纯的物理事件，也不能就此认为，我们可以通过呈现一种类型的实体——该类实体的唯一作用就在于为它们提供一种媒介——来解释它们在宇宙中的位置。这里，有两个关键之处。首先，假定有这样的实体并没有解释它怎样能成为精神状态的主体。假如存在一种没有质量、能量及空间维度的事物，那么在理解如何能存在旨在**成为**那种事物的某种东西时，那个假定会使这种理解变得更容易吗？真正的困难在于理解如何把本质上主观的状态赋予某种客观类型的事物。其次，没有理由认为，如果我们能通过使精神状态附属于一个非物理的实体而为它们在世界中找到一个位置，那么我们就不能同样恰当地在某种也具有物理性质的事物中为它们找到一个位置。

其实，精神状态不是物理状态，因为我们不能用描述物理状态的方式来对精神状态进行客观的描述。这个事实并不意味着它们一定是某种不同事物的状态。物理主义之所以是错误的，并不是因为存在着非物理的实体。它若要成为错误的，只需认为，那些由于具有主观特征而不能还原成物理词项的有意识的存在物也应该是事物。为什么身体对物理性质的占有就应该和它对精神性质的占有——这种占有是经由二者间某种非常密切的相互依赖而实现的——不相容？［也许像斯宾诺莎（Spinoza）所认为的那样，性质最终是一样的，但那必须是在一个比精神的和物理的事物更深的层次上。］

我想我也要考虑"没有所有者身份"的观点。据此观点，精神事件并非某种事物的性质或变体，而只是单纯地发生，不过既不发生在身体中，也不发生在灵魂中，尽管它们在原因上与身体中发生的东西相关联。但我确实没有发现这种观点是可理解的。假如点燃一根火柴就是在一个知觉者身上产生一种视觉经验的话，那么**某种事物**必定事先就在那里，并且潜在地具有某些精神的表现。这种潜在性必须有一种事先存在的基础：同火焰一样，经验也不能从无中被创造出来。当然这种"媒介"可以是任何一种类型的：它甚至可以是一种遍及一切的世界灵魂，即由某些类型的物理活动——不论它们在何处发生——所激发的时空的精神的对应物。毫无疑问，正确的模式绝未被人想到。

不过，我想在一条危险较小的道路上前进。因为精神事物与其物理的条件之间具有一种明显的密切关联，并且因为我一贯地依赖关于实体和属性的形而上学，我将提出某种类型的双面理论。这很可能是因为想象力的缺乏，但我仍要考察这样的一种理论的可能性以及它所存在的问题。尽管这很可能只是前苏格拉底式的（pre-Socrates）探索，但我相信，如果我们试图根据这些来思考心灵的话，那么看看会发生什么将是有用的。[1]

谈论一种双面理论很大程度上是一个挥动手臂的问题。它只是大致地说真理可能在什么地方，而不是说真理是什么。假如观点是实在的不可还原的特征，那么就没有明显的理由可以表明它们不应当属于那些同样拥有重量、占有空间并由细胞、最终由原子所组成的事物。一个人可以通过说脑拥有非物理的性质来表述这种观点，但那只是这种立场的一个标记，而且一个人必须小心地认识到，同关于非物理的实体的假设一样，它也没有依靠自身来增进我们的理解。主要的问题即世界上的事物如何能拥有主观的观点，还没有得到解答。

我想谈论一种双面理论所面临的某些问题。在这些问题的背后，一切都可以归结为一个我实际上不知道如何来表述的问题。维特根斯坦说过，当我们谈论精神状态和过程并且不判定它们的性质（我们后面会对它们有更多的了解）时，变戏法中的决定性一步就已迈出了。[Wittgenstein（2），第308节] 尽管我在上一章中对精神本体论做了辩护，但我还是不能动摇这样的感觉，即当维特根斯坦说出这句有名的话时，他也许是正确的。如果认为，如同我们能对光或热的真实结构有更多的了解一样，我们也能对思想和感觉的真实结构有更多的了解，那么这是十足的错误。关于这项事业，即让主观的观点毫无困难与一个由事物及过程所组成的时空世界相融合，从头到尾都存在某种十分令人怀疑的东西，而且任何双面理论都要完成那个目标及那种描述——对作为实在之一部分的现象的描述。

但我说不出它可能在什么地方出错。心灵毕竟是一种生物学意义上的产物。当猫听到门的铃声时，**一定**发生了什么事情；严格说来，这种事情发生在它的头脑中，而不只是发生在它那个被皮毛覆盖着的小心灵里。无论如何，我不会直接攻击这个没有得到系统表述的问题。正如对于双面理论一样，对于二元论或者物理主义来说，它也同样是个问题。这是因为，它们也是由获得一个完整的关于单一的实在的概念这种愿望所激发的，而在这种实在中，精神事物和物理事物处于一种清晰的相互关系之中。

相反，我将讨论一些更特别地与双面理论有关的问题，即与下述观点的可理解性相关的一些问题：一个事物能拥有两组相互不可还原的必要性质，即精神的和物理的。这种理论说我们是主观的有机体，但这自然产生了某些疑问。我怎么能成为一个复杂的物理对象呢？我的那种跨越时间的主观同一性如何能由一种有机体的客观的同一性所决定呢？经验如何能寄居于拥有物理的组成部分的某种事物呢？感觉如何能拥有物理的性质呢？鉴于心灵的这种识别性特征，即它在不同时间中所表现出的特殊的统一性及其状态的主观性，我们搞不清它如何可能会拥有另外一些客观的特征，而双面理论说它也拥有这些特征。

精神事物的不可还原的主观性能使其似乎完全独立于每一种其他事物，以至于假如一个人拒绝心理—物理的还原论，那么他就要否认精神事物和物理事物之间的任何一种必然联系。但是，还原并不是唯一的关联形式，并且在使精神事物似乎独立于每一种其他事物的那些事物中，其中有一些是幻觉。

这里有两类问题，它们都产生于精神事物的主观性。一类问题同把原因归于精神实体有关，也同并不为精神概念所包含的性质事件有关；另一类问题与似乎同精神概念不相容的性质有关。显然，

第一类问题比第二类问题更易于对付，因为没有理由表明一个概念 *32*
需要包括它所应用于其上的那个事物的所有必要的性质。因此，在
处理显然属于第二种类型的问题时，值得我们一问的是，它们是否
真的不属于第一种类型。在某些情况下——尽管并非在所有情况
下——我认为这最终证明主观的东西和物理的东西之间的明显的不
一致能得到化解，而且我们的精神概念也为这种可能性留下了
余地。

像所有别的概念一样，精神概念有其自己的客观性形式，这种
客观性允许它们在同一种意义上被不同的人在不同的场合应用于不
同的主体。精神现象属于世界，而且一个给定的精神主体或精神状
态能在世界的不同位置上被识别。尽管它们有主观性，但它们处于
客观的秩序中。确实，某些精神概念，诸如关于行动、知觉及方向
之类的概念，以非常直接的方式描述客观上可观察的事态的主观方
面。格瑞斯·埃文斯（Gareth Evans，第 7 章）指出，就我们自己
来说，我们无须识别它们的主体就能意识到这些事物，正像我们对
于更"内在的"现象也能做到这一点一样。显然，行动既有精神的
也有物理的方面。

然而，这种类型的客观性并没有解决如下问题：我所描述的这
种双面理论是否可能是正确的，也就是说，脑是否可以成为精神状
态的主体。我们必须考虑这种**本来**就属于精神主体和主观精神现象
的客观性是否留下了这样的可能性，即它们也能用脑所拥有的物理
的客观的性质来刻画。当然，它并不必须包含任何这类事物。由于
在上一章中我就对物理的和精神的客观性做了区分，我们必须把这

看作一个严肃的问题。

在着手探讨它时，我打算首先考虑一个特别困难的精神概念，即关于跨越时间的人格同一性的概念，而最后我将谈及传统的身心问题，即精神过程和脑过程之间的关系问题。但是，人格同一性的例子是一个不错的着手点，因为它是非常简单而又纯粹主观的；而且由于具有这种鲜明的特性，自我似乎能完全独立于任何其他事物。它将允许我们描述并批评一些关于精神事物之独立性的可构想性论证，而这些论证也出现在其他地方。

2. 作为私人对象的自我

当我们从内部看它时，自我概念似乎具有一种令人生疑的纯粹性，也就是说，它太纯粹了。自我是最终的私人对象，它同任何其他事物——精神的或物理的——之间显然缺乏逻辑的联系。当我从内部思考自己的个体生命时，似乎我将来的及过去的存在——与这个我同属一个事物的"我"的存在——只依赖于其自身。为了获得我自己的存在，使用"我"这个词似乎就够了，而该词的意义完全显露在任何一种使用它的场合。"我知道我用'我'意味着什么，我意味着**这**！"（如同一个人可以认为关于像甜这样的现象学性质的概念可以在"与**这**相同"这种思想中被充分捕捉一样。）

于是，至少从概念上来看，我的本质似乎不仅独立于身体的连续性，也独立于所有其他的主观的精神状况，比如像记忆及心理的相似性之类的东西。在这样的心灵结构中，一种过去的或将来的精神状态是不是属于我的，似乎是一种无法根据那种状态与我的当前状态之间的连续性关系——心理的或物理的——加以分析的事实。自我从一个身体到另一个身体的转移似乎是可以设想的，尽管事实上是不可能的。我们同样也可以设想在心理的连续性方面经历过完全中断的自我是持续的，这就如同在没有记忆的情况下想象灵魂是如何再生的那样。假如所有这些事物真的都是可能的，我当然不可能是一个有机体：我一定是一个纯粹的、没有特征的精神容器。

自我所具有的这种明显严格、完美而又不可分析的同一性，诱使一些人把它的存在具体化；而达到这种具体化的方法，则在于假定一个类似的分离的且显然为了此种目的而设计出来的——要不然，就是以否定的方式加以描绘的——灵魂。但是，这样一种事物似乎不足以承受人格同一性的重载，而且好像逃避所有定义它的企图。在关于人格同一性的古典争论中，我们可以看到这一点。这种争论的一方为洛克（Locke），另一方为瑞德（Reid）和巴特勒（Butler）。在反对对方时，双方似乎都是正确的，但他们错在他们的正面理论中。

一方面，当洛克（Locke，第 27 章）断言同一个自我与同一个灵魂或同一个身体的分离是可以设想的时，他似乎是对的。这表明一个事实：自我不可能被定义为一种要么物理的、要么非物理的对象，但必须被理解为同一种主观的意识。[2] 洛克所主张的是，如果假定灵魂是把同一性给予自我的个体，那它就会作为与那个观念的实际运作不相关的东西隐退了。康德在第三组二律背反中提出了一

种类似的看法。[Kant（1），第 362～369 页]

　　另一方面，当巴特勒[3] 和瑞德[4] 论证自我的同一性不可能根据记忆的连续性而得到充分的定义时，他们似乎是对的；而且，即使依据性质的心理连续性加以更复杂的分析，似乎也不能获得关于同一种意识的观念的本质；这种本质似乎是某种额外的且毫不复杂的事物。自我的间断似乎是与任何程度的心理内容的连续性相容的，而且反过来也是这样。但是，当瑞德和巴特勒认为一个非物理的实体因此就是真正意义上的自我时，他们就错了。那毕竟只是客观秩序的另外一种占有者。个体的意识的存在，要么依赖于身体，要么依赖于灵魂，但其同一性本质上是心理主体的同一性，而且不等同于任何其他事物，甚至也不等同于任何其他的心理事物。

　　同时，它似乎是某种明确而又不同寻常的东西。也就是说，与任何未来的经验相关的问题，即"它是否将会是我的？"，似乎需要一种明确的肯定或否定的回答〔Williams（2）〕；而且，答案必须由事实来决定，而不是由在如何使用语词或如何合乎习惯地把世界切成片段这个问题上的一种具有外在意图的可选择性决断所决定的（就"同一个国家"、"同一个旅馆"或"同一辆汽车"而言，这也许是可能的）。

　　这似乎使我们得出了这样的结论：**是我的**是我的所有精神状态的一种不可还原、不可分析的特征，而且它同处于客观秩序中的任何事物或不同时间中的那些状态之间的任何联系都没有必然的关系。[5] 即使它因果性地依赖于某种其他事物，比如我的脑的连续存在，但在关于自我的观念的基础上没有任何方式可以发现这种依赖。一种未来的经验是否将属于我的这个问题，需要一个确定的答案，同时又无须提供任何方式来确定那个答案是什么，即使所有其他的事实都是已知的。

这种描述一定存在某种错误的东西。但是，说出这种错误是什么，或提出一种承认人格同一性同任何其他事物之间存在必然联系的更好的描述，是不容易的。像其他的心理概念一样，通常的关于自我的概念会产生一些哲学的幻象，而且在不陷入至少同样糟糕且时常比较肤浅的错误的情况下，这些幻象是我们难以抵制的。

把自我等同于某种事物，或者实质性地把自我与某种事物联系起来，显然是不可能的。这种不可能性来自下述笛卡尔（Descartes）式的信念：它的本性充分暴露给了内省，而且就我们自己来说，关于这种事物的当下的主观的概念包含了一切对它来说必不可少的东西——只要我们能把它抽取出来。但结果表明，我们抽取不出任何事物，甚至抽取不出笛卡尔式的心灵。正是这个概念的赤裸性及显而易见的完全性，没有给下述发现留下余地：它指的是某种拥有其他方面的本质特征的事物，并且这些特征包含在一种对我的实际面目的更详细的描述中。这样的等同，即把我自己等同于无论什么类型的客观持存着的事物，似乎被预先排除了。

抵制这个结论的第一步，在于否认关于我自己的概念或任何其他心理的概念是——或可以是——纯粹主观的；而笛卡尔式的假定就认为它是纯粹主观的。像我前面所说的那样，如果重新回到维特根斯坦的一个著名观点，那么甚至主观的概念也有其适当的客观性。在前面那章中，我讨论了这种可能性，即扩展关于精神的客观

35

性的观念，并使其所包含的范围超出我们主观上熟悉的那类精神现象。但在这里，我要集中精力讨论这种更有限的客观性，它甚至是那些通常的精神概念所具有的特征。人格同一性包含在那些概念里，而且我们全都能通过第一人称把它们应用于我们自身。

导致自我从一切其他事物中明显分离出来的一些比较彻底的关于想象力的实验，来自概念的力量问题上的错觉。除了比较一般的关于"某人"——"我"的本质就在于成为它的第一人称形式——的概念以外，认为像人格同一性这样的心理概念能通过检验我的第一人称的自我概念而得到理解是一种错误，尽管这是一种自然的错误。我只会补充说，人格同一性的充分条件根本不可能从关于一个人的概念中推断出来：它们不可能通过推论而获得。

关于"某人"的概念并不是关于"我"的概念的一种归纳。二者中没有一者可以在另一者不存在的情况下存在，而且没有一者先于另一者。为了拥有关于一个意识的主体的概念，一个个体在某些情况下必须能不借助于外部观察来识别他自己以及他所处的状态。但是，这些识别大体说来必须与他人以及该个体自己在外部观察的基础上所做出的识别相一致。在这方面，"我"类似于其他的心理概念；而这些其他的心理概念能应用于他们的主体可以意识到的状态，同时又无须别人用以把那些状态归属于他们的观察证据。

然而，说到其他概念，我们不能立即从我们拥有它们的条件中推断出相关事物的本性。就像肾上腺素即使未曾被人想到也会存在一样，即使相关概念不存在，有意识的精神状态和持存的自我也会存在；在拥有这些概念的情况下，我们会把它们应用于缺乏它们的一些实际的及可能的其他生物。于是，这个自然而然的（且变幻莫测的）问题就成了：除了我们能用来提及它们的概念以外，这些事物**是**什么？尤其是，在不拥有别人用来重新识别它的观察证据的情况下，我就能重新识别的这个自我是什么？关于自我，就像关于感觉一样，问题在于怎样避免对不符合物理的客观实在概念的某种事物进行虚假的或错误的客观化。

一定存在应用于自我、现象学性质及其他精神范畴的客观性概念，这是因为，关于在我自己的人格同一性或经验的现象学性质方面所犯的错误的观念，显然是有意义的。我可能错误地记得自己做过一次妙趣横生的讲话，而事实上那次讲话是某个其他的人做出的，但我当时是在场的；我可能错误地以为，我现在尝到的某物的味道同我昨天尝到的味道是一样的；我可能认为我是某个其他的人，但我不是那个人。在这个领域中，像在其他地方一样，存在现象和实在的区分。只有以这种区分为基础的客观性才必须被理解为与某种主观的事物有关的客观性——精神的而非物理的客观性。

对感觉而言，实在自身就是现象的一种形式，而且这种区分是真实的现象和表面的现象之间的区分。这不可能被某种只类似于普通对象或物理性质的事物所占有，除了它只对一个人是可见的。但是，要正确地对它做出解释是极其困难的，因为在应用心理概念时所需的客观性条件并不显著地参与那些概念的每一次应用——尤其在第一人称中。它们是隐藏着的，因为那些概念似乎是极其简单的。

当一个精神概念看起来简单而又不可分析时，人们在哲学上就很容易认为它指称了私人可理解的某种事物；自我之主观的现象，或者说，现象学的同一性之主观的现象，就是这种事物的现象。我认为，维特根斯坦在《哲学研究》（*Investigations*）中已经令人信服地证明，如果我们以这种方式解释精神概念，那么某种私人的东西就作为不相关的东西隐退了，而这表明解释出现了问题。（大约第200～300节）他从感觉方面给出了论证：设计那个论证就是为了表明感觉词汇并不是私人的经验特征或对象的名称，比如说感觉材料就被设想为是这样的。感觉的相似或不同是感官现象的相似或不同，而非某种显现着的事物的相似或不同。

这种论证部分说来是一种归谬法：即使每一种感觉都是关于一种私人的对象或特征的知觉，感觉也不会是这个事物本身，而是它以某种方式对我们的显现。即使这个事物发生了变化，感觉也会保持不变——假如它的显现方式依旧不变的话。因此，对象作为与概念的操作不相干的东西隐退了。（这无须意味着我们的感觉是不可改变的，因为在一种现象和我们关于它的信念之间可能存在差异。它是感觉词汇所指称的现象本身。）

这个论证的另一方面即通常的私人语言论证，由于太复杂了，以致无法在这里加以充分的讨论。维特根斯坦声称，不可能存在任何关于必然属于私人的经验对象的概念，即关于原则上只能为一个人所发现的一类事物的概念，因为在对这类概念的正确和不正确的诚实应用之间不可能有任何差别；这里所谓的正确和不正确的诚实应用，指的是其唯一的使用者对其应用规则的坚持或背离。所有概念，包括关于事物如何向我们显现的概念，都必须承认这种差别。

它们的使用规则不可能融入个体使用者对它们的诚实应用中；要不然，在将语词应用于一个事物时，他对这个事物就没有任何**述说**。为了用一个语词来意指某种东西，我必须能理解这样的可能性，即在不知道其意义的情况下，我对该语词的实际使用可能已经偏离了那种意义；否则，除了它自身之外，我的使用没有给它带来任何意义。

借助于第一人称和第三人称的归属之间的联系，维特根斯坦认为心理概念满足这个条件，即为客观的规则所支配。这是同实质的主观的事物相符合的那类客观性。

维特根斯坦的解释具有一种著名的晦涩而简洁的风格。无论我们是否接受他的正面解释，我认为他所提出的精神概念是一类特殊概念这一观点是正确的。它们并不指称像灵魂和感觉材料这样的私人对象，而指称主观的观点及其变体——即使精神现象的范围并不限于我们自己能主观地加以识别的东西。麻烦在于，如何把精神概念并不指称逻辑上属于私人的意识对象这个一般观念应用于人格同一性问题。

3.　人格同一性及指称

同一性不是相似性。感觉的客观性的条件不能直接移植到自我上，因为**是我的**并非我的经验的一种现象学性质；而且就像对于其他类型的事物一样，性质的相似在这里既非数目同一性的必要条件，也非其充分条件。此外，一定有某种可以用来刻画自我的同一性的客观性；否则，一种将来的经验是不是我的这个主观的问题就是无的放矢的：**没有任何东西可以用来区分**正确和错误的回答。这能是什么样的客观性呢？

38　　　有两类可能的回答。一类回答根据其他心理概念来解释自我的同一性，从而让自我的客观性寄托于那些心理概念的客观性。这是依据某种形式的心理连续性对人格同一性所做的一类解释。人们广泛地设想，心理连续性包含了行为、感情、意图，还有思想、记忆和知觉。另一类回答把人格同一性看成一种独立的心理概念，从而自我就是在存在心理连续性的地方作为它们的基础的某种东西，但这种东西没有可以根据它们来说明的必要或充分的条件。

　　第二类回答是我将要为之辩护的观点。我认为，关于经验的两个阶段之间的精神内容的连续性，不管我们被告知了什么，它们是否拥有同一个主体这个问题，从逻辑上看仍然是尚未解决的。此外，这样的假定，即我本可以自出生开始过上一种完全不同的精神生活，显然是关于我的同一性的观念的一部分。比如说，假如我出生时被人领养并在阿根廷长大，这种情况就会发生。问题在于，这种关于同一个主体的观念怎样才能满足适合于心理概念的客观性的条件：它怎样才能表达一种主观的（而非仅仅生物学的）且承认正确和不正确的自我识别之间存在着区别的同一性。

　　即使这样的一种事物不能根据心理的连续性而得到定义，它与它们之间也将有着密切的联系。我的绝大部分的自我重新识别，以及别人对我的绝大部分的重新识别，都是通过记忆和意图之类的东西而与当前直接或间接联系在一起的一些阶段。但在这里，像在其他地方一样，实在可能与征象（evidence）有差异。关于我自己的观念，就是关于具有下述特点的某种事物的观念：这种事物与记忆及外在可观察的精神生活的连续性之间有一种明显的关联；在一段时间内，它能在记忆、期待及意图中从主观上重新识别自己，而他人也能通过观察的方式把它重新识别为同一个人，但就其本身来说，它**就是**某种事物。换句话说，我拒绝这样的观点，即这个人仅仅是一些精神的及物理的谓词的语法或逻辑主词，而这类谓词则是依通常的理由而被认定的。那些理由只提供了人格同一性的征象，而非它的标准。

问题在于：在内省的及可观察的证据之外以这种方式获得这个概念及它们之间的相互关联，是否允许我们把它看作具有另外一些特征的某种事物，即某种有其自身本性的事物？假如这样的话，那么，在通常的心理征象没有解决某个人是不是我这一问题的情况下，那些特征就能提供人格同一性的另外一些条件，并且这些条件能够使所说的问题得到解答。这种想法是：这个概念的通常的应用条件指向该概念所指称但并未获得其本质的某种其他事物。

只有假定关于自我的概念并未充分指出我们是何种类型的事物，这才是可能的。但依我看，那样的假定是真的。我们关于我们自己的观念是一种具有下述特点的观念：部分说来，这个观念的精确外延是由我们并不必然只是由通过拥有这个概念——或作为拥有这个概念的一个条件——而知道的那些事物所决定的。我们的真实本性以及我们的识别原则，可能部分地对我们隐藏起来了。对于其他概念来说，这是一种极其常见的情况。限定摹状词显然就是这样的，而且克里普克（Kripke）和普特南（Putnam）已经证明，专名及自然种类词项也是这样的——即使它们不能被分析为伪装的限定摹状词。[6] 但就自我而言，这是很难令人接受的，因为它具有一种表面的主观的完全性。像关于"金子"的概念、关于"猫"的概念或关于"西塞罗"的概念一样，它似乎并不直接拥有某种能通过发现它的真实的内在的成分而得以填补的空白。这里，看来没有什么东西与关于一种我们不了解其全部本性的实体或生物的一般观念相符合。关于自我的观念似乎并不是对某种事物的一种明确的不完全的说明。

一般说来，当一个词项指称某种其真实本性不是通过该词项的主观应用条件而被充分把握的事物时，对于决定它的所指物的真实本性的世界，那些条件仍将规定它是什么样的事物。因而，在化学确立以前，金子已经指称一种类型的金属，而这就决定了在其物质成分方面哪些进一步的发现会揭示金子的真实本性。具体说来，它决定了金子的某些通常可观察的性质必须由其真实的本性来解释，而且对于不同样品的金子来说，这种解释必须是统一的，因为它们全都是由某种事物构成的。

就我们自己而言，什么东西可以履行关于"一种类型的金属"或者"一种类型的物质实体"的观念的功能呢？经验的主体不同于任何其他事物。尽管它们确实具有可观察的性质，但关于它们，最重要的事情在于它们是主体；并且假如我们能把它们认作客观秩序中的某种事物，那么正是它们的主观的精神的性质必须得到解释。

与金子一样，这里也蕴含某种一般性：我自己的自我与他人的自我都是同一类型的某种东西。

我要说，关于自我的概念就可以具有客观的"完满性"，只要能发现某种横跨主观—客观的裂缝的事物。也就是说，它包含如下的可能性：它指称某种事物，而这种事物除了具有包含在这个心理概念自身中的特征以外，还具有另外一些客观的本质的特征，并且其客观的持存性是人格同一性的必要条件，不过仅当这种客观上可描述的所指物在一种较强的意义上构成那些主观特征——它们是持存的自我的典型特征——的基础时才是这样。

这是双面理论可以起作用的地方。关于自我的概念并不当然意味着双面理论是真的。这个概念仅仅意味着：假如它确有所指，那么它一定指称某种本质上主观的事物，并且该事物时常可以在第一人称中通过非观察的方式被识别，而在第三人称中通过观察的方式被识别；它是精神状态及精神活动的持存的处所，而当通常的心理的连续性出现时，它又是推动它们的运载工具。就这个**概念**来说，这种东西也许最终就是许多事物中的某一个，或者也可能就没有这样的事物。但假如双面理论是正确的，那么它事实上就是完整无缺的脑，并且这种脑通常在某种活着的动物身上被发现，而在原则上又并非与它不可分离。我可以失去除了正在起作用的脑以外的一切东西，同时却仍不失为我；而且我们甚至有可能通过某种怪异的遗传工程，来制造一个绝非一个动物的一部分但又仍是一个个体的主体的脑。

让我再次说明，这不是作为对自我概念的一种分析，而是作为关于其真实本性的一种经验的假设而提出来的。我关于我自己的概念包含这样一种客观的完满性的空白，但并未填补它。我是任何一个在客观秩序中持存的个体，这些个体构成了精神生活的主观连续性的基础，而我把那种精神生活称为我的。但是，仅当所说的事物既是精神状态的承载者，又是它们的连续性——当存在连续性时——的原因时，一种客观的同一性才能解决关于自我的同一性的问题。假如我的脑满足这些条件，那么自我的核心，即对我的存在来说必不可少的东西，就是我那正在起作用的脑。按照目前的情况，我身体的其余部分作为必要的部分附属于它，并且也是我的一部分。因此，我并不只是我的脑：我的体重超过二百磅，我的身高超过六英尺，我有一副骨架，等等。但是，脑是我身上唯一的当其毁灭时我就不能存活的部分。正是脑，而非动物的其余部分，对自我来说才是必不可少的。

让我带着些许夸张的成分把这作为我是我的脑这样的假设表达出来，并且让我眼下把在什么算作同一个脑（比如，关于它依赖于有机体的同一性）这个问题上所能提出的疑问放置一旁。据此，似乎是完整无缺的脑使得记忆及其他的心理连续性得以保持，并使意识成为统一的。假如，除此之外，精神状态自身就是脑的状态，并且脑因此也并非只是一个物理系统，那么脑就是自我的一个严肃的候选者——即使就像我要承认的那样，它并不满足关于自我的观念的所有直观的条件。

我所是的那种事物，事实上就是 TN① 这个人的经验和能力所

① TN，即本书作者托马斯·内格尔（Thomas Nagel）。——译者注

在的位置——不管这种位置是什么性质的；这里所说的能力是指，在不依赖于别人必须用来理解他的那类可观察的证据的情况下，他就能在记忆、经验和思想中识别并重新识别他自己及他的精神状态。我是一个人这一事实要求我具有这种能力，但并不要求我知道是什么东西使其成为可能的。事实上，我丝毫不知道这种能力应归属于什么；而且其他人也无须为了知道我是一个人而知道这一点。就他们所拥有的关于我的概念以及我所拥有的关于作为一个自我的我自己的概念而言，我在主观上识别我自己的可能性，能够依赖于一个灵魂，或者我的脑的一部分的活动，或者甚至是我所不能想象的某种其他事物。假如它依赖于一个灵魂，那么只要那个灵魂在下述这样的条件下持存着，我的同一性就是那个灵魂的同一性：当它占据 TN 时，我们允许它经历 TN 的经验，并能使 TN 从主观上识别他自己和他的状态。假如它能在身体死亡后以这种方式持存着，那么我就能在死亡后存在。（或许，在对当前的生活没有记忆的情况下，我甚至也能存在。）

假如我的精神生活完全依赖于我的脑的某些状态和活动，并且假如某种形式的双面理论是正确的，那么处于那些状态中（并非仅仅处于其物理状态中）的那个脑就是我所是的东西，而且无法设想当我的脑毁灭时我却能活着。然而，我可能不知道这是不可设想的，因为我可能不知道我自己的同一性的条件。那种知识并不是由我关于我自己的主观的观念所提供的。它也不是由别人所拥有的关于我的观念所提供的。我们不得不去发现的观念使得某种东西成为悬而未决的。

　　这里的中心意思是人们所熟悉的，它来自克里普克关于指称的观点。一个词项所指称的东西的本质依赖于世界的实际的样子，而不只依赖于我们为了使用和理解该词项而必须知道的东西。我可以理解并能应用"金子"这个词项而无须知道金子实际是什么，即无须知道任何事物为了成为金子而必须满足的物理的及化学的条件。我是通过金子的样品来识别其可知觉的特征的；而包括关于这些特征的知识在内，我关于金子的前科学观念包含一种将由关于其内在性质的经验发现去填补的空白。类似地，我可以理解并能把"我"这个词项应用于我自己，而无须知道我实际是什么。用克里普克的说法，我用来**决定**这个词项的**指称**的东西，并未告诉我关于该所指物的本性的一切东西。

　　这可以导致我们先前讨论过的关于自我同每一种其他事物之间的可分离性的那些幻觉。由于我并不知道我实际是什么，因此就我**确实**知道的东西而言，我似乎可以是（作为认识上的可能性）能构成我主观的自我识别能力之基础的多种事物中的任何一个（灵魂、脑等等）。关于我的真实本性的各种描述，因而还有我的跨越时间的同一性的各种条件，与我所拥有的关于作为一个自我的我自己的概念是相容的，因为那个概念没有确立它所指之物的真实本性。他人所拥有的关于作为一个自我的我的概念同样如此，因为这也适用于关于一个自我或一般意识中的连续存在的主体的概念。

　　现在我可以据此认为，我能想象我自己在脑死亡后继续存活，即便事实上那是不可想象的；我同样可以恰当地据此认为，我能想象我自己在我的灵魂或任何别的事物毁灭后继续存活。就我在我的本性方面所知道的东西而言，我所想象的东西也许是可能的；但就我的实际本性而言，也许是不可能的。既然那样，我就不是在想象**自己**在脑死亡后还存活着，而只是混淆了认识的与形而上学的可能性。在试图设想我在脑毁灭后能继续存活时，假如事实上我就是我的脑，那么在这样的情况下我将不能成功地提及我自己。即使我设想一种拥有适当记忆的灵魂在我的身体死亡后继续存活，那也不是设想我自己继续存活着——假如我事实上不是一个灵魂。[7]

正是这种错误的想法，即单凭我关于我自己的概念就能揭露我的同一性的客观条件，导致了如下这种荒唐的认识：人格同一性总体上独立于一切其他事物，所以即使**没有任何其他东西**发生或物理的、或心理的、或任何其他方面的变化，我和你转换自我甚至也是有可能做得到的。然而，补充入这个概念的第三人称和第二人称的应用条件，也未完成对其所指物的具体说明。通过打量某些人、追踪他们的行动，并倾听他们所说的话，我能重新识别他们，但这并不意味着我知道他们的真实本性。我不知道它（尽管我可以推测它），除非我不仅知道是什么东西使他们成为他们所是的那些有机体的，而且也知道是什么东西使他们能够拥有主观的、非观察的并在时间中扩展着的自我认知的。如果没有这种知识，关于人格同一性的概念就不会让我知道我是什么或者他们是什么。

4.　帕菲特

通达人格同一性的这种途径并非没有问题的。假如我们所是的事物不仅依赖于关于我们自己的概念，而且依赖于世界，那么就会出现这样的可能性，即世界上没有什么东西能够完美地满足这个条件。最好的候选者也可能会在各方面都有缺陷。

最终能在什么程度上表明我们的真实本性有别于关于我们自己的直觉的概念？更具体地说，我是我的脑这个假设需要放弃我关于我自己的概念的本质特征吗？并且假如这样的话，这会使人对这个假设产生怀疑吗？假如我所是的那种事物的最佳候选者就是我的脑，那么这个最佳候选者也许就不是十分合适的；既然那样，正确的结论将是：这种自我——我们在直觉上把我们自己看成这种自我——根本不存在。

我所想到的问题，就是导致德雷克·帕菲特（Derek Parfit）得出如下结论的那些问题：关于自我的最自然的前反思的概念并不适用于我们。从自我的这种明显的特有的简单性及不可分性方面来看，说我在事实上而非在定义上必然是我的脑，并未解决他所提出的那些尖锐的疑难。

帕菲特从描述一种自然的自我概念开始，他称这个概念为"简单观点"。[8] 这种观点认为，没有什么东西可以是我，除非（a）它为任何一种给定的经验——过去的、现在的或未来的——是不是我的这个问题确定一种完全明确的答案（极端的条件），并且（b）它排除了同属于我的两个经验出现在互不相同的主体中这种可能性（一对一的条件）。从主观上看，这些似乎就像自我的无可商讨的本质特征。

但是脑是一个复杂的器官，它既非简单的，亦非不可分的。尽管不存在诸如移植之类的在时间中逐步替换其细胞的例子，但有一些通过接合部切开术对其进行分割的著名事例，并且这些事例具有显著的心理后果。[9]像帕菲特所指出的那样，假如我的存活依赖于我的脑连续起作用，那么我也许能作为互不同一的两个明显的自我而存活，而且这会动摇那个一对一的条件。类似地，他发现，假如我的脑细胞能被逐步地替换，并且我的人格和记忆也随之逐步改变，那么一种未来的经验可能属于某个使我们**无法来回答**他是不是我这一问题的人，而且这会动摇那个极端的条件。[Parfit（2），第84～86节]

　　帕菲特自己断定，假如这样的事情是可能的，那么通常的人格同一性概念的条件就不能被满足。我们的通常概念是与"简单观点"相联系的，所以仅当我们每个人的精神生活都拥有一个使这样的事情变得不可能的主体时，它才能实际地起作用；所说的这个主体是某种类似于一个简单的不可分的灵魂的事物。假如——情况似乎就是如此——我们的精神生活的主体是一个复杂的可分的脑，那么它就不是自我同一性的合适的承载者，而且我们应当反过来接受一种更复杂的关于我们自己的本性的观点。他的建议是：我们应该从构成我们的精神生活之基础的器官的同一性中撤回我们的特殊的自私的关切；相反地，我们应该关心那些心理的连续性本身（不管它们是怎样产生的），而那些东西可以在不同的程度上保持着，并且无须成为一对一的。

　　然而我认为，实际的原因才是关键的——即使它并不满足"简单观点"的条件。这将属于具有如下特点的一类情形：在这类情形中，关于我们的概念的所指物的一些最重要的信念也许是错误的，但并不因此断定没有这样的事物。在通常情况下，脑满足这种一对一的和极端的条件，但它并非必然如此。不过依我看，它是某种没有它我就不能存活的事物，以至于假如制造出我的一个清晰的物理复制品，并且尽管我的脑已经毁灭，但该复制品在心理上是与我连续的，那么这种东西不会是我，并且它的生存（对我来说）也几乎不会和我的一样。这假定了我事实上是什么这一问题可能存在经验上可发现的答案，而该答案证伪了我在我是何种事物这个问题上所持的一些基本信念。[10]

困难的问题在于：我所提出的这种答案是否证伪了一些如此基本的信念，并因而丧失了作为答案的资格？对于这个问题，即存在于过去或将来某个时间中的某个意识中心是不是我的，脑并未保证给予一种绝对确定而又独特的答案。它被分开或部分地被取代的可能性就意味着这一点。因此，难以把一个关于我自己的概念内化为与我的脑同一的东西：假如有人对我说，我的脑即将被劈开，并且左半部分将是令人痛苦的，而右半部分将是令人愉快的，那么我在主观上无法采取任何形式来期待这一点，因为我关于我自己的观念不允许把它分开——期待、恐惧及希望的情感也不允许把它分开。

也许可以这样问：假如我因为遇到这样的抵制而准备放弃这种"简单观点"，那么为什么不完全同意帕菲特，并放弃把自我看成精神生活的典型的根本的原因，即把心理的连续性——不管它怎样保持着——看作实际上重要的东西？继续把我自己等同于**一个事物**——该事物的存活既无须是一对一的，也无须是绝对的——有什么好处？从一种较弱的意义上讲，自我是精神谓词的主词而非一个单独存在的事物——它更像一个民族而非笛卡尔式的自我，但为什么在这种意义上把我自己看作一个人是不够的？

对于这一点，除了下面这种窃取论题式的回答，我确实没有其他的答案：自我应该满足——假如可能的话——的条件之一在于，它是我的意识流和信念、愿望、意图及性格品质等全都在其中发生的某种东西，即处于意识内容下面的某种东西；在意识的连续性出现一次根本的中断时，它甚至也能活下来。假如没有这样的事物，那么关于人格同一性的观念就是一种幻觉，然而我们并未处于那种境地。即使我们发现不了什么东西能充当这种满足"简单观点"之条件的角色，但在某些情况下，有了携带这些令人困惑的同一性条件的脑仍然要比什么都没有强。而且，我是我的脑是一种可能的假设，因为它并未被我可以转移到一个不同的脑中这种明显的主观的可设想性所排除。仅就我关于我自己的不完全的概念所告诉我的而言，那似乎是可设想的，同时也确实如此；而且对于决定什么是可能的，那并非一个可靠的基础。假如双面理论是正确的，那么我的精神生活不可能在一个不同的脑中继续下去。[11]

46

5. 克里普克

让我最后回到更广泛地被人构想的身心问题。与关于自我的这些结论相似的某种东西适用于精神事件同一般意义上的脑之间的关系。即使关于一个精神事件的概念意味着它是某种不可还原的主观的事物，它也依然有可能是某种物理的东西，因为这个概念没有告诉我们关于它的一切。

一种结果是，在双面理论所要求的那种意义上，克里普克用来反对唯物论的可设想性论证［Kripke（1），第 144～155 页］不能证明精神事件也不是物理事件。由于按照克里普克的定义，双面理论不是唯物论的一种形式（它认为对世界的物理的描述并不是对它的完全的描述），克里普克的论证并没有明确地瞄准它。还有，在他提出的关于人格同一性和生物的起源之间的必然联系的观点中，他似乎接近于一种双面理论。（见第 155 页注）

双面理论依然确实认为精神过程与物理过程是等同的，所以人们也许认为它容易受到对同一性的唯物论形式不利的模态论证的影响。事实上，它不受那些论证的影响，并能使我们把它们所依赖的模态前提解释成关于偶然性的幻觉。情况之所以如此，是因为那些导致克里普克创立其指称理论的理由。

克里普克论证说：我能想象头痛在没有任何脑状态的情况下存在，而且由于这不可能被解释为对仅仅感觉像头痛而事实上不是头痛的某种事物的想象，它提供了强有力的理由使人相信头痛确实可以在没有脑状态的情况下存在，并且因此不可能是一种脑状态。

显然，人们可以在没有脑事件的情况下构想精神事件的发生。但是，这种可构想性也许来源于这一事实，即精神概念仅仅把握了心灵的一个方面。如果我能**知道**，即使我的头脑中没有发生任何特殊事件，我也能构想当前的视觉经验的出现，那么我就可以知道这两个事件并非同一事件。但是，仅仅根据我关于视觉经验的概念或仅仅根据我拥有这个经验，我不能知道这一点。一种视觉经验是一种状态，这种状态的现象学性质能使我在没有对自己进行外部观察的情况下识别它，但这并不意味着我知道它的全部本性。假如它事实上是脑的一种活动，并且这种活动既是现象学的又是物理的活动，那么我就不能在没有脑的情况下设想它的出现；而我之所以相信我能做出这样的设想，仅仅是因为混淆了认识的和形而上学的可能性。

就通常关于疼痛或视觉经验的概念而言，它们也许没有本质的 47 非精神的性质。但是，那些概念可能没有抓住现象的所有本质的性质。事实上，精神事件也许同样不可能没有物理的性质，即使我们不能形成关于这样的一种必然联系的概念。假如真是这样，那么这样的错觉即我能想象我当前的经验在没有脑的情况下就可以发生，就不必被解释为对其他某种**可能**事物的想象（克里普克提出，为了阻止这个论证，这是必要的）。它可能只是想象某种事物——我不知道该事物是**不**可能的——的一种不成功的尝试，因此我也不知道它是不成功的。

类似地，容易假定，我能设想当别人的生理状况与我觉得疼痛时的生理状况完全相同时，他们感觉到了某种完全不同的事物，或者根本什么也没感觉到。但事实上，这可能是无法设想的，因为生理的条件和主观的经验可以是同一事物的两个方面。我关于疼痛的概念和个人经验无法告知我，它相对于脑的独立性是可设想或不可设想的。

一般说来，在我们必须怎样通过解释来消除可设想性的幻觉这个问题上，克里普克的观点太过严格了。假如某种事物其实是不可能的，同时我们似乎仍能设想它，那么这无须意味着我们实际正在设想某种其他的与其相似的**可能**事物。我们可能根本没有设想任何真实的可能性，尽管由于不知道关于我们正在思考的那些事物的某些必然真理，我们没有认识到这一点。

我们当前完全不知道，一个单一事件或事物如何能同时拥有物理的及现象学的两个方面，或者假如它的确拥有这两个方面，它们又是如何关联在一起的。我们关于金子、老虎或消化的观念不能保证向我们提供关于那些事物的本性的完全的知识；但是，我们关于疼痛、愤怒及听觉或视觉经验的观念也同样不能保证向我们提供那种完全的知识，甚至当我们自己正在经历这些时也是如此。

然而，在心理的概念与某些其他的自然种类概念之间有一种重要差别。如克里普克所指出的，"热"或"金子"的指称最初是由那些事物的偶然特征所决定的；这些偶然特征是指：它们摸起来或看起来如何，它们是在什么地方被发现的，等等。但是"疼痛"的指称并不是由疼痛的偶然特征所决定的，而是由其内在的现象学特征即它被感觉到的方式所决定的。这对进一步发现事物本性的过程是有影响的。假如我们是通过某种偶然特征来确定一种指称的，那么在所指物的本质性质方面我们所发现的东西只会偶然地与那种特征相关联；但假如就像在关于疼痛的情况中那样，我们最初的概念已经根据一种本质的特征把事物挑了出来，那么关于其本性的其他发现将一定同通过更密切的方式与这种特征相联系的事物有关。

　　我不能断定这种联系的准确特征。让我们似乎不可避免地设想，根据双面理论，一个精神事件的精神的及物理的性质都是其本质的性质，即不可或缺的性质。一个事物能拥有两种明显的、相互间没有必然联系的本质性质吗？假如这两种性质是一个单一实体的不同方面，那么这似乎是可能的。例如，一只老虎本质上既是哺乳动物，又是食肉动物，但这两种性质并不总是联系在一起的。它们在老虎那里是联系在一起的，因为二者都是这个物种的本质特性的一部分。它们是一种特殊类型的哺乳动物，仅仅以某些种类的食物为主食，同时它们也有其他方面的本质特征。我们假定，这些特征之间的联系，比花生酱同果冻三明治或弦乐四重奏的成分之间的联系更密切。

　　假如精神过程具有物理的性质，那么某种类似的事物大概不得不是真的。它们不可能仅仅是**拼凑起来的**。二者一定都是一种更基本的实体的本质成分。至于它们之间的关系，似乎有如下的可能：在一个经过合理设计的世界中，精神性质至少是伴随物理的东西而发生的，而后者是一类特殊的物理过程，并且那类过程是一类特殊的精神过程的充分条件，但并非一定是必要条件。或许也存在某些同时出现在两个方向上的必然联系；比如，对于我称之为巧克力的味觉的东西，某些物理过程也许既是必要的，也是充分的。

　　我先前主张，精神事物不可能还原成物理事物，或用物理事物加以分析。承认精神事件与物理事件之间可能存在必然联系的做法为什么与我先前的主张不冲突？［我应把这个问题的提出归功于米歇尔·戈鲍尔（Michael Gebauer）。］答案是：与这里所设想的相比，心理—物理的还原需要一种更直接的必然联系。首先，假如一个过程的精神的和物理的方面都是某种更基本的事物的显现，那么精神事物就无须包含物理事物，而且反过来，物理事物也无须包含精神事物，尽管二者都为这种其他的事物所包含。更有趣的是：某种精神过程的唯一可能的基础是某种也具有特殊物理性质的事物，并且反过来也是这样。那么，精神过程和物理过程之间就存在一种必然的同一；但是，这并非恰好就是支撑传统的心理—物理还原的那种同一，因为它是通过一个更基本的项的中间联系而得以保持的，而这种项既非精神的也非物理的，并且我们不了解它。

49 　　我们不能直接在体积不变的情况下在温度的上升和气体的压力之间发现必然的联系；同样，我们也不能直接在现象学的疼痛与通过心理学方式所描述的脑状态之间发现必然的联系（假如存在这样的联系）。在前一种情况下，仅当我们下降到分子描述的水平时，这种联系的必然性才变得清晰：直到那时，它才表现为一种偶然的关联。在心理—物理的情况下，我们不知道是否存在这样一个更深的层次或者说它能够是什么。但即使存在的话，这种可能性，即疼痛也许在这个更深的层次上必然与一种脑状态相关联，也不允许我们断定疼痛可以直接用物理的甚至论题中立的（topic-neutral）词项来分析。

　　而且，即使存在这样一种更深的层次，我们也可能永远无法获得对它的一种一般的理解。它既有主观的方面，也有客观的方面；而且尽管客观的物理的显现可以为我们所领会，但与可能的有意识的有机体是多样化的一样，主观的显现也不得不是多样化的。任何特殊的主观类型的生物都不能期待全部领会它们，而且一般的理解将依赖于有多少东西可以被我所谓的一般的客观的心灵概念所把握。

6. 泛心论与精神的统一性

我不想自称双面理论是完全可理解的，而且它是不是真的只是一个经验问题。尽管它作为一种把产生身心问题的那些根本不同的成分统一起来的方式而具有其吸引力，但也散发着在形而上学实验室中拼接起来的某种东西所具有的那种缺少生气的令人致病的味道。

这样一种理论的一个令人不安的结果是，它似乎导致了一种形式的泛心论，因为复杂有机体的精神性质一定产生于以适当方式结合起来的它的那些基本成分的某些性质；而且这些性质不可能仅仅是物理的性质，要不然，它们在结合中就只能产生另外一些物理的性质。假如在任何二百磅之巨的宇宙物质中都包含着构造一个人所需要的材料，并且假如我们既否定心理—物理的还原论，也否定极端的倏忽进化的形式，那么任何事物，当还原到其基本成分时，都一定具有某些原始精神（proto-mental）的性质。[12]

这些东西是什么？它们又是怎样结合起来形成我们全都熟悉的那些精神状态的？想象一个具有若干精神状态及一种观点的有机体太难了。但是，原子能够具有（甚至当它们是一块岩石的部分时）

50 什么样的可以有资格充当原始精神物的性质呢？还有，脑的化学成
分的某些性质怎样才能结合起来形成一种精神生命呢？

结合的问题，以及把"精神的"性质归属于碳原子这一做法所
具有的那种显而易见的奇特性，是一个单一的概念困难的两个方
面。目前，我们不能仿照我们怎样在分子水平上去理解肌肉运动是
由无数物理—化学事件组成的，来理解精神事件是如何能由无数更
小的原始精神事件组成的。我们不理解精神的部分—整体的关系。
精神事件在时间中也许是可分的，但我们不能在通常意义上认为它
在空间中也是可分的。然而，假如精神事件出现在一个生理上复杂
的、空间上扩展了的有机体中，那么它们一定拥有若干部分，并且
那些部分以某种方式对应于它们在其中发生的那个有机体的各部
分，同时也对应于精神生活的不同方面所依赖的有机体的过程。一
定存在一种与空间的体积及空间的复杂性相对应的精神类似物。[13]

一个个体的心灵似乎是以某种使这变得难以想象的方式而统一
起来的：在一个给定的时间中其内部所发生的一切事情似乎都能一
同呈现；就像我们所说的那样，它们都呈现给一个单个的主体。当
然，就像我们在考虑通常的处于意识边缘处的分心、感觉及思想时
所能看到的那样[14]，这带有几分神话的色彩；更不必说脑因受到
伤害而产生的那种根本的失去联系的症状——在那种情况下，言语
与视觉之间或视觉与触觉之间在同一个人身上不再有联系，或者说
左半部分的感觉领域和右半部分的感觉领域之间不再有联系。但
是，意识的统一性，即使是不完全的，也对下述理论提出了一个问
题：精神状态是与脑同样复杂的某种事物的状态。泛心论只是这个

问题的一种特别令人吃惊的表现。

假如，像肌肉的收缩一样，精神事件是极其复杂的，那么将存在肉眼看不见的过程，并且它们发生在脑的一些任意小的从属部分中，而这些部分通过结合而构成了通常的整体的精神过程。就可见的情况即脑的两半部分的情况而言，理解这一点就已不可能了。当胼胝体起作用时，每半部分的独立活动似乎都产生一种可识别的精神生活。尽管在完整的脑的每半部分中所发生的事情很可能不同于在分开后的两半部分中所发生的事情，它仍然一定是某种类型的精神的东西，而且当被补充到另一半中所发生的事情上时，它就构成了一次完整的精神生活。但是，这究竟能是什么？不管我们怎样切开脑，我们都可以提出同样的问题。理解中枢神经系统的更微小的成分所具有的原始精神性质这一问题，本质上与此相同。

我们能在这种纯粹精神的层次上理解一种精神过程或经验的"构成成分"。我们能把一种声音、味道或情感分析为现象学的或心理学的方面。我们能用适当的现象学的空间词项来分析视野或我们的身体感觉。但是，所有这些复杂性都出现在主观统一性的框架内。我们不能以这样的一些模式为基础来理解客观的空间的复杂性。

这是一个例子，它说明了把精神状态归属于某种也具有物理性质的事物是困难的：一个精神的单元如何能具有物理的性质呢？也许，这个问题依赖于在部分—整体关系问题上的一些错误假定。但在我看来，恰恰因为它是不可能的，它才是需要我们集中精力去思考的最有希望的问题之一，假如我们希望在身心问题上产生新的观念的话。

7. 进步的可能性

我们需要的是我们所不拥有的某种东西，即一种关于有意识的有机体的理论；这些作为物理系统的有机体是由化学元素构成的并占据着空间，而且拥有一种看待世界的个人的视角，在某些情况下还拥有一种自我意识的能力。当这些材料适当地结合并被组织起来时，我们的心灵及身体就以我们目前尚未理解的某种方式形成了。这个奇特的事实似乎是这样的：某些复杂的、通过生物学的方式产生出来的物理系统拥有大量的非物理的性质，而我们每个人则是此种物理系统的一个实例。一种完整的关于实在的理论必须对此做出解释，而且我认为，万一这种理论诞生了，那么就像任何事物都必定会过时一样，我们关于宇宙的概念也将彻底被它改变，但它很可能在若干世纪内都不会出现。

在物理学是否有能力提供一种对实在的完全的理解这个问题上，也许有人认为我过分悲观了。我时常听到有人严肃地主张，我们必须期待着在归纳的基础上对心灵做出一种物理的理解。毕竟，物理学和化学已经解释了那么多的东西，并在生物学中见证了它们近来的成功。而且，我们是无可否认的物理的有机体；我们目前对遗传、生长、新陈代谢及肌肉运动等等都有一种部分的生物化学的解释。为什么不等着瞧一瞧物理学和生物化学在心灵的真实本性问题上所说的话呢？

　　被人引用过的科学进步的事例给人留下了深刻印象，但它们并非仅有的例子。我认为，在物理学为了解释电磁现象而不得不出现的变化中，与目前的主题更相关的另一类型的例子能在物理学自身内部被发现。这超出了较早的力学概念和力学理论的能力——包括超距作用在内。电和磁性不可能根据关于运动物质的力学概念来分析。

　　从牛顿（Newton）的宇宙过渡到麦克斯韦（Maxwell）的宇宙，需要确立一套全新的概念和理论，即一些新的类型的概念；它们是专门被设计来解释这些新发现的现象的。如同在分子生物学中一样，这并非仅仅是对已被独立认识到的基本原理的复杂应用。分子生物学并不依赖于物理学或化学的一些新的终极的原理或概念——比如像场那样的概念。电动力学曾经就是这样的。[15]

　　自麦克斯韦以来，已出现了进一步的变革，并且随着爱因斯坦的出现，完全不同类型的物理现象之间的表面划分已明显被一种更深层次的统一所取代。但是，假如每个人都认为，一定有可能用那些足以解释行星、台球、气体及液体之变化的概念来解释任何物理现象，那么这一切都不会发生。坚持把实在的事物等同于机械的东西，将是进步之途中一种没有希望的障碍，因为力学只是理解的一种形式，它适于用来解释某种有限的问题——尽管这种问题是普遍存在的。

　　类似地，我认为物理学也只是理解的一种形式，它适于用来解释一种范围较广但依然有限的问题。鉴于精神事物的根本不同的特

52

征，坚持试图用专门被设计来解释非精神现象的理论和概念来解释心灵，既是智力的倒退，也是科学的自杀。精神事物和物理事物的差别，远大于电子事物和机械事物的差别。我们需要全新的智力工具，而且正是通过反思似乎没有可能的事情，即类似于从物质的重新结合中产生心灵这样的事情，我们才将被迫创造这样的工具。

也许，这类探索的最终结果将是一种新的非还原论的统一。构成我们及所有其他拥有心灵的生物的材料，看来与构成宇宙中所有其他事物的材料是相同的。因此，在我们如何拥有心灵及它们实际是什么这些问题上，我们所做的任何根本的发现，都将揭露某种根本的关于作为一个整体的宇宙之构成成分的东西。换句话说，假如一个心理学的麦克斯韦设计了一种一般的心灵理论，那么他就有可能使一个心理学的爱因斯坦紧跟着提出这样的理论，即精神事物和物理事物其实是同一种东西。但这种情况仅在某一过程的结尾才能出现，而这一过程始于这样的认识，即精神世界是某种完全不同于物理世界的东西。这是因为，我们已通过某种高度成功的超然的客观的理解形式开始认识它。仅当精神事物的独特性被认识时，概念和理论才会专门被设计出来，以期能够理解它；要不然，就存在一种危险，即无意义地依赖于为了其他目的而被设计出来的概念，而且任何对心灵和身体做统一理解的可能性也会无限期地推延下去。

注释

［1］尽管我们并不总是清楚什么东西应该算作一种双面理论，但已有几位当代哲学家坚持这种观点的某些形式：Strawson（1），

Hampshire（2），Davidson（2），O'Shaughnessy。

［2］参见 Wachsberg，第 1 章。

［3］附录Ⅰ，"Of Personal Identity"。

［4］"Of Memory"，第 4 章。

［5］这个结论为马德勒（Madell）所接受。他说，把我的所有经验统一起来的东西只不过是这样的事实，即它们全都有不可还原及不可分析的那种"属我性"（mineness）。

［6］Kripke（1）；Putnam（1）．这种观点并未如人们时常所设想的那样严重背离关于意义与指称之分析的弗雷格（Frege）传统。关于对这一点的论证，参见 Searle。

［7］比较 Williams（1），第 44 页："至少就自我来说，想象太难以捉摸了，以至于不能提供一条可靠的途径来理解逻辑上可能的东西。"

［8］这个术语出现在 Parfit（1）中。为了方便，我将在这里使用它，尽管在 Parfit（2）这种非常精致的论述中，几种不同的非还原论观点是很有名的。例如，参见第 210 页。

［9］Parfit（2），第 87 节。我已讨论了这些例子，见 Nagel（2）。

［10］我的立场更类似于麦基（Mackie）的立场，只不过他是把它作为一种与我们当前的人格同一性概念不一致的概念变革而提出来的。他也认为，假如结果表明我们可以制造人的物理的和心理的精确复制品，更进一步的变革也许是合乎逻辑的，那么，甚至脑的同一性也可能作为人格同一性的一个条件而被放弃。参见 Mackie（1），第 201～203 页。

[11] 我在这里并未开始公正地对待帕菲特的论证所具有的那种普鲁斯特式的详尽无遗性。除了对别的问题做了讨论以外，他还在第 98 节对本章的一个较早的手稿中的某些论述进行了评论。我后来放弃了这个手稿；该手稿与可能的"系列人"有关，这些系列人的身体被毁灭并被有规则地复制。我在那里说过，他们可以合理地认为复制品是活着的，尽管我们不可以。帕菲特回答道，我们能够选择去把自己看成什么类型的生物。他把"复活者帕菲特"定义为他所是的那个个体，而该个体在被复制后将会继续存活。这是一个独创性的建议。但是，在重新解释一个人自己的自由时，一定存在某些客观的界限；要不然，那将是空洞的。我不能通过把自己认作"多变人内格尔"——如果有**任何人**活下来，这种生物也会活下来——来击败死亡。在我看来，"复活者帕菲特"也是对选择一个人自己的同一性的特权的滥用，尽管它明显是一种无关紧要的滥用。

但是现在我也认为，这些系列人自身，假如真的是人类的来源，也许完全被哄骗了，从而相信自己在被复制之后仍会活下来；而且我也认为，像我们一样，他们不配拥有这个关于他们自己的"复活者"概念（关于对某些相关事例的讨论，参见 Shoemaker，第 10 节及第 16 节）。

[12] 关于这个论证的更充分的展开，见 Nagel（4），第 13 章。

[13] 关于一种相关的讨论，参见 Stanton，第 76～79 页。

[14] 关于在心灵结构问题上的一种复杂的类空间理论，参见

O'Shaughnessy，尤其是第 14 章。

　　［15］尽管麦克斯韦提出了电磁场理论，但他自己似乎认为这种理论最终将会被给予一种力学的解释。只是在 19 世纪末叶，因为有了洛伦兹（Lorentz），人们才承认电磁场是物理实在的一种不可还原的特征。参见 P. M. Harman。

第四章　客观的自我

54

1. 是某人

即使我们承认了真实的世界具有观点和主观的经验，也就是说，即使退一步承认了世界充满具有心灵、思想、感觉和经验——这些东西不可能完全服从于物理的客观性概念——的人，依然存在一个尖锐的关于主观性的问题。这种一般的承认还是给我们留下了一个有待解决的关于特殊的主观性的问题。如此设想出来的世界，尽管它所包含的事物和视角的种类是极为多样的，但仍然是无中心的。它包含我们所有人，而且我们当中没有任何人占据一种形而上学的特权地位。然而，在反思这个没有中心的世界时，我们每一个人都必须承认一个显著的事实似乎已从关于它的描述中被忽略了，而这个事实就是：世界内部的一个特殊的人是他自己。

这是哪一类的事实呢？假如我是托马斯·内格尔这一点是事实，那么这是何种事实呢？我如何能是一个特殊的人呢？

这个问题实际上包含前后两半部分，它们对应于人们可以由之通达主观的和客观的立场之间的关系的两个方向。首先：一个特殊的人怎么能是我？假定已对包含所有人——托马斯·内格尔是这些人中的一员——的世界进行了全面的描述，而且这种描述不是从任何特殊的观察角度做出的，那么，一方面，某种事物似乎被忽略了，某种绝对必要的事物似乎仍然有待人们对它做出具体的说明，而我就是它们中间的这某个事物。但另一方面，在没有中心的世界中，似乎没有为这另外一个事实留下一席之地：就其排除这样的附加物而言，不依据任何观点而被看到的世界似乎是完全的；它仅仅是这个世界，而且一切适于 TN 的事物都已包含在其中了。因此，问题的前半部分是这样的：他是我这个事实怎能适用于一个特殊的人、一个特殊的个体 TN 呢？在一个客观上无中心的世界中，TN 只是许多人中的一个。

问题的后半部分也许是不怎么常见的。它是这样的：我怎么能**只是**一个特殊的人呢？在这里，这个问题并不是问：我怎么能是这个人而非那个人呢？它问的是：我怎么竟然能是与一个特殊的人同样确定的某种事物即某个人呢？前一个问题产生于关于 TN 和世界的描述所具有的一种显而易见的完全性，而这种描述并没有说他是不是我。这后一个问题产生于同关于"我"的观念有关的某种事

55

物。情况可以是这样的：就我实际所是的而言，我与 TN 及任何其他的被客观地说明了的人之间可能拥有的任何关系，都一定是偶然的和任意的。我可以占有 TN，或者通过 TN 的眼睛看世界，但我不可能**是** TN。我不可能仅仅是一个人。从这种观点来看，"我是 TN"，就其是真的而言，似乎不是一种身份识别，而是一个主谓命题。除非你自己已经拥有这种思想，否则它将很可能显得晦暗不明。但我希望使它更清楚些。

这个问题的前后两半部分对应于它可以由之被提问的两个方向：TN 怎么能是我？我怎么能是 TN？它们不仅仅是关于我和 TN 的问题，因为你们当中的任何人都可以就自己提出这两个问题。但是，我将用第一人称并以笛卡尔的风格来论述这个问题；我们期望，其他的人会认为笛卡尔的风格可以在第一人称中应用于他们自己。

难以理解我竟然包含在世界中这一事实。似乎令人感到奇怪的是，这个无中心的浩瀚无际的宇宙，产生了这个所有人之中的我，而且是通过产生 TN 而产生的。很长时间以来都没有像我这样的事物；但是由于在特殊的地点和时间形成了一个特殊的物理有机体，在这个有机体存活的那段时间内，突然**有了**我。在宇宙的客观的变化中，这个主观上（对我来说）令人惊叹的事件几乎没在人们的心目中激起涟漪。一个物种中一个成员的存在怎么会拥有这种异常的后果？

即使你就你自身提出这些问题，它们也可能会让你感觉可笑。但是，我在试图描述直觉上的一种尖锐的疑难，而且试图使你确信其中一定存在某种真实的东西，哪怕其语词的表达是错误的。有时，语言的诱骗可能会产生关于一个问题的幻觉，而这个问题实际上根本不存在，但这里所说的情况不是这样的。除了其语词的表达之外，我们可以感觉到这个问题；而且困难在于提出这个问题，同时又不把它变成某种表面的东西，或者说不去发明一种似乎充分适合于其语词形式但却并不真的去对付表面之下的问题的答案。在哲学中，问题绝不仅仅在于我们会说什么。唯有在已经做出显著的努力来表达并处理初期的困惑之后，我们才能达到那一点。令人惊异的是，宇宙逐渐开始包含一个存在物，并且此存在物具有是我（being me）这种独特的性质。这样的惊异是一种非常原始的感觉。

让我从我所谓的该问题的前半部分即 TN 怎么能是我开始吧，因为我们在讨论它时会自然地进入后半部分。

这个似未为我留有一席之地的世界概念是一个常见的概念，人们时常思考它。这个概念所理解的世界不是从任何特殊的视角或优先的观察角度被看到的；它只是存在着，也就是说，它只是在那儿，因此从各种观察角度看都是可理解的。这个无中心的世界包含一切人，而且不仅包含他们的身体，也包含他们的心灵。因此，它也包含 TN，即在某个特定的时间由某对父母生下的一个个体，该个体有明确的物理的及精神的历史，并且正在思考形而上学。

它包含世界上一切种类的所有个体，及其所有精神的和物理的性质。事实上，它**是**世界，而且是构想出来的，但并非从其内部的任何地方构想出来的。但是，如果它被设想为这个世界，那么关于它，似乎存在某种无法包含在这样一个无视角的概念中的东西，即

56

下述这个事实：那些人之一即 TN 是我的意识的处所，而这种处所就是我由之观察世界并对其做出行动的角度。

不可否认，除了对 TN 的历史、经验和特征所做的最细致的描述之外，似乎还有另外一个事实。然而，除了提及我或我的意识之外，似乎没有任何其他的方式来表达它，所以它好像是一种只能通过我的视角并以第一人称加以陈述和理解的事实。因此，这个仅仅被设想存在于那里且没有中心的世界，似乎没有为这种事物留下一席之地。

如果我们假定"是我"是 TN 那个人的不论什么样的客观性质，或者是那个人与其他某物的任何关系，那么这个假定就立即不再有效了。我们必然把那种性质或那种关系包括在关于含有 TN 的世界的客观概念中。但是，一旦使它成为客观的 TN 的一个方面，我就能再一次问："这些人当中的哪一个是我？"并且答案告诉了我另外某种东西。没有任何其他的不用第一人称就可表达出来的事实能够奏效：不管我们使这个无中心的世界概念变得多么完全，我是 TN 这个事实都将被忽略。在这样的一个概念中，似乎没有它的容身之所。

57　　但既然那样，它在世界中似乎就没有任何位置，因为当我们把世界设想为无中心的时候，我们就是在按其本来面目来设想的。由于我不是唯我论者，我认为，我由之看世界的观察角度并不是实在自身的**那个**视角。我的观察角度仅仅是世界由之被观察的许多角度之一。无中心的世界概念必须在一个大致相同的基础上包含所有的无数的意识主体——即使某些人在看世界时比另外一些人看得更清晰。因此，这个无中心的概念所遗漏的东西即我是 TN 这一假定的事实，似乎是世界没有为其留有余地的某种东西，而非某种不能包含在关于世界的一种特殊的描述或概念中的东西。世界不可能包含不可还原的第一人称事实。但假如那样的话，我们终究不能说这个无中心的概念**遗漏**了某种东西。它包含一切事物和一切人，并且它所不包含的东西并不是被遗漏的那个方面。遗漏的东西一定存在着，而且假如作为整体的世界确实没有一个特殊的观察角度，那么其中的一个居民怎么会有**是我**这种特殊的性质呢？我似乎有一个关于世界的或关于 TN 的事实要去处理，而这个事实既必须存在（因为若没有它，则事物存在的方式就是不完全的），同时又不可能存在（因为事物存在的方式不可能包含它）。

假如这个问题有一个解决方案，那么这个方案必须使关于世界的主观的概念和客观的概念相和谐。那就需要对这个不可还原的第一人称事实即 TN 是我进行解释，并需要在某种程度上确立能适应那种解释的无中心的世界概念。假如我是 TN 并不是一个关于无中心的世界的事实，那么就得说一说它是其他什么东西，因为它确实看起来不仅是真的，而且亦是极端重要的。事实上，它似乎是我对于这个世界所能说的最根本的事情之一。我将证明，它清楚地例证了指引词（indexicals）① 是无法从一种关于世界的完全的描述中消除的，而且它也暴露了关于我们每个人的某种东西。[1]

---

① 作者在这里所说的指引词，是指像"我""你""这""那"之类的语词。这些词的重要特点之一在于它们没有固定的所指，每使用一次时它们都指称一种不同的事物。——译者注

2. 语义学的诊断

问题是要解释思想的内容及其真理性，同时又不轻视它。我认为这一点可以做得到。但是，首先有必要驱除一种反对意见。也许有人认为，当作为对一种哲学思想的表达而被提出来时，我是 TN 这个陈述实际上缺乏有意义的内容，而且可以用它来表达的唯一的思想是没有什么价值的，或者至少是平凡的：除了一个简单的语义学问题之外，这里不存在真正的问题。在提供一种正面的描述之前，我将讨论这种空洞的主张，因为这有助于我们确定在哲学的自我定位思想问题上什么东西是特有的，亦有助于我们找出它是如何超越这种平凡的第一人称的语义学的。[2]

这种反对意见是这样的。只有某个误解了第一人称的逻辑的人，才会认为"我是 TN"陈述了一个不用第一人称就能陈述的重要事实。当我们看那种语词形式的实际使用时，我们发现，它尽管是一种特殊的陈述，但并没有陈述任何特殊的真理，因为它是由无须指引词就能被完全表达的真值条件所支配的。

"我是 TN"这个陈述是真的，当且仅当它由 TN 说出。"今天是星期二"这个陈述是真的，当且仅当人们在星期二说出它。为了理解这样的陈述是如何起作用的，在一个完全无中心的世界概念中，有必要仅仅把它们置于被说出时的环境中。于是，我们发现，它们的意义和真理性并不依赖于只在第一人称（或一般现在时）中才可表达的另外一些"事实"的存在；不可思议的是，这些事实似乎既是世界的必要方面，同时又从世界中被完全排除了。要理解这些陈述，只需要世界包含像 TN 这样的普通人，这些人是以通常的方式使用第一人称的。对它们的理解不同于对表达其真值条件的第三人称陈述的理解，因为它们的真依赖于做出它们的人。它们不能通过第三人称的分析**被替换**。但是，使它们为真或为假的事实全都可以通过这样的第三人称陈述来表达。

按照这种观点，世界就是无中心的世界，而且部分地借助于像"我"这样的表达式，它可以从内部被人提及和思考；这里所说的那类表达式，形成了一些其真值条件依赖于说话时的环境的陈述，而且这种环境反过来又在这个无中心的世界概念中被充分地接纳。与第一人称的使用有关的一切东西，都可以在不使用第一人称的情况下被分析。这个完全一般的观点为我们的下述问题提供了一个简单的答案：世人之一即 TN 是我这一事实，属于哪一类真理呢？它是一种非常微不足道的真理：假如"我是 TN"这个陈述是 TN 做出的，那么它自然是真的，而且这种真是让人感到乏味的。一旦我们理解了它的逻辑，那么就它所说的而言，就不会再有什么问题产生了。

之所以乍一看它好像表达了关于世界的另外一个神秘事实，是因为它不能被翻译成任何一个不包含"我"或别的某个指引词的陈述。它可以被近似地翻译成"做出这个陈述的人是 TN"；但那样一来，它依然给我们留下一个残余的指引词"这个陈述"，以及**它**与无中心的世界的关系。关键在于，一般的指引词不能翻译成客观的

59

词项，因为它们被用来从世界内的一个特殊的位置指称人物、事件、地点及时间，并且在被这样使用时不依赖于使用者关于那个位置的客观知识。一个基本点在于，一个人不能把一个其真依赖于被说出时的环境的陈述，译为一个其真不依赖于被说出时的环境的陈述。

这不可能用来制造一种形而上学的神秘。"我是 TN"之所以好像陈述了关于世界的另一种真理，只不过是因为，我不必为了用"我"来指称 TN 而知道我是谁。那是某种一般规则的一个实例，而这种一般规则是指，一个说话者可以用"我"来指称他自己，而无须知道他客观上是谁。这几乎不能算作关于宇宙的一种深奥的真理。

我对这种语义学诊断的反对意见是：它并没有使问题消失。

关于"现在"的相应的语义学观点，不会消除某人心中对下述问题的困惑：这一点即一个特殊的时间是现在，是一种什么样的事实。这标志着语义学的论证有问题。时态陈述的真值条件，可以用无时态的词项表达出来。但那不能消除这种感觉，即对世界历史所做的无时态的描述（包括对人们的时态陈述及其真值条件所做的描述）本质上是不完全的，因为它不能告诉我们什么时间**是**现在。类似地，为第一人称陈述提供非人称的真值条件是可能的这一事实，并不能使人在不使用第一人称的情况下做出那些陈述。关键的问题是：为了获得非人称的真值条件而消除特殊的第一人称思想，是否在我们的世界概念中留下了一条重要的裂缝？我想，是这样的。

对作为指引词之一的"我"所做的语义学描述，尽管在细节上仍有争论的余地，但本质上是没有什么问题的。它告诉你第一人称在日常的交流中是怎样起作用的，而这就像当某人问"那辆停在我的车行道上的有新泽西州牌照的蓝色福特车是谁的"时，你回答说"是我的"；或者像当某人问"你们当中哪一个是 TN"时，我回答说"我是"。这里不存在这样的倾向，即认为这样的陈述表达了某种重要的东西：与说话者相关的通常的客观的事实使它们成为真的或假的。在**做出**这样的陈述时，也不牵涉任何特殊种类的事实的存在。它们只不过是像 TN 这样的通常的个体所做出的说话行为。

当我瞧着充满了说"我拥有那辆汽车"或"我是他的妻子"的人的世界，并对自己说，在这个无中心的世界上的所有人当中，我所是的那一个人就是 TN 时，我有一种完全不同的思想，即这个思维的主体是通过 TN 这个人来注视世界的。但是，在上述语义学当中，没有什么东西解释或解除了我所拥有的这种完全不同的思想。当 TN 在一次鸡尾酒聚会上向他遇到的某个人说"你好，我是 TN"时，那并不是他正在传达的思想。像"你好，我是 TN"或者"我拥有那辆汽车"这样的通常的第一人称陈述，传达的是别人用第三人称也能传达的信息，尽管它们与相应的第三人称陈述并不同义。但是，即使所有那些关于 TN 这个人的公共信息都已包括在一个客观的概念中，TN 是**我**这另外一种思想似乎显然也还有别的内容；而重要的是，这种内容是令人惊奇的。

尽管语义学的反对意见并没有断定这个问题是不存在的，但它暗示一种解决方案在某种意义上必须是一般的。产生这个问题的知觉可以通过第一人称被任何人表达，而非仅仅被我表达；因此，这

60

里对"我"的使用必须由语义学的条件来决定，而这种条件是足够一般的，以至于能应用于任何拥有这种思想的人：我对它的首次理解可以应用于我自己，但在某种意义上我也理解其他某个人用它所表达的意思。因而，在第一人称思想的内容方面，我们应该能够说出某种也可被他人所理解的东西。假如我们要解释，为什么"我是 TN"似乎比另一种表达即正在说话的这个人叫作 TN 说出了更多的关于世界的东西，我们就需要一种同通常的第一人称陈述的信息内容相似的东西。这需要对"我"这个词的指称方式进行具体的描述——当它用来表达这种哲学思想时。

3. 无中心的观点

为了解释在这种情况下"我"的指称的特殊形式，我们必须转而讨论我所说的这个问题的后半部分。这部分所问的，不是一个特殊的人即 TN 怎么能是我，而是我怎么竟然能是与一个特殊的人同样具体的某种事物（碰巧就是 TN）。

这如何能是令人困惑的呢？除了作为一个特殊的人，难道我还可以是什么其他东西吗？

作为一种首要的解释，我们可以说，它之所以是令人困惑的，是因为我是 TN（或者不管我事实上是谁）这一点似乎是偶然的，而我的身份则不可能是偶然的。就我本质上所是的而言，我似乎只是**碰巧**成为这个公共可识别的人即 TN；我实际所是的事物，即这个有意识的主体，似乎完全可以从一个不同的人的视角来看世界。可以说，真实的我占有了 TN；或者说，这个公共可识别的人即 TN 包含真实的我。从一种纯粹的客观的观点来看，我与 TN 的联系似乎是任意的。

为了获得这种观念，我首先考虑这个似乎并非来自任何地方的作为整体的世界；并且在那些时空区域中，TN 只不过是无数的他人中间的一个。对那种非个人的立场的接受，在我身上产生了一种从 TN 那里完全分离出来的感觉，而 TN 则被还原成宇宙电视屏幕上一个短暂的光点。这是一种微不足道、无缘无故、存在于一小片时空区域中的生物，它拥有一种确定的但绝非普遍的精神的及物理的组织；正在考虑整体的无中心的宇宙的我，怎能成为某种**与它一样**明确的生物呢？我怎么能成为某种如此**轻微**、如此**具体**、如此**明确**的事物呢？

我知道，这听起来像一种异乎寻常而又不知羞耻的形而上学自大狂。对我来说，仅仅是 TN 并不是极其恰当的：我不得不在谦卑的伪装下把自己看作世界灵魂。为了缓解愤怒，我只能辩白说，你们任何人都能获得这同一种思想。你们全都是无中心的宇宙的主体，而且单纯人的或火星人的身份对你们来说似乎才是任意的。我不是说，从个体的角度来看，我是宇宙的主体；我只是说，我是能拥有一个关于无中心的宇宙的概念的一个主体，而在这样的宇宙中，TN 只是一粒无意义的尘埃，它甚至可以轻易地从未存在过。这个似乎不能成为任何具体的人的自我，是能从外部而非其内部的一种立场来理解世界的自我。但是，不必只有一个这样的自我。

这幅图画是这样的。从本质上说，我根本没有任何特殊的观察角度，而只是把世界理解为无中心的。我碰巧通常是从某一特定的观点看世界的，并把那双眼睛、那个人及 TN 的日常生活用作一类窗口。但是，被直接给予我的 TN 的经验和视角，并不是真实的自我的观察角度，因为它没有观察角度，并且还把 TN 以及作为世界内容之一的他的视角包括在其关于无中心的世界的概念中。当我把世界作为一个整体来看，并问"TN 怎么能是我，我怎么能是 TN"时，正是自我的这个方面才是我们要讨论的。而且，也正是它把其特殊的内容给予了自我定位的哲学思想。

然而，对问题所做的这第一种描述必须加以修改。为了唤起这个问题，我不严格地提及了"真实的"自我及其本质。但我在前一章中证明了我们不能发现我们的先天的必然本性：它可以包括一些不包含在关于我们自己的概念中的特征。我似乎能在想象中把这种无视角的或者说客观的自我从 TN 中分离出来，但这个事实并不表明它是一种独特的东西，或者说没有什么其他的关于 TN 的东西必然属于我。它并不表明，就像开始可能出现的那样，我和 TN 的联系是偶然的。然而，它确实表明某种必然的关于我的东西与我在世界中的视角及位置没有关联。那就是我要考察的东西。

我怎么能从 TN 这个人中抽象出客观的自我呢？方法在于，把那个人的个人经验看成构造一幅客观图画的材料。我把 TN 作为一个与其余东西相互作用的事物投入世界中，并且问：为了让世界所显现的样子与从其自己的观察角度来看而显现的样子相同，不从任何观察角度出发而看到的世界必须是什么样子？就这种目的而言，我与 TN 之间的特殊关联是不重要的。虽然我直接收到了关于他的观察角度的信息，但是为了构造一幅客观的图画，我仍然试图去处理它，而这就如同当这种信息间接出现在我的头脑中时我也将会处理它一样。与别的观察角度相比，我没有给它任何特权的地位。[3]

这自然是一种理想化。在我的世界概念中，许多内容直接来自 TN 所提交给我的东西。我已经不得不着重依赖 TN 的经验、语言及所受的教育，而且我并非始终使其每一种前理论的信念都接受超然的（detached）评估。但是，一般地，我试图依据他看待世界的视角来做我所能做的事情，假如关于它的信息是从数千英里之遥的地方到达我这里的，即不是直接注入我的感觉系统的，而是我从外部了解到的。

客观的自我应该能够处理来自任何观察角度的经验。事实上它直接接受 TN 的那些经验；但是，它站在一个相同的立足点上处理它所直接接受的经验和它只是间接了解到的其他经验。就其本性而言，它可以把自己的世界观建立在一组不同于 TN 的经验的基础上，或者甚至在建立此观点时，根本不以任何直接来自世界内的视角的东西为基础，因为它本质上没有这样的视角。正是这个无视角的主体，通过把所有视角都放进那个世界的内容中，构造了一个无中心的世界概念。

假设向我的脑传送感觉材料的所有神经都被切断了，但在某种程度上仍让我保持呼吸、营养和意识，并且假设不通过声和光而通过直接的神经刺激就可以在我身上制造听觉和视觉经验，以至于能以文字和图像的形式向我输入关于世界上正在发生的事情、别人所

63 看到和听到的事情以及其他方面的信息，那么，无须拥有任何看待世界的视角，我就会拥有一个关于它的概念。即使我向自己描述这个世界，我也不会从我所在的位置来看它。甚至也可以说，就我现在是 TN 而言，我在那些情况下不是任何一个人。[4]

按照目前的情况，客观的自我只是一个通常的人的观察角度的一部分，而且在不同的人那里以及在生命与文明的不同阶段上，其客观性可以在不同的程度上得以形成。我已讨论了那种形成的某些阶段。使其形成的基础步骤并不复杂，而且无须先进的科学理论：这个步骤只不过是在世界内部把世界设想为一个包含我所是的那个人的地方，并且仅仅是把我作为它的另一部分内容包含进去的——换句话说，从外部设想我自己。因此，我能走出我认为我所是的那个特殊的人所拥有的那种未经考虑的视角。下一个步骤是从外部设想那个人及其同类中的其他人所拥有的一切观察角度与经验，并把世界看成一个这些现象通过这些人与其他事物间的相互作用而在其中产生的地方。那是科学的开端。而这是我又一次不仅从一个个体的观点，而且从一个特殊的观点向后撤退。

因为关于世界的无中心的观点是不同的人都可以向其靠拢的观点，所以在客观性和主观间性之间存在一种密切的关联。通过把 TN 和其他所有人一同放入一个世界中，我寻求一个别人也可拥有的关于他及他的观察角度的概念。在第一阶段，主观间性仍然完全是人的主观间性，而客观性则相应地是有限度的。这个概念是一个只有其他的**人**才能共有的概念。但是，假如一般的人的视角也接着作为世界的一部分被放置在相同的位置上，那么这种行为据之得以完成的观察角度一定更抽象得多。因此，在某种意义上，它需要我们在自身之内发现一种能力来看待世界，而这正如非常不同的生物在从它们那类视角的特点中进行抽象时也可以看待它一样。客观性的追求需要培育一种相当严格的普遍的客观的自我。尽管我们不能完全使其免受特殊的人的观点及特殊的历史阶段的影响，但它代表一种可能的发展方向：朝向一种普遍的概念，并背离一种褊狭的概念。

我所发现的通过 TN 来看待世界的这种客观的自我并非唯一的：你们每个人都有一个这样的东西。或者，我也许应该说，你们每个人都是一个这样的事物，因为客观的自我不是一个独特的实体。那么，我们每个人，除了是一个通常的人以外，也是一个特殊的客观的自我，即一个无视角的实在概念所隶属的主体。

我是那种非个人的关于包含 TN 的世界的概念所隶属的主体；假如我们理解"我"指称这样的我，我们就能解释"我是 TN"这种哲学思想的内容。这个指称本质上仍是指引性的（indexical），而且不能因为接受客观的描述而被消除。但是，这种思想避免了浅薄，因为它依赖于这个事实，即这个非个人的世界概念，尽管没有给予 TN 特殊的地位，但却与 TN 的视角相维系，并从该视角中被确立。

这也有助于解释作为哲学思想之一部分的那种困惑感，即我既是也不是宇宙的中心这样一种奇怪的感觉。当我以纯粹客观的方式思考包含 TN 的宇宙时，我就把自己看成它的主体或中心，并且只把我自己等同于作为这个概念之主体的客观自我，而非等同于其范围内的任何其他东西，比如物理的有机体、特殊时空位置的占有者，或世界内部的个体视角的主体。但是，我也是 TN，而且世界不是 TN 的世界：他不是它的主体。他只是世界上的人之一，而且他们当中任何人都不是其中心或焦点。因此，我既是客观的世界概念的逻辑焦点，又是那个世界内的一个特殊存在物，而且它根本没有占据任何中心的位置。

这解释了"我是 TN"这种思想如何能拥有一种不平常的且事实上几乎像其初看起来那样值得注意的内容。尽管它没有将这种思想翻译为关于客观地构想出来的世界的思想，但它真的确认了一个对应于这种思想的客观事实，而这就解释了它如何能拥有一种足够有趣以至于能解释其哲学的"味道"的内容。因为 TN 拥有——或者说是——一个客观的自我，所以通过既在作为"我"的那个方面又在公共可识别的人 TN 的那个客观的方面指引性地指称我自己，我能陈述一种有意义的身份；而且从关于包含 TN 的世界的客观概念之拥有者的单一立场出发，我能做出两种指称。这个概念自身并没有意味着其主体是谁，甚至并不意味着他竟然存在于被描述的世界的内部。就这种客观的观点的内容本身而言，它也许是关于一个世界的；而在这个世界中，我，即它的主体，从未存在过，并且将来也绝不会存在。但由于客观的概念**拥有**一个主体，它就有可能在世界中出现了，并且它允许我把主观的和客观的观点结合起来。直到它们以这种方式结合到一起，这种纯粹客观的概念才会忽略某种既真实又显著的事情。

65　　其他形式的自我指称并不拥有同样的影响。我能以不同的方式确定自己在世界中的位置，比如说，我能思考"这个残留物是 TN 的"。这就把主观的立场和客观的立场结合到一起了，但它并未解释与我是 TN 这种哲学认识相联系的那种含义和奇怪感。这个"我"必须通过某种并不明显包含在世界中的较大的事物去指称，并且客观的自我胜任这个角色。

这个问题和其他一些关于同一性陈述的问题拥有某种共同之处，所说的那些同一性陈述能够提供知识，但不能轻易根据关于世界的事实而得到解释。比如说，长庚星是启明星，或者水是 H_2O，是哪一类事实呢？假如这些是同一性陈述，并且它们的词项不是限定摹状词，而是固定指示词［见 Kripke（1）］，那么它们似乎只能对应于这一"事实"，即金星与自身相同一，或者水是其所是的一种实体。为了解释这些陈述为什么仍然不是没有价值的，有必要描述这些词项的指称方式即描述我们同我们所谈论的事物之间所具有的不同类型的关系，而这种描述解释了这些陈述的意义。在这些问题上，存在一些竞争的理论，但它们全都试图使我们与我们所谈论的事物拥有一种客观上可理解的关系。

"我是 TN"这种思想呈现一个类似的问题，尽管任务不是去解释在指称与我自己外部的某种事物之间我所拥有的两种关系，而是我同整个世界的两重关系。在某种意义上，这里存在两种指称 TN 的方式，而且我们必须在这种哲学情境中解释第一人称的指称，同时又不使这种思想肤浅化。当我客观地思考世界时，所发生的事情是：我的身份中先前隐藏着的一个方面得以凸显，并制造一种与世界分离的感觉。于是，这一点，即我事实上在任何特殊的点上都与它相连接，似乎开始令人吃惊了。一旦客观概念通过在它所拥有的世界内的一个特殊的点上为形成它的主体确定位置而淹没自身，"我是TN"这种思想的内容就能被理解。

客观的自我是我能由之以主观的方式指称我自己的唯一有意义的方面，并且它是由关于世界的客观的概念单独提供的——因为它是那个概念的主体。而且，它是我自己最初的似乎唯一能偶然地与TN的视角相联系的那个方面，即一个**通过**TN的视角看待世界的自我。我认为，这种自我定位的思想的可能性，揭示了关于我们所有人——而非仅仅关于发现其引人注目的那些人——的某种东西。

它所揭示的东西并非只是一种具有独特形式的自我指称，而是我们所是之物的一个方面。客观的自我独立地发生作用，并且这种独立性足以使它拥有属于自己的生命。它以各种各样的形式从我们的其余的人那里分离出来，并提出各种各样的反对这些人的意见，而且它能自动地形成。在以下诸章中，我在论述过程中有时似乎把它当作脑的一个独立部分。由于我们不应该给予它一种形而上学的解释，这种论述方式并不是完全妥当的。在某种意义上，我认为，这同一种能力或者说同一个方面包含在客观性的各式各样的功能中，而且我认为它是某种真实的东西。不管我们可以怎么得到它，并且不管我们对其能力的确定是多么地不完全，它都把我们同时置于世界的内部和外部，并为我们提供了种种超越的可能性，而这些可能性反过来又产生了重新结合的问题。调和我们自己的这两个方面，是关于人的生命的——或许也是关于任何一种智能生命的——一项基本的哲学任务。

　　我们的客观能力的存在似乎不能用某种更基本的东西来解释，也就是说，似乎不能还原成更简单的、更灵敏的、更少具有创造性的精神活动。最终表明，人的心灵的力量，与当它仅仅为适应世界内的一个个体的感知者及行为者的视角时所需要的相比，要大得多。它不仅能形成关于一个更客观的实在的概念，而且能在已远离现象的一系列客观的步骤中使这变得更完备。从具有分歧的观点开始，它能使不同的个体向可以为一切人所共有的概念靠拢。在以下的论述中，我并不试图解释客观的自我的存在，但将在不同的领域中探讨其起作用的方式，并讨论它所产生的某些问题。

注释

　　［1］值得一提的是，这个问题在形式上类似于关于时间的实在性的问题。在对世界的充分的客观的描述中，不允许把一个具体的时间认作当前。不从世界内的任何观察角度出发，事件的时间顺序就能被描述出来，但它们的现在、过去或将来则不能这样加以描述。然而，这一事实即它**目前**就是它实际所是的那个具体时间，似乎是我们不能没有的一条基本真理。对时间顺序的无时态的描述本质上是不完全的，因为它没有注意到时间的流逝。参见 Dummett（2）。

　　［2］我在这里只讨论这种反对意见的一种形式，其他形式的论述见 Nagel（6）。

　　［3］关于客观的自我的观念，与维特根斯坦《逻辑哲学论》

（*Tractatus*）5.641 节中的"形而上学的主体"有某种共同之处，尽管我险些把它从世界中完全排除出去。假如心灵的所有内容（包括其客观的思想）都作为 TN 的性质被投入世界，那么形而上学的主体就是我们所能达到的逻辑的界限。客观的自我，在收缩成一个无广延的点之前，是分离着的主体的最后阶段。它和胡塞尔（Husserl）的先验自我也有许多共同之处，尽管我并不坚持他的现象学的"先验唯心论"（Husserl，第 41 节）。我也不接受《逻辑哲学论》中的唯我论。

　　[4] 关于一种类似的想象，参见 Dennett，"Where Am I"。但是，与我所说的东西更密切相关的，是埃文斯对自我识别所做的富有吸引力的讨论，见 Evans，第 249～255 页。

第五章　知识

1．怀疑论

客观的自我既扩展我们的理解，又导致对它的怀疑，而这些怀疑最终是不能消除的。一旦我们把自己置身于世界内部并试图确立一种充分容纳这种认识的观点，力量的延伸和不安全性的增长总是如影随形。

最常见的冲突场景发生在对客观知识的追求中。这种追求的目标，实实在在地说，自然是通过不可理解的词项而得到描述的：我们必须走出自身，并且不从世界内的任何地点来看待世界。由于不可能在继续存在的情况下把一个人自己的观察角度完全丢弃，走出我们自身的比喻一定另有一种意义。我们将越来越少地依赖于我们的观察角度的某些个体的方面，并越来越多地依赖于某种其他的事物即较少具有个体性的事物，而这种事物也是我们的一部分。但是，假如初始现象本质上并非通达实在的可靠向导，那么为何超然的反思的结果反倒有所不同呢？为什么它们不是或者同样值得怀疑的，或者要不然仅仅作为更高级的印象才是有效的？这是一个老问题。使得客观性的追求似乎成为知识的必要之物的那些观念，也使得客观性和知识都在反思的基础上似乎成了不可获得的东西。

客观性和怀疑论是密切相关的，因为二者都形成于如下的观念：存在一个我们被包含在其中的真实的世界，而且现象就产生于我们与它的其余事物之间的相互作用。我们不能不加批判地接受那些现象，但必须试图理解我们自身的构造对它们产生了什么影响。为了做到这一点，我们试图确立一种关于我们自己亦在其中的世界的观念，即对我们自己和世界所做的一种描述，而且该描述解释了为什么它最初会如其本然地出现在我们的面前。但是，这种观念，由于正是我们确立的，所以也同样是我们和世界相互作用的产物——尽管这种相互作用比原先的那种更复杂且更自觉。假如原初的现象在我们没有充分理解的一些方面依赖于我们的构造，从而使我们不能过分相信它们，那么这种更复杂的观念应该遭受同样的怀疑，因为我们用来理解自己和世界之间的某些相互作用的任何东西都不是那种理解的对象本身。不管我们可以多么频繁地试图走出我们自身，某种东西将不得不依旧落在镜片的背后，或者说我们身上的某种东西将决定描述的结果，并且这将使人有理由怀疑我们是否真的离实在更近了一步。

因此，关于客观性的观念似乎颠覆了自身。目标在于形成一个实在概念；而这种实在一方面包含我们自己，另一方面也把我们关于某些事物的观点作为对象包含于自身内。但是，形成这个概念的任何东西好像都不会被包含在它的内部。似乎可以推断：我们所能获得的最客观的观点将不得不依赖于一种未经检验的主观的基础，并且因为我们绝不能放弃而只能改变自己的观点，所以这个观念，即我们正在其外面一步一步地接近实在，是没有任何基础的。

所有的知识论都对这个问题做出了回应。它们可以分为三种类型：**怀疑论的、还原论的**及**英雄式的**。

怀疑论认为，我们关于世界的日常信念或科学信念的内容，在那些无法使其免遭怀疑的方面，超越了自身的根据。在某些方面，我们也许是错误的，但我们没法消除它们。一旦我们注意到了这种无法填补的裂缝，我们就无法再去相信那些信念——除非有意识地抱着非理性的态度。

还原论是从怀疑论的论证中成长起来的。假定我们确实知道某些事物，并且承认内容和根据之间的裂缝若像怀疑论者所认为的那样大，我们就不能知道它们，那么还原论者会重新解释我们关于世界的信念的内容，以至于它们所断言的东西更少。他会把这些信念解释为关于可能的经验的主张，或者说关于理性动物在经验上可能具有的最终的一致（convergence）的主张；要么他会把它们解释为一些减少紧张和惊奇的努力，或者说提高认识者的精神状态系统的秩序的努力；要么他甚至会模仿康德，认为它们当中的某些信念描

69 述了所有可能的经验的界限：一种关于精神牢笼的限制性规定的内部观点。无论如何，按照还原论的观点，我们的信念所论及的并不是世界本身，假如那确实意味着某种东西的话。它们所论及的，是向我们显现着的世界。自然，并非所有的还原论都成功地摆脱了怀疑论，因为我们难以在内容和根据没有裂缝的情况下为关于世界的主张构造一种确实合理的还原论分析——即使二者都在经验的领域中。

英雄式理论承认，我们关于世界的信念的根据同那些信念的内容之间在实在论的解释之下所存在的这种巨大的裂缝，并试图在不缩小它的前提下去跨越它。在深坑的下面丢弃着认识论的残骸。柏拉图（Plato）提出相论及回忆理论，而笛卡尔则通过对一个不骗人的上帝的存在进行先天的证明，来为人类知识的通常的可靠性进行辩护，这些都是英雄式理论的例子。[1]

首先，我认为，真理一定取决于怀疑论和英雄式理论这两种实在论立场之一或二者兼有。我的用词反映了一种实在论的倾向：从还原论者的立场来看，英雄式的认识论最好被描述为堂吉诃德式的。但是，我认为怀疑论的问题并非产生于对标准的知识要求的意义的误解，而是产生于它们的实际内容以及在关于世界的信念的构造中所包含的超越我们自身的企图。知识的抱负及知识的某些成就是异常巨大的；但是，鉴于我们所具有的明显的局限性，一种普遍的怀疑论，或者至少说，承诺的临时性，是合宜的。

虽然近来人们在它们上面付出了大量的努力，然而各种知识定义在这里并不能帮助我们。认识论的中心问题是关于相信什么以及如何证成一个人的信念这样的第一人称问题，而非在给定了我的信念以及关于它们同实际情况之间的关系的某些假定的情况下能否说我拥有知识这一非个人的问题。回答关于知识是什么的问题，并不能有助于我们决定应该相信什么。我们必须判定我们与世界的关系实际是什么以及如何能改变它。

由于严格说来我们不能逃脱我们自己，我们的信念的任何改善都一定来自某种自我改变。我们所能做的最接近于走出我们自身的事情，是形成一种超然的关于世界的观念；而世界则既包含我们，亦包含我们对那个概念的拥有，且这种拥有是它使其能为我们所理解的关于我们自己的东西的一部分。如果我们出现在我们自己所拥有的一个世界概念的内部，并且这种出现并不与我们的特殊观察角度相联结，那么我们就走出了自身。追求这个目标是客观自我的本质任务。我将证明，只有根据一种显著的理性主义的认识论，它才是可理解的。

问题在于：类似于我们自己的有限的存在物如何能改变它们的世界概念，从而使其不再只是来自它们的位置的观点，而在某种意义上是一种不来自任何地方的观点？这种不来自任何地方的观点，包含并理解这一事实即世界含有拥有此种观点的存在物；它解释了为什么这个世界是以那个概念形成之前的方式向他们显现的，也解释了他们怎样才能获得那个概念本身。这种关于客观知识的观念与笛卡尔的纲领有共同之处，因为他试图形成一个关于包含他自己的世界的概念，而他的纲领则会解释那个概念的有效性以及他获得那个概念的能力。但是，他的方法应该仅仅依赖于完全确定的命题和步骤，而且如我所描述的那样，自我超越的方法并不必然具有这种特征。事实上，这样一种世界概念根本不需要通过证明来获得，尽管它必须大量依赖于先天的猜测。[2]

在讨论这种过程的性质及其所隐藏的困难时，我既想为客观的进步的可能性进行辩护，也想领会其限度。我们应该记住，这样的事情终究是可能的这一点，是多么令人难以置信。近来，有人鼓励我们把自己看作由进化所任意地产生的偶然的有机体。除了在其天生拥有的知觉及概念的层次上积累知识外，预先没有任何理由来期待一种与那类似的有限生物去做更多的事情。但那显然不是事情的本来样子。我们不仅能形成纯粹的关于我们被包含在其中并且我们的印象也作为其一部分的世界的观念，而且亦能把一种将我们远远地带离原初印象的内容给予这种观念。

纯粹的实在论的观念认为有一个我们被包含在其中的世界。但是，除了我们及我们的内在生活都是实在的一部分，这种观念并不蕴含任何特殊的关于现象和实在间的关系的东西。认识到情况是这样的，会对下述想象产生压力：改变我们所作的世界图画，从而使其不再是来自这里的观点。这种想象所能采取的两种可能的形式即怀疑论与客观的知识，都是一种能力的产物；而那种能力是指，用或多或少带有确定性的关于我们被置于其中的世界的概念，来充实纯粹的实在论的观念。这两种形式是密切关联在一起的。对客观知识的追求，由于承诺了实在论的描述，不可避免地受到怀疑论的压制，并且不能反驳它，而必须在其阴影下继续前行；反过来，仅仅因为对客观性提出了实在论的要求，怀疑论才是一个问题。

怀疑的可能性意在说明世界完全不同于它向我们显现的方式，而且没有任何方法可以发现这一点。从文献来看，在最常见的可能性中，错误来自某种故意的欺骗；这种欺骗是由一个作用于心灵的恶魔或为制造幻觉而在体外刺激我们的脑的科学家所做出的。另一种可能性是，我们正在做梦。在后面的这两个例子中，世界并非完全不同于我们所思考的东西，因为它包含脑，并且或许还包含睡眠、做梦及产生幻觉的人。但这并不是必要的，因为我们能够设想以下的可能性：世界在我们无法想象的方面不同于我们所认为的那样，我们的思想和印象是以我们无法想象的方式产生的，而且没有什么方法能让我们从所在的位置出发去获得实质上正确的关于世界的信念。这是怀疑的可能性的最抽象的形式；而且从实在论的观点看，无论我们会构造并接受什么样的其他假设，它仍然是一种选择。

2. 反怀疑论

并非每个人要么都承认这种怀疑论，要么都承认它所依赖的实在论。近来，再次出现了一些反对怀疑之可能性的论证。这些论证让人想起了 20 世纪 50 年代的日常语言论证。日常语言论证认为，关于世界的陈述的意义由它们在其中被典型地加以使用的情况所揭示，因此我们通常认为其正确的关于世界的绝大部分陈述，不可能事实上都是错误的。

在其流行的形式中，这些论证是通过关于指称而非关于意义的词项而得以表达的。[3] 据说，在我们关于外部世界的陈述中，我们用这些词项所指称的东西，例如我们实际谈论的东西，是任何一种**实际上**与那些词项在语言中的公认用法拥有适当关系的东西。（这种关系未被定义，但人们假定，我对"树"这个词的使用和实际的树——假如存在这样的事物——之间的关系，就是它在日常世界中的一个例子。）

72　　　反对怀疑的可能性的论证是一种归谬法。假设我是一个缸中之脑，而且一个恶作剧的科学家正在对我进行刺激，并使我认为自己看到了树，尽管我绝没有看到。在这种情况下，我的语词"树"并不指称我们现在称之为树的那种东西，而指称这位科学家通常用以制造刺激并导致我认为"有一棵树"的任何事物。因此，当我那样思考时，我通常是在思考某种真实的东西。我不能用"树"这个词来形成科学家说我从未看到过树时所要表达的思想，或者用"物质对象"这些词来形成这种思想即我也许绝未见到物质对象，或者用"缸"这个词来形成我也许是缸中之脑这样的思想。假如我是缸中之脑，那么我的语词"缸"将不会指称缸，并且我的思想即"我或许是缸中之脑"就不会是真的。假如它是真的，那么它就会是假的；而这就表明了原来的怀疑论的假定是不可能成立的。指称的条件允许我们认为不存在树；或者说允许我们认为，仅当这不是真的时，我们才是缸中之脑。

这个论证和以往的论证没有什么两样。首先，我能使用一个没有指称的词项，只要我知道它会在什么条件下有所指称——这就好像当我说不存在鬼时一样。为了表明假如真的没有树而我却认为不可能没有树，那就必须表明这种思想不能用我可以获得的更基本的词项来解释，即使我所有关于树的印象都是人为制造出来的。（这样的一种分析无须描述我关于树的**有意识的**思想。）同样的说法也适用于"物理对象"。怀疑论者也许没有能力一经要求就提出一种关于那些独立于其指称之存在的词项的解释；但是，除非已经给出了理由使人相信这样的解释是不可能的，他就没有被驳倒。这点还没有人去尝试，并且表面看来似乎是没有希望的事业。

　　一个怀疑论者不会认为他的所有词项都没有指称；像我们当中的其余人一样，他假定，那些没有指称的词项可以在某种层次上通过那些有所指称的词项来解释。当他说"我或许从未看到过物理对象"时，他并不意味着（举起他的手）："**这**，不管是什么，或许并不存在！"他意味着："我或许从未见过某种具有时空并独立于心灵之特征——这些特征对于物理事物是必要的——的事物，即从未见过我认为属于物理对象的那种事物。"必须指出，假如这是真的，他就不会拥有**那种**思想。显然，我们将被推回到拥有非常一般的概念所需的那些条件。这里没有什么东西是显而易见的，但至少有一点是清楚的：指称问题上的几个未经确认的假定，不能使人证明缸中之脑或离开肉体的灵魂无法拥有（例如）关于心灵的独立性的概念。主要的问题完全没有得到讨论。

　　其次，这个论证虽然并不有效，但它若要反驳怀疑论，却也做不到。假如我接受这个论证，那么我就必须做出这样的断定，即缸中之脑不能正确地认为它是缸中之脑——即使别人会这样认为。能

73

得出什么结论呢？只能说我不能通过"我或许是缸中之脑"这样的说法来表达我的怀疑；相反，我必须说，"我或许甚至不能**思考**关于我是什么的事实，因为我缺乏必要的概念，并且我的环境使我不可能获得它们"。假如这还不算怀疑，我不知道什么可以算。

怀疑的可能性根植于我们的日常思想，因为这些思想自动地假定了实在论，并自称超越了经验。为了让我们终究能够思考，我们所相信的某些东西必须是真的，但这并不意味着在其广阔的领域内我们不会出错。思想和语言必须去理解世界，但并非必须在每个方面都直接理解它；而且处在一种怀疑的梦寐场合中的人，应能充分地理解其足够多的内容，以满足系统地表述他的问题的条件。[4]

怀疑论的批评者们提出了各式各样关于语言如何运作的理论来反对它：可证实性理论、指称的因果理论及宽容原则。我认为这类论证走在了相反的方向上。[5] 这样的理论被怀疑论的明显的可能性及可理解性所反驳。怀疑论表明，我使用"树"所意指的东西，并不只是刺激我产生了关于树的印象的某种事物，或者看起来、摸起来像树的某种事物，甚或我和别人依据传统而将其称为树的某种事物。由于那些事物在想象中可以不是树，任何断言它们一定是树的理论都是错的。

我们所能想象的传统的怀疑的可能性，代表着我们所不能想象的无限的可能性。在认识它们的过程中，我们发现，我们关于世界的观念，不管多么复杂，都是世界的一个片断的产物；而这个片断以我们不能非常充分地理解的方式与世界的部分其余事物相互作用。因此，我们所相信的任何事物，都一定依然悬挂在怀疑论的巨大的黑暗的洞穴中。

　　一旦门被打开了，就不能再关闭。我们只能试图使关于我们在 74
世界中的位置的概念更完整，而这本质上就是确立客观的立场。这
样的确立必定会趋向的界限大概是不可获得的：那是一个完全包围
自身的概念，而包围的方式在于描述一个恰好拥有那个概念的生物
被包含于其中的世界，并解释那个生物如何能从其在世界内的起点
出发获得那个概念。即使我们确实获得了这样的一种自我超越的观
念，那也不会担保它的正确性。它将把自己推荐为一种可能性，但
是怀疑的可能性也依然存在。我们所能做的最好的事情是构造一种
或许正确的描述。怀疑确实是认识我们的处境的一种方式，尽管由
于我们的天生的实在论使我们不可能满足于一种纯粹主观的观点，
它不会阻止我们继续追求某种类似知识的东西。

3.　自我超越

　　为了对那些可想象的及不可想象的怀疑的可能性提供一种可供
选择的解决办法，一种自我超越的概念应当完美地回答以下四个问
题：（1）世界像什么样子；（2）我们像什么样子；（3）为什么在某
些方面世界向类似我们这样的存在物所显现的样子与其本来的样子
一致，而在某些方面又不一致；（4）类似我们这样的存在物如何才
能获得这样的一个概念。在实践中，最后一个条件极少被满足。我
们易于使用我们的理性能力来构造理论，但并不同时构造关于那些

能力如何运作的认识论的描述。不过，这是客观性的一个重要部分。我们想要的东西是获得一种尽可能独立于我们是谁以及我们从何处开始的立场，但这样的立场也能解释我们是如何到达那儿的。

在某种意义上，这些条件也能被由不同于我们的其他生物所确立的一个关于世界及我们在其中的位置的概念所满足。但既然那样，第四种成分就不会包含类似于在理解我们自己时所出现的那种自我参照的理解。关于对我们与世界之间的关系的一种外在的理解，我们所能达到的与之最接近的东西，是确立一种同外在的理解类似的自我参照的东西。这并未使我们处于比外在观察者更糟糕的境地，因为为了在理解我们或任何其他事物这一抱负中获得合理的安全性，任何从外部看我们的生物当涉及其自身时都必须面对自我理解的问题。客观性的目标是获得一种关于包含一个人自己的世界的概念；这样说吧，这个概念包含了一个人自己的观察角度，但并非实质性地包含，而是把它作为工具来包含的。因此，我们的理解的形式对我们自己来说是特殊的，但其内容并非如此。

75　　　　补充到我们所知之物中的绝大多数东西，并不有赖于客观性的任何进步：它们只是在业已存在的层面上补充了另外的知识。当某人发现一颗先前未发现的行星，或荷尔蒙的化学构成，或一种疾病的原因，或一个历史人物的早期影响时，他实质上是填充了一个业已存在的理解框架。甚至某种与 DNA 结构的发现同样富有成效的事情，也属于这种情形。它只不过把化学的方法延伸到了遗传学。类似这样的发现也许是难以取得的，但它们并未根本改变关于我们与世界之间的认识关系的观念。它们在客观性没有取得进展的前提下增加了知识。

客观性若要取得进步，那就需要业已存在的理解形式自身应当成为一种新的理解形式的对象，而且需要这种新的形式也去理解原有形式的对象。客观性的任何一个步骤都是这样迈出的，即使它并未达到解释它自身这样的更有抱负的目标。客观性的所有进步，都把我们先前的理解纳入对我们与世界的精神关系所做的新的描述中。

例如，考虑一下作为近代物理学及化学发展之前提的第一性质和第二性质的区分。这个例子特别清楚地说明了我们如何能把自己置于对世界的一种新的描述中。我们认识到，我们关于外部对象的知觉既依赖于它们的性质，也依赖于我们自己的本性，而且为了解释它们在我们身上所产生的效果以及它们之间的相互作用，与它们起初可能拥有的相比，我们需要把为数更少的性质种类归属于它们。

科林·麦金（Colin McGinn）已经令人信服地证明，这首先是一个先天的哲学发现，而非一个经验的科学发现。通过它们向我们显现的方式，事物拥有颜色、味道和气味：是红的只不过**是**某种事物，而在从现实世界中正常获得的知觉的条件下，对于正常的人类观察者来说，这种事物看起来或将会看起来是红的。是方的则是一种能用来解释关于对象的许多事情（包括对象看起来及摸起来如何）的独立的性质。（McGinn，第 7 章）

一旦我们认识到这一点，并考虑到对象的各种各样的可知觉性质将如何被解释，以下所说的就变得很明白了：对颜色现象的最好的解释将不会把其归属于具有内在颜色性质的事物，而这些性质在解释现象时起到一种无法消除的作用，这是因为现象既随物理条件也随心理条件而变化的方式使这成为很难令人置信的。另一方面，客观的形状及尺寸却自然而然构成了可变的形状现象及尺寸现象之原因的一部分。所有这些都是显而易见的，即使在外部世界如何作用于我们这些感知者这个问题上我们只有一种非常粗略的观念，即一种主要与所涉及的外围影响有关的观念。因此，它就是通往下述猜测的一个短暂步骤：第二性质现象是对象的另外一些第一性质引起的，并且我们从而就能试图去发现那些另外的性质。

　　这里，与在别的地方一样，取得客观的进步的压力来自先前的世界观没有能力包含并解释自身，即解释事物为什么是以本然的方式向我们显现的。这导致我们去寻找一种新的概念，以便既能解释先前的现象，也能解释新的印象即它本身是真的。对象除了拥有第一性质以外还拥有内在的颜色这一假设，显然经受不了这种检验，这是因为与对象的第一性质及其在我们身上所产生的效果是所有现象的原因这个假设相比，它在一种更弱的意义上解释了它们为什么似乎拥有颜色，以及那些现象为什么会随内部及外部的环境的变化而变化。

　　考虑另外一个例子。并非所有客观的进步都在与此同样广泛的范围内被内在化了，而且一些像广义相对论及量子力学这样的进步，是在业已先进的且通常无法理解的理论之外所取得的进步。但是，爱因斯坦（Einstein）及其狭义相对论，在通常的现象之外跨出了巨大的一步。他用相对论的概念替换了人们熟悉的关于事件、事物及过程之间的绝对时空关系的观念；而根据前者，事件并非无条件地同时或相继的，对象在规模上并非无条件地相等或不等的，而只是相对于一个参照系才能那样说。从一个参照系即一个世界的视角来看，先前似乎是客观的绝对时空概念的东西，仅仅被揭示为一种现象；而关于所说的这个世界，我们对它所做出的不依照任何参照系的客观描述，根本没有在一个拥有独立的时空维度的四维坐标系统中被给出。相反，事件被客观地定位在相对论的时—空中，而若想把它们划分为单独的时空维度，则要依赖于一个人的观察角度。既然这样，正是对电动力学现象的反思而非通常的知觉，表明了那些现象必须被超越。在通常的概念体系中，空间上分开的事件的绝对同时性并不是一个得到恰当定义的概念；而这种发现，如同第一性质和第二性质的划分一样，也包含一种重要的哲学成分。

　　这些例子显示了人逃避其最初处境的限制的能力。逃避的方式不仅在于环游并从不同的视角看世界，还在于上升到某些新的层面，而从这些层面出发我们就能理解并批评先前的视角的一般形式。在任何情况下，通往一个新的视角的步骤都是认识论上的洞察力的产物。 *77*

　　当然，在一些情况下，它也是以往的描述所不能解释的新的观察结果的产物。但是，一种新的外在视角的恰当性，有赖于它能否使人在同时拥有这种新的外在视角和先前的内在视角的情况下把后者置于世界的内部，并使人意识到前者能通达客观的实在，并且一个人的主观印象就是关于客观实在的。经验不是我们关于世界的知识的唯一基础，但我们必须为作为世界之一部分的它找到一个位置——不管那个世界可能如何不同于它在经验中被描绘的方式。

只有客观性才能为关于知识进步的观念赋予意义。通过思考任何一种得到充分确立的客观的进步（就像已经讨论过的那些例子），并问它能否倒退回去，我们就能发现这一点。一种把内在的颜色、味道、气味、触觉及声音归于事物的理论，能解释这样的现象即这些东西将被理解为第一性质在我们的感官上所产生的效果吗？一种关于绝对时空的理论能解释我们拥有相对论的时—空这一现象吗？在两种情况下，答案都是否定的。一种客观的进步可以被一种新的客观的进步所取代，并且后者反过来又把前者还原成一种现象。但后者与其前面的那些进步并不处在同一层次上，而且作为通往其后继者的一个步骤，它很可能是必要的。

另外，客观的实在是我们的目标这一事实，不能保证我们对它的追求可以成功地成为某种不同于对我们自己的心灵的内部之物进行探究及重组的行为。依照实在论的观点，这至少在理论上也总是一种可能性，即使一个人没有想到一种他可能由之被欺骗的明确方式。一种不太极端的观点是，无论可能取得什么样的成功，我们都仅仅处在知识发展的一个过渡阶段，而且我们现在所知道的许多东西都将被后来的发现及理论所抛弃。

在某种意义上预期会出现新的进步和偶然的后退是合理的：有足够多的事例可以表明，曾被认作具有最大程度的客观性的实在概念已作为现象被包含在一种更客观的概念中。因此，如果不期待它继续前进，我们将是愚蠢的。其实，我们希望它继续前进，因为我们显然只是刚刚开始我们的外界旅行；而且迄今为止，通过自我理解的方式所取得的进步依然是最低限度的。

4. 进化论的认识论

因为自我理解是客观性的核心，这项事业面临严重的障碍。与我们现在所拥有的相比，对客观知识的追求需要一种更加成熟的关于世界内的心灵的概念，即一种将会对客观性的可能性做出解释的概念。它需要我们从一种并非只是属于我们自己的观察角度来理解心灵的运作。这不是康德所瞄准的那种自我理解，即从内部对我们所有可能的经验和思想的形式及限度所做的理解（尽管那将极其令人吃惊，而且没有理由假定我们能先天地获得它）。所需要的是某种甚至更强的东西，即对关于实在世界的客观知识之可能性所做的解释，而且这种解释本身也是关于那个世界以及我们同它的关系的客观知识的一个实例。会有能进行这种自我超越的生物吗？我们似乎至少可以沿着这个方向采取一些步骤，尽管不清楚我们能走多远。但是，甚至这一点又是如何可能的呢？事实上，客观的能力是极其神秘的。虽然它显然存在着，并且我们能够使用它，但是尚没有任何人根据某种更基本的东西对它做出了可信的解释；而且只要我们不理解它，其产物就仍将受到怀疑。

有些人可能很想提出（或至少想象）一种进化论的解释；对于天底下的一切事物来说，这种解释目前都是合乎习惯的。作为一个例子，进化的挥手行为表明存在这样一种倾向，即接受在一个领域已取得成功的理论并将其应用于你所不能理解的任何其他事物——甚至不是应用它，而是模糊地想象这样的应用。它也是在我们的文化问题上普遍存在的还原论的自然主义的一个例子。"生存值"①现在被援引来解释从伦理学到语言的一切事物。我认识到，介入关于一个人所不熟悉的话题的讨论是危险的。但是，由于这些思考不能被忽略，而且由于甚至当它们来自职业生物学家时也仅是附带之见，让我来说一说这些思考。

达尔文（Darwin）的自然选择理论，由于假定了自身在生物体的发展方式这个问题上所持的历史的观点是正确的，因而是对我们为什么像现在这个样子所做的一种很不完全的解释。它解释了在那些已经产生的生物体的可能性中间所做出的选择，但并未解释那些可能性本身。它是一种历时性的理论，而这种理论试图通过在既定条件下出现的一组可能性来解释进化将会采取的具体路线。它也许解释了能进行想象或推理的生物为什么会生存下来，但并未解释想象或推理本身是如何可能的。

79　　　这些所需要的不是历时性的解释，而是超时间的解释。自然选择可以在其中起作用的生物学选择的范围是极为广阔的，但此范围也受到了严重的限制。即使随意性是决定何种变异到来时将会出现的一种因素（而且随意性的范围显然是有争议的），遗传的可能性的范围本身也并非一种随意的现象，而是自然秩序的一种必然结果。一些心灵有能力逐步形成更客观的实在概念，但这类心灵的可

---

① 生存值（survival value），指生物体所具有的使其有可能生存和繁殖的可遗传特性。——译者注

能性，不是自然选择理论能试图去解释的某种事情，因为它根本没有解释的可能性，而仅仅解释了在它们中间所做的选择。[6]

但是，即使我们把未经解释的客观心灵之可能性看作给定的，自然选择也不会为它们的实际存在提供一种非常合理的解释。与许多解剖学的、生理学的、知觉的和更基本的认识的特征不同，人的高级理智能力，就其本身而言，极不适合于做进化论的解释，而且这样一种解释事实上会使其成为特别可疑的东西。我不是在暗示，推理具有否定性的生存值，并且从那种观点看，可以为本能所代替；而康德曾经做出过这样的暗示。[Kant（2），第 395～396 页]但是，构造宇宙论及亚原子理论的能力，带领我们如此远离我们的思维能力在其中不得不通过进化论之检验的现实环境，以至于当延伸到那些主题上时，不存在任何归于进化论并让我们依赖进化论的理由。事实上，假如我们相信我们构造客观理论的能力是自然选择的产物，那么可以表明，在超越人们所熟悉的非常有限的范围时，对其结果进行严肃的怀疑是正当的。然而，这种假设其实是不可能的。对我们的理论化能力所做的进化论解释，绝对不会确认其发现真理的能力。假如这个过程确实带着我们走向一种对世界更真实且更超然的理解，那么一定有某种别的东西发生了。

对智力的进化论解释所提出的怀疑有一个标准的答复，即达尔文的理论并不要求生物体的每一种特征都因为具有适应环境的价值而被分别地选择。一些特征可能是被如此选择的其他特征单独或联合产生的附带效果，并且如果它们是无害的，就会被保存下来。就智力而言，一种通常的推测是：在形成直立的姿势以后，人类的脑

80 通过自然选择而迅速变大了，并且使用工具的能力使得脑的规模成了一种优势。这就使语言的获得及推理的能力有了可能，而这反过来又赋予体积更大的脑生存值。于是，如同一台有适应能力的计算机，这种复杂的脑原来能做我们并未专门"要求"它去做的各种事情：研究天文学，创作诗歌和音乐，发明内燃机和慢转密纹唱片，并证明哥德尔定理。文明国度的文化进化的极度快速化，要求参与其中的脑从一开始就形成足够的能力。

由于这纯粹是推测，在它是否与经验证据一致的问题上，我们没有多少话可说。脑使得我们采猎的祖先的生存成为可能，也使得过去几个世纪以来数学和物理学的发展及对它们的理解成为可能；而我们一点也不知道脑是怎样完成这两种功能的。因此，我们没有根据来评估这样的意见，即适合于脑达到第一种意图的那些必要性质，最终对于第二种意图及导致它的所有文化方面的发展也是充分的。

斯宾诺莎对智力进化的过程进行了这样的描述：

> 人们最初使用天然的工具，努力而又并不完善地制作了一件件非常简单的作品，而当这些做成之后，又以较少的努力及较大的完善性做成了难度更大的其他东西；这样，就逐渐地从最简单的操作上升到工具的制作，又从工具的制作上升到比较复杂的工具的制作及新的作品的发明，直到他们能花费少量的努力创造出他们现在所拥有的大量的复杂机械。与此相同，智力利用天生的力量为自己制造智力工具，并由此获得力量来完成其他的智力操作，同时它又从这些操作中再次获得新的工具或推动其做出

进一步探索的力量，由此逐渐前进，直至到达智慧的顶峰。[Spi-noza（1），第 12 页]

问题在于：制作石斧所需的身体的及精神的能力是否能自动地由这种制作一步一步走向氢弹制造；或者说，一种巨大的、附带的而又不可通过自然选择来解释的精神能力，是不是过去三万年间出现的一系列智力工具之产生和扩展的原因？不要忘记，这个问题是由斯坦利·库布里克（Stanley Kubrick）的《2001》中所讲述的把骨头改造成宇宙飞船的惊人事实所提出的。

我绝未发现有什么理由可以相信真理取决于第一种选择。之所以有这么多的人确实相信它，仅仅是因为高级的理智能力是明显存在的，而且这是唯一可获得的适合于对它们的存在进行达尔文式的解释的东西。因此，它全都依赖于这个假定，即人或任何其他生物的每一种值得注意的特征都一定有一种达尔文式的解释。但是，相信那一点的理由是什么呢？即使自然选择解释了所有的适应性进化，在那些没有特定的适应能力且不能用自然选择来解释的物种的历史中，也可能存在某些发展。[7] 为什么不把人的智力的发展看作自然选择可以解释一切事物这个规律的一个可能的反例呢？并且，为什么偏要用没有证据支持的不可信的推测强行将其纳入这个规律呢？在这里，我们遇到了一种强有力的还原论的教条，而这种教条似乎是我们在其中呼吸的精神空气的一部分。

有人会问我的替代的理论是什么？是神创论吗？答案是，我没有解释这个问题的理论；而且，我不必为了把所有现存的意见作为不可信的东西加以拒绝而需要一种理论。人们不应当假定，关于这个问题的真理已被构想出来了；或者说，不应当仅仅因为没有人提出更好的可供替代的理论而勉强坚持原来的某种观点。信念不同于行为。一个人并非不得不相信某种东西，而且不相信现有的一切并不意味着要去相信某种其他的东西。

关于通过理论来客观地描述事物的可能性，或者说关于有能力做出此类描述的生物之实际生物学发展的可能性，我不知道所做的解释会是什么样子。我的看法是：它先前是不太确定的，因此唯一可能的解释一定在于它在某个方面是必要的。如同惯性质量和引力质量的同一不可能是无理性的事实或偶然事件一样，它也同样不是那种可能成为这类事实或事件的东西。宇宙一定具有某些根本的性质，而这些性质不可避免地会通过物理的及生物学的进化而产生一些能提出关于其自身及宇宙的理论的复杂生物。这本身并非一种解释；它仅仅表达了在一种可接受的解释应该满足什么条件这个问题上的观点：它应该表明，在自宇宙大爆炸以来这段相对短暂的时间内，这种情况为什么不得不出现，而非像达尔文的意见试图做到的那样，仅仅表明它能够出现。（我认为，关于生物的生命之最初形成的解释应该满足同样的条件。）没有理由期待我们将会在某个时候提出这样的一种解释；但由于我们处在生物学理解的一个初级阶段，做出某些预言是没有意义的。[8]

5.　理性主义

一种吸引哲学家们的自我重构的图景是纽拉特（Neurath）所

提出的：我们类似那些试图在公海上一块船板接着一块船板地改装轮船的水手。这可以用不止一种方式来解释。我们可以认为自己只是在重新排列，或许是在改造那些船板，而且每次只做一些小的改变，并使用我们发现易于获得的材料。[9] 这样的一幅图景可能符合平常的情况；在这种情况中，知识在一个给定的客观的层次上点点滴滴地逐步积累起来。但是，假如我们希望描述真正的进步所依赖的重大的客观的进展，那么我们需要一幅不同的图景。尽管在即将建造的这艘新船中我们可以吸收原来那艘船的某些部分，然而我们是从自己身上搜集了绝大部分将要用以建造新船的材料的。我们为实现这个目的而占据的位置，可能是只有在旧船上我们才能达到的一个位置。但是，它确实是在一个新的世界中，而且我认为，在某种意义上，我们在其中发现的东西已经在那儿了。我们每个人都是一个小宇宙，而且在我们逐步从自己的观察角度中分离出来，并就处于世界内的我们自己而形成一系列更高级的观点的过程中，我们就在占据一个业已存在的领域：这样说吧，占据一个潜在的客观的王国。

83

　　早些时候我说过，我要得出的立场属于一种形式的理性主义。这并不意味着我们拥有关于世界的真实情况的天赋知识；但它确实意味着，我们有能力提出一些假设来解释世界大体说来可能是什么样子，并拒绝那些我们发现不能包含我们自己及我们的经验的候选假设；而且这种能力不是基于经验的。同样重要的是，我们必须能拒绝那些初看起来似有可能但其实不然的假设。我一直在为之辩护的客观性的条件导致了这样的结论，即绝大部分真实知识的基础一定是先天的，并且是从我们自己内部取得的。特殊经验所起的作用，以及世界经由个体视角对我们的影响而产生的作用，都只能是选择性的，尽管这些都是非常重要的因素。这使得获取我们可以拥有的这类知识在很大程度上依赖于运气：我们暴露于其中的观察结果及材料的运气，还有我们生活于其中的时代的运气。若要占有这种先天的成分，我们所想到的以及我们也许尚未为自己系统表述过——类似于柏拉图《美诺篇》（Meno）中的那个儿童——的候选假设和问题也是重要的。

假如对于任何一个足够复杂的心灵来说，这些候选假设，或至少其中的一些，是可以先天地获得的，并且假如实在的一般性质自始至终都是完全不变的，那么对客观知识的追求就可以期待着从不同的起点出发走向逐步的汇合。但是，正如皮尔斯（Peirce）所言，这种汇合的限度并非真理之所在：它是实在与心灵之间的关系的一种结果，而且此种关系必须转而依据实在的心灵部分来解释。显然，不同的心灵及不同种类的心灵的能力都是不同的。但就我们来说，这些能力远非只是适应性的。我们从已经了解的东西中知道，一个智力尚好的人，即使不能独自产生奇特而又范围广泛的概念性候选假设，也能领会它们。没有理由认为我们的精神能力完全反映了实在，但我假定，我们全都潜在地在自己的头脑中携带这些可能性，而且至少还要再经历数千年的时间，科学及其他方面的发展才能将它们揭示出来：我们确实不是为了活着才进行这次旅行——也许它应当被称为觉醒。

这种知识概念属于理性主义的传统，尽管它没有声称理性为信念提供了一种不可怀疑的基础。甚至经验的知识或经验的信念也须依赖于一种先天的基础。而且，如果大量的结论来自有限的经验证据，那么关于假设的直接的先天表述和选择就要承担起一种重负——假如知识确实是可能的。[10]

　　这解释了为什么在类似牛顿万有引力理论或狭义相对论和广义相对论这样重大的理论进步中理性证据与经验证据之间存在极高的比率：即使那些理论的经验方面的预言是非常丰富的，它们也是在相对有限的观察材料的基础上得出的，而且它们不可能从这些材料中被演绎出来。而且我认为，甚至作为经验主义主要产物的归纳，也只有在理性主义的基础上才能得以理解。已观察到的规则现象提供了让人相信它们将会重复的理由，但这是以下述这一点为前提的：它们为隐藏起来的永久保持着的**必然**联系提供了证据。这并不是假定偶然的将来将类似于偶然的过去。

　　想象新的形式的隐蔽的规则，并理解他人提出的新的概念，似乎是人与生俱来的能力。正如物质可以重新组合，以便体现为一个有意识、能思维的生物一样，一些这样的生物因此也可以重新调整自己，以便产生越来越彻底、越来越客观的关于包含着它们的世界的精神表象，而且这种可能性也一定是事前就存在的。尽管我们赖以前进的思想步骤不能担保自己不会出错，但唯有当我们在远离特殊经验及周围事物的地方拥有一种可以达到与世界相一致的自然的能力时，它们才可以讲得通。当我们用心灵来思考实在时，我假定我们并不是在完成从我们自己的内部到外部世界的一种不可能实现的跳跃。我们是在确立一种与世界的关系，这种关系蕴含在我们的精神的及物理的构成中，而且仅当存在我们所不知道的并解释了此种可能性的事实时，我们才能做到这一点。只要我们甚至还未拥有一种可以考虑用作此种解释的东西，我们的立场就是成问题的。

通过证明正是那样的上帝的存在，笛卡尔试图提供一种解释，并连带提供了肯定此种解释为真的根据。但他没有成功，问题依然存在。一旦认识到这一点，如果继续毫不含糊地坚持我们的信念，那么这就需要我们相信某种东西是存在的。我们不知道那种东西是什么，但它在我们与世界的关系中产生了笛卡尔认为只有上帝才会产生的作用。（也许这样的说法更准确：笛卡尔的上帝象征我们自己和世界之间的融洽；我们没有解释这样的融洽，但它是思想产生知识的必要条件。）

我不知道这可能是自然秩序的一种什么样的未为人知的性质。但若没有某种相当显著的东西，人类的知识是不可理解的。我的观点是理性主义的及反经验主义的，这不是因为我认为我们的信念的一种坚实的基础可以先天地被发现，而是因为我认为，除非我们假设它们在我们所没有意识到的某种全局性的事物（而非某种仅仅属于人类的事物）中有一种基础，它们就是无法理解的——而它们确实是可以理解的。一种严肃的理性主义的认识论必须完成这种描述；但是，即使我们不能发现它，我们的信念也可以建立在这样的一种基础上。没有理由假定，即使我们身体的组织形式使我们只能部分地理解世界，我们也能以某种将会填补我们的理解之空白的方式获知这些关于我们自己的事实。[11]

一种号称完备的实在理论必须包含一种心灵理论。但这也将是心灵所产生的一种假设，而且不会担保自己不出错。这种论点是斯特德在论及蒯因（Quine）自然化的认识论建议时所证明了的，而蒯因的建议本质上是一种关于经验理论之构造的经验主义心理学理论。（Stroud，第 6 章）它同样适用于一种可能的关于心灵之先天理论化能力的理性主义理论。但是，我们当然没有这两种理论：我们甚至没有一种关于我们的超越现象的能力的假设。我们有能力获得一种充分的实在概念，但是用来解释此种能力的关于这种概念的思想还只是一种梦想。

不过，它是我们前进的目标：逐步解放最初曾受困于一种关于人类经验的个体视角的沉睡着的客观自我。希望则在于，确立一种能与个体视角共存并理解它的超然的视角。

6. 双重看法

总的说来，我们在遵循这些思路的情况下所能期待完成的事情，一定在几个方面都是有限的。首先，我们是有限的存在物，而且即使我们每个人都有一种巨大而又潜在的客观的自我超越能力，我们关于世界的知识也将总是零碎的，不管我们将其延伸到多远。其次，虽然客观的自我能逃避人的视角，但由于仍然是与我们一样短暂的事物，所以我们必须假定，其最好的结果也将很快被取代。再次，撇开时间及技术的限制不谈，我们实质上能够获得的对于世界的理解很可能也是有限的。正如我在下一章中将要论证的那样，实在很可能延伸到了我们可以设想的东西之外。最后，确立内容更丰富且更有力的客观的假设，并未排除那些已知及未知的怀疑的可能性，而那些可能性是任何实在论观点的另一面。

就我们的心灵、文化及时代所能允许的而言，这一切都不会阻止我们追求客观的进步。但是，在追求那个目标的过程中，存在另外一些危险；它们并非失败的危险，而是我们的野心所带来的危险。这些危险分为三种：过分的非个人性、错误的客观化，以及在关于同一事物的主观的与客观的概念之间无法解决的冲突。

第一种危险是过分机械地看待陷入个体的人的视角中的真实自我的图景导致的。这是一幅有吸引力的图景，而且许多人抵制不了它的诱惑。假如真实的我不是从某个地点来看待世界的，同时又把 TN 的经验视角及特殊关切仅仅作为无数有感觉能力的闪现事物之一包括在被如此看待的世界中，那么我似乎应该尽可能地不对 TN 的生命与视角发生兴趣，甚至应该努力把我自己与其隔离开来。但是，具有普遍特征的客观自我之发现与觉醒，并不意味着一个人就不能是一种拥有经验视角及个体生命的生物。客观的进步在自我内部制造了一种分裂，并且当分裂逐步扩大时，两种立场之间的结合问题就变得尖锐了，而在涉及伦理学与个人生活时尤其如此。一个人必须在某种程度上，既要准备不从任何地方看待世界，也要准备从他的地方看待世界，并以相应的方式生活。

第二种危险即错误的客观化的危险，是我在谈论心灵哲学时已经讨论过的，尽管它也出现在别的领域中。一种特殊形式的客观性，如果能成功地扩展我们对实在的某些方面的理解，那么就可能

诱惑我们把同样的方法应用于它们所不起作用的领域。这要么因为
那些领域需要一种新的客观性，要么因为它们在某个方面具有不可
还原的主观性。由于没有认识到这些限制，所以出现了各式各样的
客观的顽疾，即使用从对一类事物的客观的理解中获取的词项来对
另一类事物进行最具显著的还原论特征的分析。但是，正像我说过
的那样，实在并非只是客观的实在，而且客观性本身并不是一个事
物。我们迄今所确立的那些种类的客观的概念和理论只能被期待着
去产生可能的客观的理解的一个片断，因为它们主要是用来理解物
理世界的。客观性所需要的那种超然性，注定把某种东西抛弃了。

我们能构造关于某种事物的客观的概念，同时我们依然能有关
于同一种事物的主观的概念。有时，在成功构造出这种客观的概念
之后，我们却不知道怎么利用它，因为它不能与那种主观的概念和
谐地结合起来；当这种情况发生时，第三种危险即无法解决的主观
的—客观的冲突问题就出现了。有时候，一个内在的概念不可能承
认自己的主观性并存活下来，而它也不可能简单地消失。

一种客观的进步时常会使人认识到，我们先前的理解的某些方
面属于现象领域。我们不再设想世界充满有颜色的对象，而设想它
充满具有第一性质的对象，并且那些性质在某些主观上可理解的方
面影响着人的视觉。现象与客观的实在的区分成了一种新的混合的
理解的对象，而这种理解结合了主观的和客观的成分，并且是以对
客观性的限度的认识为基础的。这里不存在冲突。[12]

但是，理解的对象可能无法进行如此利索的划分。情况也可能
是这样的：某种事物似乎需要涵盖同一领域的主观的和客观的概

念，而且这两种概念不能结合成一个复杂而又没有矛盾的单一观点。在理解我们自己时尤其可能出现这样的情况，而且它是一些最困难的哲学问题的来源。这些问题包括人格同一性问题、自由意志问题以及生命的意义问题。它也出现在知识论中，在那里，它表现为这样的形式，即没有能力在自己的心灵中以互不矛盾的方式同时坚持怀疑的可能性和充满于生活的日常信念。

88　　我们承认，在一些无法想象的方面，世界也许完全不同于我们所认为的那样。这种承认与我们所形成的那些渴望具有客观性的关于世界的信念之间，应该是什么样的关系呢？我相信，我们没有任何满意的方法把这些看法结合起来。这里，客观的立场在自我身上制造了一种不会消失的分裂，而我们要么轮流选择那些观点，要么确立一种形式的双重看法。

双重看法是瞥见了这种永恒的观点的生物的命运。当我们从外部看待自己时，对我们的活动方式做一种自然主义的描述似乎是不可避免的。显然，我们的信念起因于某些性情和经验，而且就我们所知，那些性情和经验不保证信念的真实性，并与极端的错误一同存在。麻烦在于，我们不能充分接受这其中所蕴含的怀疑态度。这是因为，我们不能消除我们对信念的欲求，并且当我们拥有自己的信念时，我们不能接受对待它们的这种态度。信念是关于事物大体如何的，而非仅仅是关于它们也许如何的；并且没有任何办法来排除我们关于世界的日常信念，以使其与怀疑的可能性完全吻合。"我是纽约大学的一名教授，当然除非我是一个缸中之脑"这种思想，并不能代表我的心灵的通常整体状态。[13]

　　自由意志及人格同一性问题，也产生了类似的不和谐的结论。在一些方面，我们所做的与我们所遭遇的，非常自然地与关于世界的一种客观的描述相一致，而这种描述与其他对象及生物所做的事情拥有某种关系。我们的行为似乎是拥有原因及前提的事件；而在那些原因及前提中，许多都不是我们的行为。很像其他的复杂生物那样，我们似乎在时间中持存和变化。但是，当我们严肃看待这些客观的观念时，它们似乎威胁并颠覆着某些基本的自我概念，而我们发现我们又难以放弃这些概念。

　　早些时候我说过，不可能将关于一个人自己的人格同一性的概念充分内在化；这种同一性依赖于他的脑的器官的连续性。通常，关于具有主观的方面的事物，一种客观的观点并不要求我们简单地放弃主观的观点，因为可以把它还原到现象的地位，然后它就能与客观的观点共存。但在这些情况下，这种选择似乎是不可取的。我们不能把关于我们自己的力（agency）的观念或者说关于穿越时间的自我同一性之纯洁性的观念，都仅仅看作现象或印象。那样做就等于放弃了它们。尽管我们关于这些事物的直觉信念在很大程度上来源于我们自己的观察角度，但在某种迄今尚未得到具体说明并似乎同关于我们所是之物的客观描述相冲突的意义上，它们不仅有权利描述我们是如何显现给自己的，也有权利描述我们实际上是怎样的。即使客观的描述并未声称去理解一切事物，这个问题也会出现，因为它自愿遗漏的东西仅仅是主观的现象，而且那也并不是完全合适的。客观的与主观的自我的要求似乎都太强了，从而不允许它们和谐共存。

89

　　这个问题在以后诸章中还会出现，但让我提及另一个例子：人们未曾承认的维特根斯坦对演绎的怀疑。我认为，他的观点被克里普克正确地看作一种形式的怀疑论，因为当我们把一种规则或一个概念应用于无限多的例子即意义之显然无穷的范围所实际依赖的东西时，它对实际发生的事情所做的外在描述，并不是一种我们可以内在地接受的东西。例如，我们不能认为，对"加 2"的正确应用只不过是由下述事实或与其同类的任何其他事物所决定的：对于那些与我们拥有共同的语言及生活形式的人来说，一种特定的应用是自然而然的。在使用这个概念时，我们必须在超出我们及我们的社群对它的所有应用之外，认为它对无穷多的例子确定了唯一的功能，并独立于它们；要不然，它将不是它所是的那种概念。**即使维特根斯坦是正确的**，当我们拥有思想时，我们也不能以这种方式思考它们。而且，即使在以自然主义的方式思考语言及逻辑的运作方式的哲学行为中，我们也不能对那些思想采取维特根斯坦式的立场，而必须直截了当地思考它们。

　　我认为，假如一种观点提供了对日常思想的一种解释，而且这种解释不可能在不损害它们的情况下被纳入它们之中，那么它就应该被称作怀疑论的。就 x 而言，不管一个人怎样坦诚地声称他没有否定 x 的存在，而只是解释了 x 实际是什么，他都可能是一个怀疑论者。[14]

注释

[1] 另一种即第四种回应是：让一个人背向深渊，并宣布他现

在在另外一边。这是 G. E. 摩尔（G. E. Moore）做出的。

［2］这种观念更接近伯纳德·威廉姆斯（Bernard Williams）所谓的绝对的实在概念，后者是对笛卡尔的知识观念的一种更一般的描述。参见 Williams（7）。

［3］参见，例如，Putnam（2），第 1 章。

［4］也许存在一种形式的极端的怀疑论，它怀疑我是否属于那种终究能拥有思想的存在物。通过一种类似于我思故我在的论证，我们可以将其作为无法被思考的东西加以排除。假如有一些可能的存在物，其本性及其与世界的关系使得它们所做的任何事情都不能构成思维（不管他们的身体内部发生了什么），那么我就不能去考虑我是不是这样的一种存在物。这是因为，假如我是，我就不可能在思维，而且甚至考虑我也许不是在思维这样的可能性，也等于在思维。但是绝大多数形式的怀疑论并不属于这种极端的形式。

［5］这是克拉克（Clarke）和斯特德（Stroud）的怀疑论著作的一个主题。参见 Stroud，第 205～206 页。斯特德的书极富启发性地讨论了怀疑论和对怀疑论的绝大多数反应的不充分性问题。不过，在是否有可能发现怀疑论及导致它的那种愿望在何处出错这个问题上，他比我稍微乐观一些；这里所说的愿望，是指要客观地或外在地理解我们在世界中的位置。

［6］斯蒂芬·杰·古尔德（Stephen Jay Gould）说，弗朗西斯·克瑞克（Francis Crick）曾经对他讲："你们进化论的生物学家遇到的麻烦是，你们在理解'怎么样'之前，总是问'为什么'。"［Gould（2），第 10 页］

[7] 关于细节问题，参见 Gould（1）。

[8] 也许有人主张，宇宙包含智力的存在物这一观察结果，无须依据某些表明其不可避免的基本原理来解释，因为它有一种极为简单的解释：假如没有这样的存在物，就不会有观察者，从而也不会有观察结果。因此，不能从它们的存在中做出任何一般的推论。这个论证不能使我信服。一种观察结果能通过这类理由而被预言，并不意味着它也无须用其他更基本的原理来解释。

一种类似的情况可能值得一提，即宇宙论中对人类原理的应用。此人类原理说的是："我们能够期待观察到的东西一定为某些条件所限制，而这些条件对于我们作为观察者而出现是必需的。"（Carter，第 291 页）这种情况的一个特例是强的人类原理："宇宙（因此还有它所依赖的基本参量）必须承认处于其内部的观察者在某个阶段上的创造。"（第 294 页）关于这一点，卡特（Carter）说道："从物理学家的观点看，甚至一种完全严格的基于强的原理的预言也不会完全令人满意，因为仍然存在这样的一种可能性，即发现一种更深刻的用来解释已被预言的那些关系的基本理论。"（第 295 页）换句话说，可预言性并不总会消除对解释的需要。

[9] 就像纽拉特所表述的那样，我们"绝不能在干涸的船坞里将其拆除，并在那里用最好的材料将其重新建立起来"（Neurath，第 201 页）。

[10] 乔姆斯基（Chomsky）和波普尔（Popper）都以非常不同的方式拒绝了经验主义知识论，并强调，目前无法理解我们用来理解和思考世界的能力。乔姆斯基尤其证明了我们天生的学习语言

的能力是与关于我们的心灵运作方式的经验主义理解相对立的。这是他在心灵问题上对还原论所做的一般攻击的一个方面。我认为，材料和结论之间的科学的裂缝对于知识论的重要性，要远远超过童年早期的零碎的语言学材料和从中习得的语言的语法之间的裂缝，尽管后者也是值得注意的。在某种意义上，我们自己想起了全部的世界万物，而非只是想起在形式上可能已经部分地进化到了与我们学习它们的能力相适应的语言。

[11] 也许，相对于其他类型的知识，那些完全先天的知识领域允许我们在自己身上发现其更多的来源；也就是说，在我们的思想如何能引导我们走向算术真理与它们如何能引导我们走向化学真理这两个问题之间，我们能够更好地理解前者。假如我们关于某个先天事物的表象与该事物自身之间存在密切的关系，以至于将要被发现的性质已经隐藏在表象之中了，那么就有可能做出关于这个先天事物的发现。因而，我们能思考数学，因为我们能用一种符号体系进行运算，而这种体系之形式的性质使它能够代表数及数的所有关系。这个体系自身也能从数学上加以研究。就此而言，对于下述问题，数学为我们提供了一种不完全的回答：数学所描述的世界如何可能包含有能力获得某些数学真理的存在物？

[12] 这是麦金的观点。经过反思，科学的图景与建立在第二性质上的明显的图景并不冲突。

[13] 还有另外一个问题。在得出一种怀疑论的结论的过程中，我们越过了某些我们并未同时对其采取怀疑论的立场的思想，例如关于脑与经验之间的关系的思想。这些思想无条件地出现在怀疑论

的推理中。为了从客观的立场中引申出怀疑论的结论，我们必须提出怀疑论所要颠覆的那种直接的关于世界的思想。这类似于反向运行的笛卡尔循环：笛卡尔试图通过使用仅当上帝存在时我们才能依赖的推理，来证明上帝的存在；怀疑论先使某些思想成为无法思考的，然后怀疑论者经由这些思想达到怀疑论。

[14] 参见 Kripke（2），第 65 页。

第六章　思想与实在

1．实在论

我已从不同的方面表达了我对一种形式的实在论的承诺，而且现在我必须更多地谈论它。简单地说，它是这样的观点：世界独立于我们的思想。但问题是要用一种不会轻易被所有人承认的有意义的方式来解释这种主张，并由此说明它是怎样同当代许多哲学家所坚持的一种形式的唯心论相冲突的。

实在论使得怀疑论成为可理解的。在上一章中，我们讨论了知识问题上的怀疑论。这里，我要介绍另一种形式的怀疑论：它不是关于我们可以知道什么的，而是关于我们的思想可以延伸多远的。

我将为一种形式的实在论辩护。根据这种实在论，不仅在我们所能知道的东西方面，而且在我们所能设想的东西方面，我们对于世界的把握都是有限的。在一种很强的意义上，世界延伸到我们的心灵所能触及的范围以外。[1]

　　同这种观点相反的唯心论认为，存在的东西就是我们所能思考或设想的东西，或者是我们及我们的后代所能思考或设想的东西。唯心论还认为，这一点必然是真的，因为关于我们无法思考或设想的东西的观念是不可思议的。这个"我们"是重要的。还有一些观点是我不予考虑的，它们也被称作唯心论的。这些观点认为，在一种广泛得多的意义上，实在与心灵相关联，而这里的心灵包括无限的心灵——假如存在这样的事物。也许，给定任何类型的世界，都会存在一种能充分设想它的心灵；我不知道可能的心灵的界限。我要为之辩护的实在论说，世界对**我们的**心灵来说是不可设想的；而我所要反对的唯心论说，世界不可能是这样的。

　　还有一些比这更极端的唯心论，例如以下这些观点：存在就是被感知；存在的东西一定是我们的经验的可能的对象；存在的东西或作为事实的东西，一定是我们的知识的可能的对象或可以被我们证实的东西，或者一定是我们能获得其证据的某种东西。这些观点全都发现了自己的追随者。但我认为，它们最终依赖于我所描述的形式上更一般的唯心论以及关于人类思想之条件的各种不同的具体观点。共同的东西是对实在所做的一种广泛的认识论意义上的检验；尽管逻辑实证主义已经消亡（这是人们所预料到的），这种检验仍绝未丧失其受人欢迎的特点。

我要在我们的思想（特别是那些试图客观地表象世界的思想）与实在的关系问题上提出一种不同的看法，并以此反对这种一般的立场。在追求客观性时，我们改变我们同世界的关系，并通过弥补我们的观察角度的个性来提升我们关于它的某些表象的正确性。但在一种强的意义上，世界独立于我们的可能的表象，而且很可能扩展到了它们之外。这既关系到客观性在成功时所取得的成就，也关系到其所能取得的成就之可能的界限。它的目标及唯一的原则在于提升我们对实在的领会。但是，除非关于实在的观念并不只是关于能凭借那些方法而被我们领会的东西的观念，这是没有意义的。换句话说，我要拒绝这样一种自然的倾向，即把关于实际世界的观念等同于关于能被揭示的东西的观念——这种揭示是通过在其限度内无限提升立场的客观性而实现的。

我们已经证明，对客观性的追求可以在不同的方面被过度推进，并且假如以错误的方式或在错误的问题上实现客观性，它就会远离真理。那是客观性不符合实在的一种方式：它并非总是最好的理解模式。但由于另一种原因，人的客观性可能无法穷尽实在：实在的某些方面可能是人的客观性所无法触及的，因为它们完全超越了我们构造世界概念的能力。存在的东西和我们凭借天性所能思考的东西属于不同的事物，并且与前者相比，后者可能是无关紧要的。**我们**确实是相对无关紧要的，因此这点不应该令人吃惊。实在 92 的某些方面的存在，如同我们不能设想的事物的存在一样，完全独立于我们思考它们的能力。人的客观性也许只能领会世界的一部分；但当它成功时，就为我们提供了关于那些方面的一种理解。

这种观念即宇宙的包含物在数量上受到我们思想能力的限制，容易被看作一种哲学的观点。考虑到我们是宇宙中多么无关紧要而又偶然的片断物，这种观点乍看上去似乎极端妄自尊大。若非在哲学上存在一些似乎能使人抛弃自然的描述的原因，这种观点不会有人坚持。

那种描述是这样的：宇宙及其内部所发生的绝大多数事情完全独立于我们的思想；但自从我们的先民在地球上出现以来，我们逐渐形成思考、认识并表象实在的越来越多方面的能力。有一些事物，我们现在不能设想它们，但仍然可以理解它们；而且很可能还存在另外一些我们没有能力设想的事物，这不仅因为我们处于历史发展的很早的阶段，而且因为我们是我们所是的这种类型的生物。在我们不能设想的事物中，其中一些是我们有能力模糊地谈论的——这可能包括另类生物的精神生活或者宇宙大爆炸以前所发生的事情。但对于其中的另一些，除了说也许存在这样的事物外，我们终究可能什么也不能说。我们只能根据那种描述来设想它们，即把它们设想为我们无法对其形成概念的事物，或者只能通过将它们包含在囊括一切的"万有"思想或巴门尼德（Parmenide）的"存在"思想中来设想它们。

我们发现像圆的方这样的一些事物是**不可正面设想的**，也就是说，我们可以看出它们是**不**可能的；但我在这里并非在主张，在这些事物当中，有许多仍然是可能的。尽管在有些情况下，我们对正面的不可设想的深信不疑并不能作为不可能性的证据而被依赖，但我假定那些情况是罕见的。我在这里更关心的是，在我们不拥有也不可能拥有关于它们的概念这种情况下，我们怎样承认我们无法对其进行**反面**设想的那些可能性及现实性。（这不同于从正面看出任何这样的概念都不可能是前后一致的，因为，比如说，它包含一种矛盾。）

即使像我们这样的生物会永远存在，关于宇宙的一切事物也并非一定位于我们或我们的后代的可能的认识发展之途中。这是一个哲学问题：关于我们所能思考的实在的那些方面，我们是如何有能力思考的？还有一个问题：我们能否"如其本然"地思考那些事物，或者仅把它们"作为向我们显现出来"的事物加以思考？但是，存在的东西或实际的事实，并不必然与我们的思想之可能的对象重合。即使我们原则上有能力通过某种神奇的事物去设想所存在的一切，那它们也并不是因为我们的设想而变成实在之物的。

2. 唯心论

93

抵制这种自然的观点的哲学论证是简单的。它类似贝克莱（Berkeley）对下述观点所做的一种论证：对于不思维的事物来说，存在就是被感知。贝克莱说，假如我们试图形成关于一个未被感知到的对象的观念，这就显而易见了。他说，结果表明那是不可能的，因为一旦我们试图思考（比如说）一棵未被感知到的树，我们就发现，我们所能做的一切只是回想关于一棵树的知觉意象，而那不是未被感知到的。[2]

人们现在公认，这个论证包含一种错误，即把作为思想载体的知觉想象混同于作为思想对象之一部分的知觉经验。假如我在画一棵树，那么我并不是在画一棵树的图画；同样地，即使我使用一种视觉意象来思考那棵树，那也并不意味着我是在思考关于那棵树的视觉印象。[参见 Williams（1）]

一种类似的错误在于论证这样的观点，即我们不能形成关于未被人实际思考的某种事物的思想，或者关于未被人设想的某种事物的概念。我们显然能思考并谈论在其中没有人思考或谈论贝克莱主教的那种可能的事态。为了谈论贝克莱在其中未被谈论的情形，我们必须谈论贝克莱。这一事实并未使该情形要么成为不可表达的，要么成为不可能的。

但是，我所关心的那种形式的唯心论并不是以这种错误为基础的：它认为存在的东西必须被实际地设想，甚至必须是当前可设想的。它实际上是这样的一种立场：存在的东西必须是我们有可能设想的东西，或者某种我们有可能拥有其证据的东西。若要论证这种一般形式的唯心论，那么就要表明，关于我们或者类似于我们的那些生物所**不能**思考的东西的概念是没有意义的。

论证是这样的：假如我们试图理解关于我们绝不能设想的东西的概念，那么我们必须使用一般观念，比如关于某种事物存在的观念，或者关于某种情况存在的观念，或者关于某种事情是实际情况的观念，或者关于某种事物为真的观念。我们必须假定，实在的一些方面是我们**确实**拥有的这些概念所适用的，但我们**能够**拥有的任何其他概念都不适用于它们。仅仅设想这样的事物可以存在并不等于充分设想它们，并且实在论者会认为，关于它们的其他一切事物也许是我们不可设想的。唯心论者的答复是，我们关于存在之物、实际情况或真实事物的完全一般的观念，丝毫不能超出我们那些更明确的关于种种能够存在之物、能够成为实际情况之物或能够成为真实事物之物的观念。换言之，如果实在超出了对它在原则上能为我们所理解的内容的任何可能的补充，那么我们并不拥有一个完全一般的实在概念。

或者像戴维森（Davidson）那样通过语言来表述同一种观点：在我们所能理解的任何语言中，或者说，在能翻译成我们或类似我们的其他生物所能理解的任何语言中，我们都不拥有超出所有可能语句之真理的一般真理概念。我们关于实际情况的一般观念，不超出能被我们真实地断言为实际情况的东西的总和。这里，戴维森拒绝了关于一种具有下述特点的概念图式的观念：该图式满足应用于世界的条件，但不同于我们自己的概念图式。他说："一种与我们自己的不同的概念图式的标准现在变成：主要是真的，但并非可翻译的。可以问它是不是一个有用的标准，但这只不过相当于问，我们怎样才能充分理解应用于一种语言并独立于翻译概念的真理概念。我认为答案是，我们根本不能独立地理解它。"[3]

因此，与贝克莱的论证类似的那个论证是：假如我们试图形成关于我们绝不能设想、思考或谈论的某种事物的概念，那么我们发现自己必须使用一些意味着我们原则上终究能够思考它（即使我们现在做不到这一点）的观念，因为甚至我们所拥有的关于真理或存在的最一般观念也带有那种意味。我们不能使用语言来超越其可能的具体应用范围。假如我们试图这么做，我们要么在滥用语言，要么在使用它来指称终究可以设想的东西。

这个论证并未犯贝克莱的错误。它没有把仅仅是思想载体之一个方面的某种事物归于思想的对象。它并未声称存在就是被思考、已经被思考或者将要被思考。不过，它是以一种类似的方式展开的，因为它声称，形成有意义的思想的某些尝试，因为遭遇了思想的可能性条件所设置的界限，所以失败了。在贝克莱的论证中，关于没有心灵的存在的假设据说与思想的条件相冲突；这里，在不可设想性的假设这个问题上，也出现了同样的说法。换句话说，假如实在论者认为他们拥有关于一种实在的观念，并且所说的那种实在超出了任何可能的人类思想（除了那个观念以外）的范围，那么他们就受到了迷惑。如果我们仔细考察他们把什么东西当作了那个观念，那么我们将发现，它要么是关于某种能被我们更充分理解的事物的观念，要么根本不是什么观念。

就像关于贝克莱的论证一样，为了答复这种反对意见，有必要驳斥它所依赖的思想观。但是，首先让我力图弄清唯心论的论证结论是如何悖理的。检查一下结论出了什么问题，就有可能弄清论证出了什么问题。我开始就必须说，我没有一种可供选择的思想论，以取代那些支持唯心论的思想论。我的论证本质上是反证性的。我认为，唯有当我们也被要求放弃其他极少引起争论的主张时，一种实在论立场的陈述才可以作为不可理解的东西加以抛弃。我的立场是，实在论和许多其他不可证实的陈述拥有同等程度的意义，尽管所有那些陈述及所有思想都可能体现了目前无法解决的一些基本的哲学之谜。

确实，我似乎能够相信实在延伸到了人类思想的可能的范围以外，因为这极其类似于某种不仅可能是事实而且实际上已是事实的东西。有大量的普通人，他们天生就没有能力去想象别人所了解的某些事物：天生的盲人、聋人不能理解颜色或声音，精神年龄永远只有九岁的人不能理解麦克斯韦方程、广义相对论或哥德尔定理。这些人都是人，但我们同样能充分想象一个正常拥有这些特征的人种，并且它们能在某些方面（但不是在所有方面）思考和了解世界。这样的人能拥有语言，并且他们也许十分类似于我们，以至于他们的语言可以翻译成我们的语言的一部分。

如果能有类似那样并与我们共同存在的人，那么，即使我们不存在，也就是说，即使不存在能想象他们所不能理解的这些事物的人，也可以存在那样的人。于是，他们在世界中的地位，将类似于我已指出的我们所可能处在的位置。

通过首先想象存在一些比较高级的生物，我们能详细阐述这种相似性。这些高级生物相对于我们，就如同我们相对于那些九岁人；并且他们有能力理解我们所不能理解的世界的某些方面。那么，对于我们，他们就能说，存在某些我们甚至不能想象的与世界相关的事物，而这就如同我们对于其他人也能这么说一样。现在，除了这些比较高级的生物并不存在以外，我们只需想象世界还是原来的世界。那么，他们所能说的事情——假如他们确实存在——依然是真的。因此，实在的一些无法理解的方面的存在，看来独立于它们对于任何实际的心灵的可想象性。

96

这种类比有效吗？或者说，在我们的处境与那些假想的九岁人的处境之间存在某种不对称性吗？

也许有人反对说：在思考他们时，我始终根据我们对世界的实际了解来设想世界——甚至我们不在其中的世界。他们所不能设想的那些特征可以在我们的语言中得到充分的具体的说明。试图单纯通过与此做类比，来解释关于我们自己在世界——我们无法思考它的某些方面——中的地位的观念，也许会被认为是不合适的。如果我们只是说这些人相对于广义相对论的定律就如同我们相对于世界的某些其他特征，那么我们所说的话就不可能是有意义的——除非在这个陈述中，已把独立的意义给予了"世界的某些特征"这个一般的表达式。一种类比怎么能把意义给予本身就没有任何意义的某种东西（除了该类比自身以外）呢？

作为回答，让我通过补充关于天生的九岁人的故事来扩展这个类比，以便为这个一般概念留有余地。假定在我们并不存在于其中的世界里，他们当中一个被称为少年实在论者的人逐渐获得了一些哲学知识（为什么不可以呢？），并且他还想知道，是否可能存在一些他以及同他类似的其他人终究无法在周围发现或理解的关于世界的事物。这不可能吗？也就是说，假如他要说出这些话（假定在其他方面他的语言类似于我们的语言的一部分），那么认为它们在那种处境下表达了一种实为正确的假设将会是一种错误吗？难道他只是在说出没有道理的话而又没有意识到吗？难道他不能一般地思考我们知其为真的关于其处境的事物（我们已确定为真的事物）吗？这里，类比走向了另一个方向。假如我们通过进行这样的思考而说出了没有意义的话，那么他也如此。

问题在于：如果一个一般的实在概念适用于广义相对论的定律及人类也许能理解的宇宙所有其他特征，那么我们是否能把这个概念归于少年实在论者——尽管他绝不能知道这个概念具有这样的适用性？基于其所了解的那些关于实在的例子，他能形成一个应用到他及其同类以可想象的方式去了解的所有事物之外的一般概念吗？如果他能做到这一点，那么我们自己也能拥有这样的概念，并且这种概念将适用于我们所不能理解的宇宙的某些特征。

设想少年实在论者通过做出下述推断来充分阐述这种观念：也许会存在其他的生物，这些生物具有九岁人所缺乏的能力，并能理解他们所不理解的实在的一些方面，尽管智力的差距使得相对高级的生物不可能把自己的理解传达给相对低级的生物。（我假定了一种程度很大的智力差距，这种差距足以使相对低级的生物不可能通过在某种程度上依赖于相对高级的生物的判断来形成关于某种事物的间接概念。我们关于世界的许多通常的概念，在这种意义上都是间接的，即依赖于他人的更高的知识和智慧。但是，仅仅相信可能存在他人能够理解的某种事物仍然不算了解它，甚至不算间接了解它。）

人们公认，关于一种更高级的理解形式的观念在意义上依赖于关于将要被理解的某种事物的观念，而且关于他们是否拥有后一种观念仍然是有争议的。但是，否认下述这一点似乎是非常做作的：这种处境中的某个人能够相信某种我们不仅知其有意义而且知其为真的事物；也就是说，存在一些可以被其他类型的心灵所使用的概念，而且这些概念适用于世界，并能被用来阐述关于世界的真理，但却不能翻译成他的语言或任何他能理解的语言。出现在他们当中的一个九岁的戴维森难道不会出错吗？

事实上，难道戴维森自己无须说这个低微的戴维森在否定实在论的可理解性时是错误的吗？戴维森的宽容原则如何应用于少年戴维森与少年实在论者之间的争执呢？由于少年实在论者所说的话可以翻译成我们将会断言的某种事物，而少年戴维森所说的话不能翻译成我们将会断言的某种事物，难道这不会意味着少年实在论者是正确的吗？我不能给予肯定的回答。问题在于，戴维森的翻译概念似乎是不对称的。我也许能把另外某个人的语言中的一个句子翻译成我的语言中的一个句子，即使他不能把我的句子翻译成他的句子。根据戴维森（就我所见），我可以说少年实在论者是正确的，而少年戴维森是错误的；但是，少年实在论者会错误地同意我的看法——正如少年戴维森无疑会向他指出的那样。这并未使这种学说少了一些悖理之处。而且，假如就九岁人而言，这些推论是不可接受的，那么就我们而言，它们也是不可接受的。

这个问题使人想起了第五章第二节所讨论的怀疑论的可理解性问题。在两种情况下，问题都在于：在构造关于我们的心灵无法触及的世界的观念时，我们能走多远？我所希望提出的同关于可思考的事物的限制性理论相对立的那种一般观点是这样的：我们所拥有的每一种概念，都潜在地包含关于它自己的补充物的观念，即关于这个概念未应用于其上的东西的观念。除非已经肯定性地表明不可能有这样的事物，即表明这个观念包含某种类型的矛盾（类似于关于不是自我识别的事物的观念），我们就有资格假定它是有意义的，即使我们对于这个类的分子不能有任何进一步的了解且从未碰到一个分子。

要成为我们的全称量化或存在量化中一个变项的值，并不必然意味着要成为我们的语言中一个特定的名称或摹状词的指称，因为我们已经有了关于**一切事物**的一般概念，而这一切事物既包括我们能命名或描述的事物，也包括那些我们不能命名或描述的事物。在那种背景下，我们可以谈及任何概念的补充物，除非已表明它是不可正面设想的。我们可以谈及"我们不能描述的所有事物"、"我们不能想象的所有事物"和"我们不能设想的所有事物"，并最终谈及"人类天生终究不能设想的所有事物"。对于能用某种其他方式来指出的东西，全称量词并未进行内在的限制。它甚至可以用来形成这种观念，即"所有的任何有限心灵都**无法**对其形成概念的事物"。自然，形成这些观念的可能性并不保证会有某种事物对应于它们。但是，我们必不可能总有理由相信没有事物对应于它们。

认识到自己的有限本性并认识到自己被包含在世界中的生物，不仅必须认识到实在可以超出我们的概念的范围，而且必须认识到可能存在一些我们不能理解的概念。一般的实在概念满足这样一种条件：在这种条件下，一个人的实际的概念以及那个概念所有可能的延伸都沦为一个步骤。在我看来，通过关于一个由不同等级的概念所构成的类的观念，这个概念得到了充分的解释。这个类中的概念，从那些比一个人自己的概念有限但却为它所包含的概念，延伸到那些比一个人自己的概念大但却包含它的概念；在后者当中，凭借一个人可以做出的发现，一些概念是可以获得的，而另外一些更大的概念是不可以获得的。（这种等级也能包括平行的概念，它们不与我们自己的概念交叉，而只是在一个较大的概念中与它相结合。）我们能把这个概念归于我们的例子中的那些哲学上的九岁人，并且我认为这和我们关于存在物的一般概念是一样的。在我看来，我们非常清晰地拥有这个概念，从而任何暗示我们不能拥有它的思想论或指称论都由于那种原因而变得极其可疑。

追求一种更客观的观点，依据这种观点把我们自己置身于世界中，并试图理解我们与世界的关系，是扩展和填充我们关于这种实在的特殊的概念的主要方法。但是，这种一般看法暗示着，无法保证全体存在物与当我们把客观性的追求推进到极限时我们或类似我们的生物所能获得的东西相吻合。所谓推进到极限，指让诸多观点在那种神话式的令人惊异之处即"探究的终点"上达到汇合。

99　　作为一种理解的形式，客观性是有局限的。这些局限之所以产生，是因为它忽略了主观的东西。这些是内在的局限。客观性也有外在的局限。对于不同类型的生物来说，外在的局限表现在不同的程度上，并且它们不取决于客观性的本性，而取决于它能在多大程度上为一特定的个体所追求。客观性只是扩展人对世界的理解的一种方式，而且除了忽略了实在的某些方面外，它也可能没有领会实在的其他一些方面，即使解释力更强的客观性能够将它们包含于自身内。

3. 康德和斯特劳森

关于思想话题，正如关于知识话题一样，我认为在怀疑论和还原论之间也有一个居间地带。就知识来说，当我们经深思后认识到我们的信念不可避免地要求超越自身的根据时，怀疑论就会出现。为填平这个裂缝而做出的避免怀疑论的努力会导致还原论，而后者是根据我们的信念的理由对其内容所做的一种重新解释。

对于思想来说，问题在于我们的概念与可能的东西之间的关系。思想试图代表自身之外的事实与可能性，而怀疑论则认为，我们的思想自身绝没有通过任何方式来表明，它是否充分符合实际的及可能的实在的本性，并最终有能力触及这种本性——甚至能产生关于这种本性的错误的信念。为了逃避这样的怀疑论，还原论者把可能性的领域重新解释为我们可设想的或能成为我们可设想的事物的领域，因此（最终）保证了我们的思想能触及它。

为了解释中间的立场，让我努力联系两种相反的观点来对它进行定位：康德的怀疑论和斯特劳森（Strawson）的还原论。（不用说，这并非斯特劳森愿意用来描述他自己的观点的术语。）这两种立场是有关联的，因为斯特劳森的观点是作为对康德的一种经验主义的批评而提出的。由于斯特劳森的还原论是相当慷慨的，它允许大量的东西进入可能性的世界，所以重要的是解释我认为它遗漏了什么。

康德的立场是，我们能把事物仅仅设想为向我们显现的东西，而绝不能设想为它们自身：事物自身的存在方式永远且完全超越我们的思想范围。"无疑，确实存在与可感的存在体相对应的可理解的存在体，也可能存在我们的感性直观能力与其毫不相关的可理解的存在体；但是，我们的知性概念，作为我们的感性直观的纯粹思想形式，丝毫不能应用于它们。"〔Kant（1），第二版，第308～309页〕

斯特劳森希望消除在认为事物就是它们向我们所显现的样子和认为事物应当是它们本来的样子之间所存在的康德式的对立，而其手段则在于宣布后一观念（用其康德式的说法）是无意义的。他认为，**在被康德认作现象的东西的范围内**存在一种现象一实在的区分，但从根本上看，此种区分是事物由之在某个特殊的时间或由某种特殊的观点向我们显现的方式，与它们终会作为一种改进的观点或进一步的研究的结果而向由之我们显现的方式的区分。他说，这种区分的应用依赖于指称的识别及一种修正了的观点：现在以一种方式向我显现的世界，也许会作为若干校正式的修订步骤的一种结果，以另一种方式显现给我或类似于我的其他人。这另一种方式，能看作对第一种方式的校正。一切关于实在的观念，凡能应用于可能的人类概念、证据或发现的范围之外的任何事物的，都没有为这种解释所遗忘。

斯特劳森没有声称，实在的东西与我们能够**实际地**对其形成概念的东西拥有共同的范围。下面是他所说的话：

> 在拒绝我们的概念图式在任何方面都与实在不相符合这种

无意义的教条时，我们一定不要再抱有下述这种限制性的教条：实在，完全依其实际的样子，为那种图式所理解。我们乐于承认有一些我们所不知道的事实。我们也须承认，可能有一些"类型"的事实，我们目前没有关于它们的概念；这和我们人类祖先的情况是一样的：对于在我们的概念图式里得到承认，但在他们的概念图式里没有得到承认的一些类型的事实，他们也没有关于它们的概念。我们不仅学习怎么回答老问题，也学习怎么提出新问题。实在的某些方面将会在我们尚不知道如何去提问的那些问题的答案中得到描述，而我们关于这些方面的观念是对实际的人类知识及经验"与实在的东西具有共同的范围"这一主张的限制。这个观念类似于关于本体领域的观念，尽管它没有采取同一种极端的风格。

　　对于同情先验唯心论形而上学的行为，这似乎是必要而又并非十分新颖的限制。[4]

如我说过的那样，这是对可能性之范围的一种宽泛的解释。但是，假如我们确立了新的经验或思考方式，并因此确立了将会在可能的经验的基础上得到应用的关于新型个体、性质及关系的概念，那么，实在的某些方面，即便处于我们现在所能设想的东西之外，在这里仍被看作**我们**也许碰巧会去设想的东西。即便这系列发现被认为是不完全的，这里依然要不言而喻地谈及我们自己及我们的世界。那是斯特劳森下述主张的基础：不能说我们仅仅知道向我们显现或可能向我们显现的事物，因为与此形成对照的关于绝不能向我们显现的东西的观念是无意义的。

101

在否认我们**仅仅**知道显现给我们的事物这一点上，我要同意斯特劳森的看法；但在坚持认为事物自身是如何超越所有可能的现象或人类的概念的这一点上，我要赞同康德的看法。我们关于现象界的知识是关于本然的世界的不完全的知识；但是，整个世界不可能就是向我们显现出来的世界，因为不管人类的理解——像斯特劳森所暗示的那样——在我们现在所无法想象的一些方面扩展到多远，它都很可能包含我们不能或绝不能设想的事物。困难在于以某种挑战唯心论的新的解释的方式来陈述这一点，因为实在论者总是发现，对于唯心论者不能打算去赞同的东西，难以通过把它们自己的意义赋予它们而去谈论它们。

让我首先解释我与康德的不一致。[5] 我坚持这样一种通常的观点，即第二性质描述向我们显现出来的世界，而第一性质不是这样的。是红的只不过是某种在正常条件下对我们来说显现为红色的事物；它是一种性质，而其定义本质上是相对的。但是，是方的并不仅仅是显现为方形的，尽管方形的事物确实显现为方形的。这里，方性（squareness）的现象是根据对象的方性在我们身上所产生的效果而被有意义地解释的，而这种效果却不是反过来根据方性的现象而得到分析的。另外，红色事物所具有的红的现象不能直接用它们的红性来解释，因为后者是依据前者而被分析的。为了解释事物为什么显现为红的，我们必须走到颜色性质的范围以外。

康德认为，第一性质也仅仅描述向我们显现出来的世界。他的观点依赖于把关于可观察现象的整个科学解释系统本身看成一种现象；而这个系统的最终解释不可能在没有循环的情况下提到第一性质，因为正相反，第一性质必须依据它而得到解释。根据这种观点，第一性质只是我们的世界图画的一个方面，而且假如那种图画有一种解释，那么它必须以在其之外的某种事物在我们身上所产生的效果为依据；而且因此，这种事物对我们来说将是不可想象的——它属于本体界。

之所以认为事物一定是这样的，是因为拒绝区分人的观察角度进入我们的思想的两种方式，即分别作为形式和内容进入我们的思想。一种思想的内容可能完全独立于其特殊的形式——例如独立于表达它的特殊的语言。我们的所有思想都必定有一种形式，这种形式使得人们可以依据人的视角去理解它们。但那并不意味着它们全都是关于我们的观察角度的，或关于世界与这种角度的关系的。它们所论及的东西不依赖于它们的主观形式，而依赖于在对使其为真的事物的任何解释中所必须提及的东西。

一些思想的内容超越了它们在人的心灵中所能采取的每一种形式。假如第一性质只是从人的观察角度来看才是可设想的，那么对世界为什么以那种方式向我们显现这一问题的最终解释，就不能提及事物自身的第一性质。但是，假如从主观上与我们的观察角度没有共同之处的观察角度来看，第一性质能够同样充分地被领会，那么依据它们而对世界所做的描述就不是相对于我们的观察角度的。它们不仅是现象界的一些方面，而且相反，它们还能被我们或他人用来解释现象界的显现方式（appearance）。

问题在于，对我们关于第一性质的意识的每一种可能的解释（要么知觉的，要么理论的），是否都必须提及在我们之外的事物的

102

第一性质？或者说，通过作为现象被完全包含在将要被解释的事物中，第一性质是否会从最终的解释中消失？除非出现后一种情况，否则与第二性质的类比就是没有意义的。单纯这个事实，即我们关于第一性质的所有思想都一定是用我们所理解的语言和意象来表达的，并没有解决这个问题；而这样的事实，即我们所接受的任何解释都将是我们的，也没有解决这个问题。必须要求，就最终形式来说，第一性质都从关于它们的现象的解释中**退出**，不管我们能否获得那种最终的形式。

但是，没有理由认为对第一性质的提及将会从关于它们的现象的解释中消失，不管我们让将要被解释的"现象"变得多么复杂。若不根据事物是有广延的这一点，我们就不能解释事物从空间上看起来是有广延的这个事实；而且若不再次根据事物是有广延的这一点，我们也不能解释这样的事实即**那种**解释似乎是真的，因为它们的广延通过某些方式从知觉上影响着我们，并且在我们研究关于广延的知觉印象的原因时，那种关系的存在影响我们所得到的结果。如此等等。假如依据世界中的广延对空间的广延现象所做的每一种解释都算作一种新的更高层次的广延现象，那么这也必须依据世界中的广延来解释。不管我们在这种广延"现象"的系列中上升到什么样的高度，事物自身的广延将会领先一步，并将再次出现在关于那些现象的解释中。[6]

103

能反驳这种观点的唯一的东西是一种更好的可替代的解释。也许存在一种解释，即在某个层次上对下述事实的解释：就我们关于物理世界的所有理论所涉及的而言，空间的广延也许在设想中是通过某种完全不同的事物而得到解释的，即通过我们也许能、也许不能领会的某种事物而得到解释的。但是，康德通过无法设想的本体界而做出的非解释并不是那种更好的可替代的解释。它只是超出我们理解能力的某种东西的占位符，而且除非这种把广延归于事物自身的现成可用的实在论立场被作为不可能的东西加以排除了，我们就没有理由接受它。

但是，能有什么理由认为，就算关于事物自身的概念是可以理解的，它们也不可能是空间上有广延的？没有站得住脚的理由，而只有一种站不住脚的贝克莱式的理由：从形式的主观性推论出内容的主观性。换句话说，必须认为，因为**我们拥有**关于第一性质的概念，通过观察发现了它们，并在解释中使用了它们，所以它们必然是相对于我们的观察角度的，尽管这种相对性比第二性质与我们的观察角度之间的相对性更复杂：不仅相对于我们的知觉的观察角度，而且相对于我们整个的认识的观察角度。我认为，不存在对这种立场的辩护问题，它没有回避问题的实质。

但是，有必要提及康德否认事物自身具有第一性质的一个论证，尽管那个论证没有表明这是不可能的。他的论证是这样的：假定康德正确地认为，第一性质是我们的世界图画的本质特征，从而我们不能设想一个没有它们的世界。这并不意味着它们不可能也是世界自身的特征，但确实意味着，任何关于第一性质的现象的解释，只要没有把第一性质归于世界中的事物，对我们来说都是无法理解的。而且，假如这样的一种解释对我们来说是不可设想的，那么这个事实即我们所想到的一切解释都将包含第一性质，就不能非常充分地证明不存在某种其他类型的更好的解释。

确实是那样的。不管我们的世界图画的界限可能是什么（它是
否不得不包括第一性质），我们终究都无法保证能在那些界限的内
部发现关于现象的可信的解释。从我们所做的来看，有某种理由认
为，这幅图画就其本身而论确实描述了事物自身。无论如何，它可
以做到这一点。此外，在我们关于所存在的这些种类的第一性质的
概念中存在显著的灵活性（flexibility）——远远超出了康德心目中
任何可以设想的东西；而且它能使我们构想那些关于越来越远离当
下经验的物理世界的理论。假如我们与康德一道认为，关于世界自
身的观念是有意义的，那么没有理由否认我们知道与它有关的某种
东西。

现在，让我来看看我试图为之辩护的观点的另一面，即这样的
一种主张：关于世界，很可能存在一些我们（人类）不能设想的事
物。这种主张自然而然地是从我们所说过的话中推导出来的。假如
我们关于第一性质的概念是关于实际存在的事物的一种不完全的概
念，那么它的存在就是那些事物的存在所导致的一种附带结果：它
产生于它们彼此间的影响、它们在我们身上所引起的效果，以及我
们的精神活动。我们所能理解的关于世界的东西依赖于我们与世间
其余事物之间的关系。它自然而然地以某些方式向我们显现，而且
借助于理性及受控制的观察，我们能够形成关于作为那些现象之基
础的客观的实在的假设。但是，原则上我们能通过这些方法理解多
少存在物，取决于我们的精神构造以及它使我们有能力理解的假
设。我们理解存在物的能力可能是不全面的，因为当其存在时，它

不仅依赖于事物的存在方式，也依赖于我们的构造，而且前者是独立于后者的。在这幅全景图中，我们被包含在世界中，并能客观地设想它的一些方面，但其许多方面在本质上可能超越了我们的认识能力。当然，这本身也是**我们的**概念，但并不意味着它仅仅是对向我们显现的世界的一种高阶的描述。假如不这么认为，那就等于假定：如果任何概念都有一个所有者，那么它一定是关于这个所有者的观察角度的——从主观的形式滑向了主观的内容。假如存在另外一些智慧生物，并且它们的观察角度不配与我们的观察角度相比较，那么它们就没有理由不认为我们也是以这种方式被包含在世界中的。

那么，我与斯特劳森有分歧的地方在于他解释下述观念的方式：我们嵌入在一个比我们所能设想的世界更大的世界中。有些问题是我们尚不知道如何去提问的，超越我们当前理解能力的东西并没有充分为我们关于这些问题的答案的想法所领会。它可能包含一些特殊的事物，而我们或类似我们的生物绝不能系统表述与这些事物相关的问题。

极其关键的问题在于这样的事物是不是可能的，因为假如它们是可能的，它们就为实在设置了一个独立于心灵的标准，而且许多很常见的事物也可以满足这个标准。那么，我们可以说，正像任何可能超出我们的概念化（实际的或可能的）能力的东西所具有的实在性一样，我们已发现的事物自身的那些特征所具有的实在性，独立于我们发现它们的能力。既然那样，当我们思考物质结构或者光或声的物理本性时，无论我们所知或所思的东西以什么方式向我们

105

显现，它们所显现给我们的现象都是偶然的，而且它们的存在并不仅仅代表着我们最佳理论的一种特征的存在。

4. 维特根斯坦

最后，让我来看看当代唯心论最重要的来源之一：维特根斯坦。[7] 他后期在意义的条件问题上的诸多观点，似乎意味着任何声称超出人的经验和生活的外部界限的东西都是没有意义的，因为仅仅在由语言的实际或可能的使用者所组成的一个团体的内部，在应用它时才能存在一致的可能，而这种可能既是规则存在的条件，也是区分理解和误解的条件。这似乎不仅排除了只能为一个人所理解的语言，而且也让我们无法使用语言——甚至是关于存在和事态的一般语言——来谈论我们原则上不能对其做出判断的东西。

正如他没有为关于心灵的命题提出行为的真值条件一样，维特根斯坦也没有为关于规则和意义的命题提出社会学的真值条件。他所描述的标准条件是可断言性条件，而真值条件在《哲学研究》中已作为分析的工具被抛弃了。[8] 然而，假如维特根斯坦是正确的，那么仅当在使用了概念的判断上存在一致和可识别的不一致之可能性时，说某人正确或不正确地使用那个概念才是有意义的。既然我主张关于存在与实在的概念可以有意义地应用于这种思想，即可能存在一些我们绝不能设想的事物，那么这对我的主张意味着什么呢？

人们也许会大胆地认为：维特根斯坦关于规则的主张如果是真的，那么并没有人们时常认为它具有的那类限定性后果。判断上的一致的可能性是一个非常宽泛的条件，可以通过许多方式被满足。它无须意味着，而且维特根斯坦也不认为它意味着，我们只能理解我们所能证实或确认的东西。仅当人们一定会对其拥有一致意见的判断是具体的事实判断时，那才会是真的。但那无须是这样的。针对下述的可能性，我们也许可以提出，维特根斯坦所提出的公共性及可能的一致的条件能通过另外一种方式得到满足：存在我们不能设想的关于世界的事物，并且存在的事物很可能延伸到可能的人类思想的范围以外。在我们不知道的事物、我们不能设想的事物及可能之物上的一致，与在我们确实知道的事物及真实之物上的一致同样重要。那也是判断上的一致。

那么，对我的立场的辩护是这样的：假如存在的事物和真实的事物可以延伸到人类及其后继者终究能够发现、设想或在语言的某个范围内加以描述的事物之外，是关于人类通常愿意承认的事物的一种自然的推论，那么这就会让人对旨在表明这样的语词违背了我们的语言规则的哲学论证产生怀疑。这样的论证必须诉诸比维特根斯坦的可断言性条件更强的意义的真值条件。甚至可以认为，维特根斯坦对可能的生活形式的偶尔召唤，是朝着承认我们所不能设想的事物的实在性这个方向所做的一种示意。而那种可能的生活形式，在一种难以理解的程度上不同于我们自己的生活形式。

调和我的实在论与维特根斯坦的语言图画的企图是没有希望的；而使我对此感到确信的是，这种解释支持一种类似的论证，但反对维特根斯坦本人关于语言的不法性的某些结论，尽管绝非反对其全部的结论。在上一章中，我主张（比如说）某些类型的怀疑论不能因为违背了语言而被排除，因为它们部分地表明了人们如何自然地乐于使用语言，即使用他们在某些情况下就无知、可能性及怀疑等问题所自然地达成一致的判断。假如这些是错误的，那么它们不是语言学上的错误，而且造成这种错误的倾向必须被看作语言运作方式的重要证据。语言运作方式就是事实判断和关于知识的要求所意味的东西——具体地说，就是它们借以超越自身之根据的决心所达到的程度。

我试图为之辩护的立场确实与维特根斯坦对语言和世界的关系的描述不相容，即便他在规则问题上所说的一些话能以一种似乎会被认可的方式而得到解释。他在思想是如何可能的这个问题上的观点，显然意味着，我们所能拥有的一切关于独立于心灵的实在的思想都一定处于人的生活形式所设置的界限内，而且如果某些类型的事实原则上超越了人的证实或一致的可能性，那么我们不能诉诸一种完全一般的关于存在物的观念来为它们的存在进行辩护。他认为，假如我们试图把语言也带到远离这些条件的地方，我们就是在说无意义的话。我们不能认为，存在一个更大的宇宙，且这个宇宙也包含一些只向我们无法进入的生活形式显示的事物，而我们的世界则是这个宇宙的一部分。我们不能把关于信念或真理的概念应用于一种从我们自己这里出发完全不可能达到的观察角度。

对于有限的生物如何能领会具有无限应用的概念和规则这个根本的问题，克里普克给出了强有力的解释，而我不知道怎样去处理它。维特根斯坦的立场是对这个问题的一种回应。因为我声称，关于完全超出我们的心灵之能力的东西，我们已形成了一种有意义的思想，所以假如维特根斯坦是正确的，那么我的声称显然是站不住脚的。存在这样的超验"事实"这一断言，在人类的生活中不可能拥有自己的基础。尽管我没有可供替代的选择，但我发现，我们完全不可能相信维特根斯坦的观点——在心理上是不可能的。例如，关于这一问题即序列 7777 是否会出现在 π 的小数部分的展开中，如果维特根斯坦不相信一定有一个答案［Wittgenstein（2），第516节］，那么这显然代表某种错误的东西。如果他是正确的，那么在我的心灵中，就没有**什么东西**会决定我的任何一个概念的无限应用。我们确实只是在以某些方式毫不犹豫地应用它们，并纠正其他那些没有如此应用它们的人。

依我看，把这作为最后的描述接受下来，就等于承认所有思想都是一种幻觉。假如在一种比这强得多的意义上，我们的思想并不拥有无限的范围，那么甚至最平凡的思想也不是它自称要成为的东西。似乎，一种自然的柏拉图主义使以任何其他方式看世界的企图都显得不真实。总而言之，维特根斯坦对超验思想的攻击依赖于一种非常极端的立场，从而也损害了甚至最没有哲学意味的思想所具有的那种较弱的超越的权利。我不能想象，相信它而非口头上赞同它，会出现什么样的情况。

我不知道思想是如何可能的。但是，如果假定它是可能的，那么我仍然相信，这种一般的实在概念，当超出我们所能做的任何用来充实它的事情时，并不包含语言学的或其他方面的错误。像过去的不可恢复的细节（这些细节无法被赋予证实或证据的意义）或数学中不可判定的命题的真值一样，它是我们通常的概念系统的一部分。那么，比如说，不管我们是否终将有能力设想——更别提知道了——事物在宇宙大爆炸之前是什么样子，在没有得到某种详尽细节，甚至是其微乎其微的可能性的支持的情况下，关于当时实际情况的观念也依然有效。关于我们绝不能设想的东西的一般观念只是这种延伸的另外一种形式。

108　　当我们被迫认识到我们不能充分描述或了解的某种事物的存在时，实在论是强制性的，因为那种事物处在我们的语言、证明、证据或经验的理解的范围之外。关于出现在 π 的展开中的那些数字 7，一定存在**某种**真实的**东西**，即使我们不能确定它是什么。一定存在某种类似于成为蝙蝠的东西，即使我们绝不能充分地设想它。但是，一旦在这些情况下承认它，那么对于我们也**能**理解的东西来说，实在论就成了一种可能的立场。

　　关于客观性的观念总是想超越单纯的主观间的一致，尽管这样的一致、批评和证成是理解一种客观的观点的必要方法。反应上的一致使我们能拥有语言，而语言使我们有能力走出那些反应，并去谈论世界自身。就像几乎每一个人都会承认的那样，它使我们有能力或正确或错误地说恰好在 5 万年以前直布罗陀下雨了，即使在把词项应用于这样的事例时无法达到一致。我的立场只不过是这种直接的反证实论的一种彻底的延伸，而且我看不出，当超出判断的实际的一致时，维特根斯坦能根据什么东西在合法与不合法的延伸之间画出一条线。无论在关于下雨的概念中还是在关于存在之物的概念中，语言都超出了自身，尽管我们只能通过使用语言或另外某种形式的表示法来代表它所理解的东西。

任何一种世界概念都必须在某种程度上承认其自身的不完全性：至少，它将承认我们现在所不知道的事物或事件的存在。问题在于：当超出我们关于世界的实际的概念时，我们应当承认世界只能延伸到多远的地方？我认为，它既可包含我们所不知道的或尚不能设想的东西，也可包含我们绝不能设想的东西，而且这种对其自身限度的可能性的承认，应该成为我们的实在概念的一部分。这相当于一种强的形式的反人类主义：世界不是我们的世界，而且甚至潜在地看，它也是这样。世界可能部分地或在很大程度上是我们所不可理解的，这不仅是因为我们缺乏时间或技术能力来达到对它的充分理解，而且是我们的天性使然。

一些人可能觉得这是客观的超越的一个极端的例子。这是因为，在来自我们的生活和语言内部的观点与一种外部的观点之间，它把优先性给予了后者；作为与我们隔离的某种东西，外部观点尽管对于能从外部观察我们的其他生物来说也许是可理解的，但因为它太远离我们了，所以我们甚至不能直接理解它，而必须形成一个关于它的辅助的概念。但事实上，提到外在的观点是不必要的：它只是一种使关于我们被包含在其中的世界的观念变得更逼真的工具。那个世界并不依赖于我们关于它的观点或任何其他的观点：依赖的方向是相反的。尽管我们必须使用语言来谈论世界以及我们与它的关系，而且尽管某些一致的条件使我们能拥有这种语言，但是这种可能的一致所覆盖的范围也只是世界的一个有限部分。 *109*

可能有这样的一部分谈话，它们的本质是语言游戏及其所依赖的共同反应，并且在我们的反应之外的世界中，它们没有真实的所指；同时，除了那些来自一致的东西之外，它们也没有任何客观性。就伦理学和美学来说，这里存在一个实实在在的问题，并且对于应当在何处为实在论和没有外在指称的单纯的主观间性画出一条分界线，也还存在争论的余地。但在我看来，仍有许多思想和语言必须在一种强的意义上即"以实在论的方式"得到解释。

像维特根斯坦所指出的那样［Wittgenstein（2），第 241～242 节］，在意义的条件和测量的条件之间存在一种相似性。我们不能使用温度计来测量温度，除非在这类测量的结果中存在某种恒常性。但这并不意味着温度只是人们在温度计的读数之间所存在的一种一致现象。即使没有温度计，它也会存在；而且我们能够通过温度在那些温度计上所产生的统一的效果来解释温度计之间这种实际的一致。在给出这种解释时，我们使用了温度概念，并且我们拥有温度概念的一个条件是我们能测量它，而我们也确实拥有这个条件。但是，正像一次关于喉部手术的讲座不是循环的一样，这里也没有使解释成为循环的。使用一个人试图去解释的某种东西并不等于根据它自身来解释它。

在使用语言时，我们自己有点类似于测量工具，也就是说，我们能一贯地对世界的某些方面做出反应，并因此能谈论它们。于是，我们能在不出现循环的情况下依据产生它们的事物来解释这些反应，并使用一些它们使我们能够拥有的概念。我的论点是这样的：我们的概念允许我们承认，即使我们缺乏那些使我们能够谈论它们的反应，这些事物也会存在；因而，恰好与此相同，它们也允许我们承认，存在另外一些我们尚不能与之发生联系的事物，而且还可能存在（我应该说，几乎肯定存在）一些类似我们的生物绝不能与之发生此种联系的事物，因为我们不能产生必要的反应或确立必要的概念。我看不出，这个假定如何违背了有意义的思想的条件。

事实上，否认它表明缺乏谦逊，即使这种否认通过引用一种关于存在概念和真理概念的理论而得到了辩护。唯心论是对宇宙的规模进行一种削足适履式的改造的尝试，因为它认为，最广泛的意义上的存在之物，一定等同于最广泛的意义上能为我们所思考的东西。

注释

[1] 福多尔（Fodor）也为这个论点进行了辩护，见 Fodor，第 120～126 页。

[2] Berkeley，第 22～23 节。这并非贝克莱对唯心论的唯一论证。但他说，他"满足于把这个问题作为一切东西的基础"。

[3] Davidson（3），第 194 页。注意：对于一种不同的概念图式，只要能表明它与"并非可翻译的"这个条件不冲突，一些实在论者也许希望接受"主要是真的"这个条件。

[4] Strawson（3），第 42 页。也参见 Strawson（4），在那里，他明确支持下述立场：科学实在论是可以接受的，只要我们认识到它与一种特殊的理智的立场之间的相对性。

［5］我在这里受惠于科林·麦金，尽管他没有明确考虑我们绝不能去设想的事物的可能性。参见 McGinn，第 6～7 章。

［6］相比之下，事物的颜色很早就从解释中退出了。我们能根据某物是红的这一点来解释它在我看来是红的，但不能有意义地根据红色事物是红的这一点来解释它们在人看来通常是红的这个事实。

［7］参见 Williams（5）。

［8］参见 Dummett（1）；Kripke（2），第 73 页及其后几页。

第七章 自由

1. 两个问题

我接下来讨论客观性与行为之间的关系。这最终将导向伦理学的主题，但我要从谈论自由开始。

当我们从一种客观的或外在的立场看待行为时，某种独特的事情就发生了。以客观的眼光看，行为的一些最重要的特征似乎会消失。它们似乎不再可以归于作为源泉的个体行为者了；相反，它们成了世界中事件之流的组成成分，而行为者则是世界的一部分。制造这种结果的最简单的方法是思考这种可能性，即所有行为都是因果地被决定的，但这不是唯一的方法。这个问题的产生，本质上是因为把人及其行为看成因果地被决定或未被决定的自然秩序的一部分。假如我们持有这种观念的话，那就会产生下述这样的感觉：我们根本不是行为者，也就是说，我们是无助的，并且不需要对我们所做的事情负责。关于行为者的内在观点反对这种判断。问题是，它能否抵挡住自然主义观点的那种削弱性的作用。

实际上，客观的立场产生了三个与行为相关的问题，而我将仅仅讨论其中的两个。这两个问题都与自由有关。第一个问题是一般形而上学问题，它谈的是意志力的性质，属于心灵哲学。我将简单地描述它，然后把它放在一边。

"何谓行为？"这个问题比自由意志问题宽泛得多，因为它甚至适用于蜘蛛的活动以及在更有意图的活动的过程中处于边缘的无意识的或潜意识的运动。［Frankfurt（2）］它适用于任何一种非自发的运动。这个问题与我们的主题相关，因为当我们客观地思考世界时，**我的**行动的**实施**（doing）——或者其他某个人的行动的实施——似乎就消失了。在一个由神经冲动、化学反应以及骨骼和肌肉运动所组成的世界中，似乎没有意志力的容身之所。即使我们把感觉、知觉及感受补充进来，我们还是没有得到行为或行动的实施——只有所发生的事情。

根据前面所说的关于心灵哲学的话，我认为，唯一的解决办法是把行为看作一种基本的精神范畴，或更准确地说，一种心理学范畴——既不可还原为物理的词项，也不可还原为别的精神的词项。布赖恩·欧沙内西（Brian O'Shaughnessy）对这个立场进行过详尽的辩护，我无法对他的辩护再做完善。就像其他的心理现象一样，行为有其自己的不可还原的内在方面：在关于一个人自己的行为的意识和关于他人的行为的意识之间，存在一种典型的精神的不对称。但无论单独来看，还是与物理运动相结合来看，行为都不是某种其他的东西：不是感觉，不是感受，不是信念，也非意图或愿望。如果把我们的色调限定于这样的事物及物理事件上，意志力将从我们的世界图画中消失。

但是，即使我们把它作为一种不可还原的特征补充进来，并使经验的主体也成为行为的主体（像欧沙内西所论证的那样，这是不可避免的），自由行为问题依然存在。我们可以做出行动，同时又无须是自由的；我们可以怀疑他人是否有自由，同时却不怀疑他们在行动。破坏自由感的东西，并不自动构成破坏意志力的东西。[1]在以下的论述中，我将把关于意志力的一般问题搁在一边，而只是假定存在这样的一种事物。

我将讨论的东西是自由意志问题的两个方面，它们对应于客观性借以威胁通常的关于人的自由的假定的两种方式。我把一个叫作自主问题，而把另一个叫作责任问题。最初，第一个问题是作为关于我们自己的自由的问题而呈现出来的，而第二个问题是作为关于他人的自由的问题而提出来的。[2] 就我们自己所做的而言，把行为客观地看作（被决定的或未被决定的）自然秩序中的事件，产生了一种无力感及无价值感。这也改变了我们对待所有行为者的某些基本态度，即那些依责任的归属而定的反应性态度。　［Strawson（2）］它是通常作为自由意志问题而被提及的这些结果中的第二种。但是，对关于我们自己的行为的概念构成威胁的东西是同样重

112

要的，并同样值得放在这个题目下来讨论；而所谓的威胁，是指这样一种感觉，即我们像小片的漂流物一样夹杂在宇宙中。这二者是联系在一起的。对我自己的自主构成威胁的同一种外在观点，也同样威胁着我关于他人的自主的感受；而这反过来似乎使他们成了蔑视和钦佩、怨恨和感激以及责备和表扬的不适当的对象。

像其他基本的哲学问题一样，自由意志问题首先不是一个语词问题。它不是我们在行为、责任、某人能完成或不能完成的事情等方面将要说些什么的问题，而是我们在感受和态度上的一种困惑，即信心、确信或平衡的丧失。正像基本的认识论问题并不在于能否**说我们知道**某些事物，而在于信念的丧失和怀疑的入侵一样，自由意志问题因此也是人际态度及自主感的削弱。关于我们在行为与责任方面将要说些什么的问题，只不过是试图依循这种事实去表达那些感受，即无力感、不平衡感以及与别人在情感上的隔离感。

一旦我们穿过决定论的假设并遇到自由意志问题，这些形式的不适感就很常见了。我们受到了伤害，但同时内心又是矛盾的，因为这些令人心烦的态度并未消失：尽管失去了支持，它们依然强行进入意识。要从哲学上解决这个问题，就必须讨论精神的这类不安状态，而非仅仅讨论其语词的表达。

在自由意志问题上，我每思考一次，想法就改变一次，从而甚至不能提供某种带有适度自信的观点。但我目前认为，尚未有人描述任何可以作为解决方案的东西。这并不是指，有几种可能的候选方案，且我们并不知道哪一种是正确的；而是指，在关于这个主题的广泛而又公开的讨论中，尚未有人（据我了解）提出可信的解决方案。

就像我将试图解释的那样，困难在于，尽管通过接受一种关于自己的行为和他人的行为的外在观点，我们能轻易地唤起这种令人不安的效果，但对受到威胁的关于行为的内在观点做出前后一贯的解释是不可能的。当我们试图解释我们所相信的东西，且那种东西似乎受害于一种关于作为（被决定的或未被决定的）世间事件的行为的概念时，我们就结束于某种或者不可理解或者显然不充分的事物。

这自然暗示着，威胁是不真实的，并且我们能给出一种与客观的观点甚至决定论相容的关于自由的解释。但我认为情况不是这样的。所有这类解释都没有消除这样的感觉，即当从足够遥远的外部来看时，行为者是无助的，而且是没有责任可负的。与自由论者对自由的解释相比，相容论者的解释甚至更不合理。单纯地分解未被分析的自主感和责任感也是不可能的。它是我们无法消除的某种东西，并且这种东西或者与我们自己有关，或者与他人有关。我们显然不可避免地想要得到某种不可能得到的东西。

2. 自主

第一个问题是自主问题。它是怎么产生的呢？

在做出行为时，我们占有内在的视角；就别人的行为而言，我们也能以一种理解的态度占有它。当我们离开个体的观察角度，并把自己的及他人的行为只看作世界——世界既包含我们，也包含其他的生物及事物——中的事件进程之一部分时，似乎就会开始出现这样的情况，即我们根本没有真正贡献某种东西。

从内部看，当我做出行为时，似乎有两种可能性向我们开放：向右转或向左转，点这道菜或点那道菜，投票赞成一个候选人或另一个候选人——而且通过我们所做的事情，其中的一种可能性变成了现实。同样的说法也适用于我们对他人的行为所做的内在考虑。但从一种外在的视角看，情况就显得不同了。那种视角不仅考虑呈现给行为者的行为环境，而且考虑包括行为者自身的全部本性在内并构成其行为之理由的先决条件与影响。如果我们在做出行为时不能朝着自己充分占有这种视角，那么，向内在视角敞开的许多选择，当从这种外在的观察角度来看并且我们也能接受它时，似乎就有可能被关闭了。而且，即使在给定了一种关于行为者的状况及行为环境的完全说明的情况下，它们当中的一些选择是敞开的，我们依然不清楚这如何会为对结果有所贡献的行为者留下某种其他事物；而那种事物，如果有的话，是指行为者即该事物作为行为所隶属的那个人把其作为原因而非仅仅作为结果之片段而贡献出来的东西。假如在给定一切与他有关的东西的情况下，它们都是敞开着的，那么他与结果之间是什么关系呢？

那样的话，从外在的视角来看，行为者和一切关于他的事物似乎都被行为的环境吞没了。他身上没有什么东西会对那些环境进行干预。无论行为与其在先的条件之间的关系是否被设想为决定论的，这种情况都会发生。在每一种情况下，我们都不再面对世界，相反却成了它的若干部分；我们及我们的生命被看成作为一个整体的世界的产物与显露。我或任何其他人所做的每一件事，都是一个更大的事件进程的一部分。这个更大的事件进程并不是谁"做"出来的，而是发生着的东西——它可能得到解释，也可能得不到解释。我所做的一切都是我所未做的某种事情的一部分，因为我是世界的一部分。通过参照构成我们自己及其他行为者的生物的、心理的和社会的因素，我们可以详细阐述这幅外在的图画。但是，我们不必为了使这幅图画具备威胁性而把它完整地描绘出来，只要形成关于此种图画的可能性的观念就够了。即便我们不能获得它，一个严格意义上的外在于我们的观察者也有可能获得它。

为什么这会具有威胁性？它威胁着什么？为什么我们不满足于把意志力的内在视角看作一种模糊的主观现象，尽管它一定不可避免地是以一种关于行为环境的不完全的观点为基础的？那些选择只是相对于我们所知道的东西的，而且我们的选择产生于我们仅仅部分地意识到的影响。于是，外在视角会提供一种更全面的且高于内在视角的观点。在其他领域，我们愿以类似的方式使主观的现象从属于客观的实在。

我们在此不能接受它，至少不能把它作为一般的解决方案接受下来，而理由在于行为太有抱负了。在一些行为中，我们渴望获得一种并非只是主观现象——并非只是对行为的原因的无知——的自主，而且关于类似于我们的其他人，我们也拥有同一种观点。这种感觉，即我们是自己的行为的发动者，并非只是一种感受，同时也是一种信念；而且我们不能在不完全放弃它的情况下把它看成是一种纯粹的现象。但是，它是什么信念呢？

我已说过，我怀疑它根本不是可理解的信念，但那必须得到说明。我即将要说的话是富有争议的，但是，我且只描述我所理解的通常的自主概念。最初，它把自己表现为这种信念，即包括行为者的状况在内的那些在先的环境使我们将要做的一些事情成为不确定的：它们仅仅为我们的选择所决定，并且那些选择可以从动机上得到解释，但本身并不是因果地被决定了的。尽管许多外在及内在的选择条件不可避免地是由世界所决定的，并且也不是我所能控制的，然而某种系列的开放的可能性通常会在一个行为场合呈现在我面前，而且，当我通过行动使那些可能性之一变为现实时，对这一点的最终说明（一旦决定这些可能性的背景被考虑进来）将由关于我的行为的意图性解释所给出，而这种解释只有通过我的观察角度才是可理解的。我做出行为的理由就是我的行为为什么会发生的**全部**理由，而且没有其他或必然或可能的解释。（我并不是出于任何特殊的理由而做出我的行为的，而是关于这种解释的一种限定性情况。）

客观的观点似乎消除了这样的自主，因为在某事为什么会发生这个问题上，它只承认一种解释即因果的解释，并把这种解释的缺乏等同于根本没有做出任何解释。它也许能承认盖然性的因果解释，但它发现人们乐于接受一种基本想法。这种想法指的是，对一件事情的解释必须说明那件事情或它隶属于其中的系列可能性是如何由在先的条件和事件所必然决定的。（我不打算谈论必然性这个概念将如何得到解释这个大问题。）如果这样的必然性不存在，事情就没有得到解释。在一幅客观的世界图画中，不存在非因果的行为解释。对自由的辩护需要承认一种不同的解释，而这种解释必然与行为者的观察角度相联系。

尽管它会受到质疑，但我相信我们拥有这种自主观念。许多哲学家都把这种立场的某一形式当作关于自由的真理加以辩护，例如法勒（Farrer）、安斯康姆（Anscombe）及威金斯（Wiggins）。[齐硕姆（Chisholm）和泰勒（Taylor）所赞同的关于行为者—因果关系的形而上学理论是不同的，因为他们试图强行把自主纳入客观的因果秩序——把一个名称给予一种神秘现象。]但是，无论人们坚持什么形式的立场，麻烦都在于，尽管它也许对我们反思前的关于我们自己的自主的感觉做出了一种正确的、表面的描述，但是当我们仔细考察这种观念时，它就站不住脚了。可供选择的这种解释根本没有真正解释行为。

在自主问题上的直觉的观念包含相互冲突的成分，而这些成分意味着它既是也不是一种解释人们做出某一行为之理由的方式。一种自由的行为不应该为在先的条件所决定，它应该根据证成的理由与目的而仅仅从意图上得到充分的解释。当某人要做出一种诸如是否接受某份工作这样的自主选择，并且既有理由选择又有理由不选择时，我们应该有能力通过指出他接受它的理由来解释他所做的事情。但是，假如他拒绝了这份工作，那么我们同样能通过给出相反的理由来解释他对这份工作的拒绝——他本来就能因为另外那些理由而拒绝它：那是自主的、必要的权利。即使一种选择明显比另一种选择更合理，这种说法也是有效的。糟糕的理由也是理由。[3]

116

意图性解释——假如存在这样一种东西——能根据适当的理由对每种选择都做出解释，因为假如选择发生了，每种选择都是可理解的。但正因为如此，它不能解释为什么那个人因为赞同的理由而接受那份工作，而非因为反对的理由而拒绝那份工作。两种可理解的行为方针都是可能的，但它无法根据可理解性来解释为什么只有其中的一种发生了。而且，甚至在它能够依据其他的理由来解释这一点的地方，解释也会有尽头。我们说，某人的性格和价值观是由他在这样的环境中所做的选择来揭示的，但假如这些东西确实是独立的条件，那么它们也一定要么拥有、要么缺乏一种解释。

假如自主要求在不把我们带到行为者的观察角度之外的情况下，就能使选择的中心要素得到解释（不考虑关于使他面临相关选择的东西的解释），那么当所有合适的理由都已被给出时，意图性解释就一定完全走到了尽头，并且在它们中止的地方，没有任何其他东西能来接替。但这似乎意味着，一种自主的意图性解释不能精确地解释它应该解释的东西，即**我为什么做了我所做的事情，而没有做出作为原因而向我敞开的那种可替代的选择**。它指出我因为某些理由而做了我所做的事情，但并未解释为什么我没有因为某些其他理由而不做那件事情。它可以使得这种行为成为主观上可理解的，但它没有解释为什么我做了这种而非另一种同样可能且同样可理解的行为。那似乎是某种不能被解释（或意图性解释，或因果性解释）的东西。

当然，有一种肤浅的意图性解释：我做它的理由，也是我依据其他的原因而反对不做它的理由。但是，由于当我做出相反的行为时也同样能这么说，所以这等于通过指出它发生了来解释什么发生了。它回避不了这个问题，即为什么是这些理由而非另外那些理由构成了我的行为的动机。在某一点上，这个问题是没有答案的，或者如果有答案的话，那么这种答案会把我们带离主观的规范性理由这一领域，并进入我的性格或人格的形成原因的领域。[4]

因此，我感到不知如何解释当相信我们是自主的时我们所信的东西，即外在的观点所颠覆的可理解的信念。也就是说，我说不出什么东西将会——假如它是真实的——支撑我们的这种感觉，即我们的自由行为始自我们。然而，内在的解释即一种与外在的观点相隔离的解释，仍然是有意义的。外在的观点就其自身来说是完全的，并使得为把我的行为解释成世界中的一个事件而提出的所有其他要求都成为不合理的。

迫不得已，一个意志自由论者也许会主张：任何人，如果不把关于我所能达到的东西的描述作为对行为的一种基本解释而接受下来，就会受害于对解释的一种非常有限的理解——一种受困于主观的立场并因而回避了自主概念之实质的理解。但是，他需要给出一种比这更好的答复。为什么这些自主的、主观的解释确实并非只是描述了行为者认为——之前、之间及之后——他是如何做他所做的事情的？为什么它们不只是印象？当然，它们至少是印象。但我们认为它们是**关于**某种事物的印象，而这种印象并未保证那种事物的实在性。由于没有能力指出那种事物是什么，而且同时又发现其缺失的可能性是非常令人不安的，我就无法再前进了。

我不得不断定：我们所要的东西是某种不可能得到的东西，并且正是我们关于自身的客观的观点唤起了对它的渴望，而这种观点又揭示了我们是不可能得到它的。一旦我们从外部把自己看作世界中的微不足道的东西，就会发生两件事情：我们在行为上不再满足于比从外部干预世界更低级的某种东西，而且我们清楚地看到这是没有意义的。正是这种招致麻烦的能力，即从外部看待我们自己的能力，鼓舞我们追求自主，而方法则在于赋予我们这种意识，即我们应该有能力完全包围自身，并因而成为我们所做的事情的绝对原因。无论如何，我们已不满足于某种比较低级的东西。

当我们行动时，我们并没有与外在的立场所揭示的（就我们能占有此种立场而言）关于我们自己的知识相隔断。同内在的立场一样，外在的立场毕竟也是**我们的**立场；而且假如我们接受它，我们会抑制不住地努力把它向我们所揭示的任何东西，都囊括在一种新的、被扩展了的行为根据中。我们是根据关于我们所能获得的行为环境的最完全的观点而做出行动的（假如可能的话），而且这也把我们所能获得的关于我们自己的观点作为完全的东西而包含了进来。并非我们想要受控于自我意识。但我们在行为上不能认为自己受制于一种关于我们自己的外在观点，因为我们自动地使这种外在的观点从属于我们的行为的意图。我们觉得，在行为过程中，只要我们与自己保持足够的距离，就应该不仅有能力决定我们的选择，而且有能力决定那些选择的内在条件。

因此，外在的立场立即带来了真正的自主的希望，并把它夺走了。通过提升我们的客观性和自我意识，我们似乎加强了对将会影响我们的行为的东西的控制，并因而对我们的生命负起责任。然而，这些抱负的逻辑目标是不一贯的，这是因为：如果要真正成为自由的，我们就不得不依据一种完全外在于我们自身的立场来行动，并选择包括我们的所有选择原则在内的关于我们自己的一切事物——这样说吧，从无中创造我们自己。

这是自相矛盾的：不管要做什么事情，我们必须已经是某种事物。无论我们把多少来自外在观点的材料合并到行为与选择的根据中，此种外在观点都会使我们确信，我们还是世界的一部分及其历史的（被决定的或未被决定的）产物。在这里，像在别的地方一样，客观的立场创造了一种胃口，并表明此种胃口是贪得无厌的。

在这方面，自由问题和认识论中的怀疑问题是相似的。在信念方面，就像在行为方面一样，理性的存在物渴望自主。他们希望根据一些能被他们自己断定为正确的推理和证实的原则与方法来形成他们的信念，而不是希望依据他们所没有理解的、没有意识到的或不能估价的一些影响来形成信念。这是知识的目标。但若推进到其逻辑的极限，这种目标是前后矛盾的。我们不能从外部来估价、修改或证实我们的整个思想与判断体系，因为我们不会与它发生什么关系。作为知识的追求者，我们依然是世界内部并未创造我们自己的生物，而且他们的一些思想过程完全没有被给予我们。

在形成信念时，像在行为中一样，我们属于一个并非我们所创造的世界，而且我们是它的产物。正是外在的观点揭示了这一点，¹¹⁹同时又使我们希望得到更多的东西。当我们成功地使一种客观的立场成为我们的行为与信念之基础的一部分时，不管这种立场多么客观，我们都还会因为想到一种我们不能合并的关于我们自己的更外在且更全面的观点而面临威胁，但那会揭示我们最自主的努力中那些未被选中的因素。似乎提供更大控制力的客观性也揭示了自我的最终被给予性。

在客观性的追求危害自身及其他一切事物的地方，我们始终能部分地沿着这条诱人的客观性道路前行而又不致跌入深渊吗？实际上，在哲学之外，我们沿着这条道路发现了某些自然的停靠点，而且假如进一步前行，我们不会担心事情看起来会是怎样的。在这方面，情况也与认识论中的相似，在那里，证成和批评相当和睦地终结于日常生活中。麻烦在于，一旦我们思考将会被揭示给一种更外在的观点的东西，我们的满足似乎是无法保证的，而且也不清楚，一旦它们遭受怀疑的话，我们如何能在一个新的立足点上重建这些自然的停靠点。

对于从外部干预世界这样一种严格说来不可理解的抱负（这是康德在一种让人无法理解的关于本体自我的观念中所表达的抱负，他所说的那种本体的自我处在时间及因果关系之外），我们需要某种可替代的东西。在日常生活中，通过自然地扩展或持续展开对自由的追求，这种抱负就产生了。我既希望根据我所面临的外在环境以及它们所敞开的可能性来行动，也同样希望根据内在的环境来行动，而内在环境指的是我的愿望、信念、感受及冲动。我希望能让我的动机、原则及习惯接受批评性检查，以便在没有得到我同意的情况下任何东西都不会促使我行动。这样，我的行动背景逐步扩大并向内扩展，直到它把我自己——它被看作世界的内容之一——越来越多的东西囊括进来。

在其早期的各个阶段，通过使自知及客观性成为行为之基础的一部分，这个进程似乎确实在真正的意义上提升了自由。但是，危险也是明摆着的。自我越完全地被吞没在行为的环境中，我在行动时就越不得不携带更少的东西。我不能完全走到自身之外。这个作为扩展自由的手段而开始的进程似乎导致了它的毁灭。当我思考作为一个整体的世界时，我认为我的行为——甚至当这些行为在经验上是极其"自由"的时——是自然进程的一部分，而且这不是我的或任何其他人的行为。客观的自我无力从幕后操纵我的生活，就像TN也不能做到这点一样。

在这条似乎通往自由与知识的道路的尾端，出现了怀疑与无助。我们只能从世界的内部来行动；但是，当我们从外部看待自己时，我们从内部所经验到的自主表现为一种幻觉，而且正在从外部观看的我们根本不能行动。

3. 责任

依我看，由于类似的原因，责任问题也是不可解决的，或者至少是尚未解决的。当我们从内部看待一些行为时，我们认为自己和他人在道德上至少要对那些行为负责，但我们无法描述为了证成这类判断而必须为真的那些东西。一旦人们被看成世界的部分（被决定的或未被决定的），似乎没有办法要求他们对所做的事情负责。关于他们的一切东西，最终也包括他们的行为本身，似乎都和他们所掌控不了的环境混合在一起。然后，当我们回头从内在的观察角度思考行为时，无法经由仔细的审查而弄懂这样的观念，即人们所做的事情最终依赖于他们。然而，我们依旧会把他们所做的事情拿来与他们所拒绝的可选方案进行比较，并为此而表扬或责备他们。（我的例子一般说来将包括否定的判断，但我所说的一切应该既适用于表扬，也适用于责备。）

这是怎么回事？让我首先从关于责任判断是什么的前哲学描述开始。它总是涉及两个当事人，我称他们为**法官**和**被告**。法官和被告可以是同一个人，这就像当某个人认为自己应对他做某事或已做了某事负责时一样。但是，假如我们首先把注意力集中于这种人际案例以及它最终是如何被解决的，那么考察这种现象的复杂性就是比较容易的。

被告是一个行为者，而且在责任判断中，法官并不只是判定所做的事情是好事还是坏事，而是试图作为行为者进入被告的观察角度。然而，他并不仅仅关心这件事情感觉起来如何；相反，对照呈现于被告且他在其中进行或未进行选择的各种可选方案，以及他曾考虑或未曾考虑过的依附于当前选择的那些动机及诱惑，法官试图估价这种行为。表扬和责备并不是裁定所发生的事情是好事还是坏事，而是结合事情发生于其中的环境来评判做了此事的那个人。困难在于解释这是如何可能的——我们如何能够不只是对这个事件甚或行为者的心理表示欢迎或遗憾。

121 　　我们所做的主要事情，是对行为或动机与那些要么更好、要么更坏的可选方案进行比较；这些方案被故意地或含蓄地拒绝了，尽管从动机上讲在那些条件下接受它们是可以理解的。这是一个人把对行为的内在理解及对本应完成的事情的评价投射于其中的背景。正是这种与未被采取的可选方案形成对照的行为的意义，以及关于那些可选方案——它们也被投射进被告的观察角度——的规范性评价，产生了一种内在的责任判断。所做的事情被看作被告从自己所面临的一系列可能性中做出的一种选择，而且这种选择是通过与那些可能性相对照而得到界定的。

当我们认为被告负有责任时，评价的结果并不只是关于他的性格的一种描述，而且是对其观察角度的一种间接占有以及从这种角度的内部对其行为所做的一种评价。尽管这种过程无须为一些强烈的情感所伴随，但时常是这样的，而且这些情感的特征将依赖于法官的性格。例如，遣责性判断可能会伴有报复和惩罚的冲动。当法官的心灵结构使他在被告的选择环境方面遭受强烈的冲突时，这些冲动极有可能以特别残酷的形式出现。责任判断涉及一种双重设想：既被设想处于实际的选择中，又被设想处于那些要么更好、要么更坏的可能的选择中。假如法官强烈地认同已完成或已避免的坏的行为，那么他的蔑视或钦佩也会相应地变得强烈。一个常见的事实是，我们极其憎恨那些极其诱惑我们的罪恶，并且极其钦佩那些我们发现极其难得的美德。

我们因之而去评判他人的这种事情是会有所变化的。一条响尾蛇没什么值得我们遣责的，而一只猫也没什么或者说实际上也没什么值得我们遣责的。我们对它们的行为甚至观察角度的理解，导致我们离它们很远，从而不允许我们做出一切关于它们本该完成的事情的判断。我们所能做的一切，就是去理解为什么他们做了他们所做的事，并为此感到愉快或不愉快。就少儿来说，道德判断的可能性在某种程度上更大，但是我们仍然不能为了思考他们该做什么——这与在相应情况下要求于成年人的东西不同——而设想自己完全处于他们的观察角度内。类似的限制也适用于对他人的聪明或愚蠢的评判。假如某人完全缺乏从他可获得的证据中得出正确结论所需的思想能力，那么他并未犯愚蠢的错误。他的理智能力越强，他变得愚蠢和聪明的机会就越多。善与恶也是这样的。一个五岁大的孩子可能会因为把猫扔出窗外而受到责备，但不会因为完全缺少一种机敏而受到责备。

122　　有两类事情可能会危害责任判断，而那些常见的辩解性情况属于其中的一类或另一类。首先，选择的性质或被告所面对的行为环境可能不同于最初表现出来的情况。他也许并不完全知道他正在做的事情会有哪些后果；他也许是在严重的压力和胁迫下做出行动的。某些似乎可用的选择也许并非真正可用，或者他也许没有意识到它们。这类发现改变了将被评价的行为的性质，但并未完全阻止人们做出责任判断。

其次，某种东西可能会阻止法官把他的标准投射到被告的观察角度，而这种投射是任何责任判断都必须采取的最初的步骤。某些发现导致法官将自己投射到被告的视角的行为与对被告所做的事情的评价成为不相干的，因为他在一些关键的方面完全不同于被告。例如，被告可能一直在催眠的暗示下或在烈性药品的影响下行动着；甚至像在科幻小说中那样，他是在一个疯狂的操纵他的脑的科学家的直接控制下行动的。或者，也许结果表明他根本不是一个有理性的存在物。在这些情况下，法官不会把被告所占有的角度看作为了做出评价而要去接受的正确角度。他将不会把自己投射入被告的观察角度，而将停留在他的外部——从而，对可替代的那些可能性的思考将不会允许表扬或责备，而只会允许宽慰或遗憾。

全部责任在哲学上的消失是这第二种解脱的延伸。责任判断的本质在于同可选方案进行**内在的**比较，而可选方案是行为者未曾做出且被我们拿来同他所做的或好或坏的事情进行比较的那些方案。在通常的责任判断中，关于行为者的客观的观点会导致我们改变关于哪些可选方案适合于这类比较的假定。一旦我们关于行为者的外在的观点变得更完全，甚至他当时认为可用的可选方案在我们看来也可能是没有希望被选中的。

产生哲学上的责任问题的那种极端外在的立场，似乎使得每种可选方案都没有资格被选中。我们认为行为者是由世界所产生的一种现象，而且他是世界的一部分。这种现象的一个方面，就是他出于或好或坏的理由在那些可选方案中间做出选择的意识。但这不会带来什么影响。无论我们是否把他的实际推理以及他的选择看作是因果地被决定或未被决定的，一旦我们上升到只把他看成世界的一个片段的那种极端客观的立场，我们就不能为了与可选方案相比较而把自己投射进他的观察角度。根据这种立场，在他看来也许可用 *123* 的方案只不过是世界也许会采取的可选路线。这一事实，即未曾发生的事情会比发生了的事情更好或更坏，并不支持关于人的内在的责任判断，就像它不支持关于响尾蛇的内在判断一样。

此外，像在关于自主的情况中一样，这里也不存在任何我们可以想象的符合于行为者的事物；甚至在考虑到将会支持这类判断的他自己的观察角度时，情况亦是如此。一旦我们处于这种外在的境地，任何与对行为的意图性解释相关的东西都不会起作用。要么某种不同于行为者的理由的东西解释了他为何依据他那样做的理由去行动，要么任何东西都没有解释这一点。在两种情况下，外在的立场都没有把可选方案看成是行为者的，而看成是**包含**行为者的这个**世界**的。而且，世界当然不是一个行为者，并且我们不可能认为它应该负有责任。

真正的问题是外在的观点。在通常的责任判断中，我们并没有在外部走得那么远，而是停留在我们自然的人的观察角度内，并把它投射入其他类似的生物的观察角度，只是在不适宜于它的地方我们才会停下来。但是，以此为基础而做出的判断，容易受到既能包括被告又能包括法官的更外在的观点的伤害。那么，由被告的选择行为、法官把自己投射到那种选择中的行为以及他因此而做出的判断所构成的这个整体的复合物，也被看作一种现象。法官关于被告的可选方案的看法被揭示为一种幻觉，它产生于这样的行为，即法官把自己的虚幻的——实际上是不可理解的——自主感投射入被告的心中。

与我禁不住认为我的行为起源于我一样，我也禁不住认为自己和他人在日常生活中是应负责任的。但是，这只是另外一种在我自己看来我从某种距离之外跌入陷阱的方式。

照例，一种极端外在的观点向我提出了一种无法实现的要求。

它给了我下述观念：为了真正成为自主的，我必须有能力根据与我相关的一切东西去行动，即从我自己的外部——事实上是从世界的外部——去行动。它似乎使得我们无法真实地设想自己处于普通行为者的观察角度。从这种观察角度看，他能在其中做出决断的被他看作可选方案的东西，确实是世界也许会采取的可选路线，而且他的行为就属于这些路线。由于我能对包含他的实际行为的事件进程与包含他做另外某种事情的行为的可选方案进行比较，我对这些可选方案的评价就不会从内部产生关于其行为的判断。世界的可选方案并不就是他的可选方案，这只是因为前者包含了他。在某种意义上，极端外在的立场根本不是一种选择的立场。正是仅当我忘记了它并回到我作为同类生物的地位时，我才能通过做出一种责任判断 *124* 所需的方式，来设想自己处于另一个行为者的观察角度。只是到那时，我才能评价**他**所面对的可选方案，并由此评判他所做的事情。

由客观的分离所产生的关于道德判断的困惑是变化无常的。例如，我们也许有能力暂时把威廉·凯利（William Galley）① 看作一种现象，即动物世界的一种令人反感而又危险的小片物体，且无须通过把我们自己关于真正的行为选择方案的看法投射入他的立场而去谴责他。但是，当涉及凯利中尉在美莱村（My Lai）的谋杀行为时，继续保持不谴责的姿态几乎是不可能的：在我们的论证墨迹未干时，我们的感情就从那种投射中返回了。那是因为我们并未停留

---

① 威廉·凯利，越战时期的美国军人，曾于 1968 年 3 月 16 日率部在越南南方的美莱村屠杀了包括妇女、老人及儿童在内的 500 多名村民，造成了著名的美莱村惨案。后来，威廉·凯利曾因此被起诉并判刑。——译者注

在那种稀薄的、客观的气氛中，而是作为行为者回到了我们的观察角度中。于是，当他走进村子，只遇到正在吃早餐的农民，而没有遭遇任何抵抗时，这就允许我们把凯利的观察角度看成是评价活动必须在其中进行的角度。[5] 我们不能停留在凯利中尉的外部，因为我们不能停留在我们自身的外部。不过，外在的立场总是作为一种可能性而存在着，而且一旦我们占有它，我们就不再能以同样的方式看待我们的内在责任判断了。从我们可通达的观察角度看，它们似乎突然依赖于一种幻觉，即一种忘记下述事实的行为：我们只是世界的一部分，而且我们的生命只是其历史的一部分。

4. 斯特劳森论自由

让我对我关于这个问题——尤其是关于它的非人为性——的看法与斯特劳森的观点进行比较。在其经典论文《自由与怨恨》（Freedom and Resentment）中，斯特劳森主张，尽管我们有时在对待他人时能够接受客观的态度，但是**一般说来**，反应性态度在哲学上不可能受到包括对决定论的信仰在内的任何关于宇宙或人的行为的信念的危害。在这篇论文快要结束时，他的观点的实质得到了表达：

> 我始终都谈到了人的态度和情感的一般结构或网络。在这一般结构或网络的内部，存在无尽的修改、转向、批评及证成的可能。但是，证成问题是内在于它的。态度的一般结构之存

在本身，是随人类社会的事实一起给予我们的某种东西。作为一个整体，它既不要求也不允许一种外在的"合理的"证成。[Strawson（2），第 23 页]

他在这里的观点与他关于知识的看法是一样的（在这段话的一个脚注中，他做出了与归纳问题的一种明确的比较）。证成和批评只有在这个系统内部才是有意义的：从外部证成这个系统是不必要的，因此从外部做出批评也是不可能的。

我认为这种立场是不正确的，因为一旦我们能够占有一种外在的观点，就无法阻止人们从**内在的**批评逐步转向**外在的**批评。它只需要通常的责任观念。与怀疑论问题相似，自由意志问题不是因为在哲学上强行要求从外部对由通常的判断与态度所构成的整个系统进行证成而产生的。它之所以产生，是因为在基于具体事实而对反应性态度所做的常见的"内在"批评与基于假想的一般事实而做的哲学批评之间存在连续性。当我们首先考虑这种可能性即所有的人类行为都可以由遗传与环境来决定时，它与一种特殊的行为是由药品的作用所引起的这种知识，在同样有效的程度上预示着要平息我们的反应性态度——尽管两种假定之间存在所有那些差别。它不让人们把自己投射进反应性态度所依赖的行为者的观察角度。假如我们将这一点加以扩展，以使其覆盖我们的生命在其中可被看作自然进程——不管是被决定的还是未被决定的——之一部分的各个方面，那么情况也是如此。没有新的标准进入其中；事实上，没有证成的需求进入其中，因为挑战只取决于对常见的批评标准进行概括。假如我们不再把那些可选方案看作是某人的，我们就不再讨厌他所做的事情。

与认识论中的怀疑论的相似又一次清晰可见。一种比较常见的特定的错误的可能性削弱一种特定的信念，而怀疑论者所想象的那些极为一般的错误的可能性恰好也以同样的方式削弱我们的所有信念。被怀疑的可能性完全侵蚀的可能从一开始就根植于我们的日常信念：它不是因为从哲学上强加新的证成或确定性的标准而产生的。恰恰相反，似乎唯有在回应经过充分概括的通常批评所带来的侵蚀之威胁时，才需要新的证成。

行为的情况与此类似。对我们来说，从外部强加于我们的行为的某些限制与约束是显而易见的。当我们发现另外一些内在的、不怎么明显的限制与约束时，我们对受到影响的行为所采取的那些反应性态度就会趋于平息，因为它似乎不再可以通过指定的方式而被归于一定是那些态度所针对的人。自由意志所面临的哲学的挑战只是这种侵蚀的极端延伸。随着一种被扩展了的客观性使未被选中的行为状态延伸到行为者的性格与心理状态中，它们似乎吞没了一切事物，而且留给他的自由的领域也逐步收缩并最终消失。由于不管决定论是不是真的，这种情况似乎都会出现，所以我们面临下述结论的威胁：我们由之开始的关于自由意志力的观念实际上是不可理解的。仅当我们把它置于外部世界强加给行为的那些常见的限制所留下的空间时，它才似乎意味着某种东西——而且这只是因为我们没有充分思考必须占据那个空间的东西。似乎没有什么能做到这一点。

这是对我们的自由和以它为前提的态度所提出的真正挑战，并且唯有内在的批评才是合理的这样的主张对付不了这个挑战，除非那种主张拥有独立的根据。客观性的追求毕竟是人的生活体系的一部分。假如在人的生活问题上的极端外在的观点能被表明是不合理的，以至于在到达那儿以前，我们的问题就不得不被打住，那么我们只能阻止它导致这些怀疑的结果。[6]

5. 盲区

我现在要转换话题。我说过，这个问题没有现成的解决办法，而且我不会因为提出一种办法而导致自相矛盾。但是，我要做另外某件事情，那就是描述在客观的立场和意志力的内在视角之间所达成的一种和解；这种和解减轻了因最初把我们自己看作世界中的生物而产生的根本的分离。这并未触及自由意志这一核心问题。但是，它确实减轻了客观的自我必须认为自己是一个无能的旁观者的程度；而且就此而言，它带来了一种自由。这有点类似于对客观知识的通常的追求与哲学怀疑论——用同样模糊的东西来解释模糊的东西——之间的关系，即在一种甚至更外在的观点笼罩下的外在的与内在的之间的一种有限和谐。

我们不能从自身之外来行动，也不能从虚无中创造自己。但是，追求逻辑上不可能实现的目标也将驱使我们走向某种别的东西，而这种东西并非逻辑上不可能得到的，并且只要我们能够得到它，它或多或少可以减轻那种原初的冲动。在力所能及的范围内，*127*

我们要让关于我们自己的外在的观点回转，并使其与我们的行为发生联系。我们既要学习依据客观的立场去行动，也要学习从客观的立场来看待自己。

这里的问题与在日常生活中为摆脱内在的束缚而寻求自由的前哲学问题之间是有连续性的。当然，我们全都想要外在的自由：在做我们所想做的事情时不会出现障碍。我们不想封闭于、隔绝于或耽误诸多机会；或者说，我们不想太过无能或无力，从而不能做我们所喜欢的事情。但是，有反思能力的人想得到另外某种东西。他们希望能够摆脱影响他们选择的动机、原因及价值观，并且仅当它们可以令人接受时才屈从于它们。由于我们不能在顾及与我们自己相关的**一切事物**的情况下去行动，我们所能做到的最好的事情，就是试图以一种无须依据能被我们认识且与我们相关的另外某种事物而改变的方式去生活。这实际上类似于在认识论上希望与世界保持和谐。

让我重述一次：这不是自主，亦非自由意志问题的一种解决方案，而是一种替代的东西。这种替代的东西，不再拥有从我们自身之外开展行动这种无法实现的抱负，但就其本身而论仍然是有价值的。我们最初因为接受客观的立场而隔离于自己的行为，而通过依据那种立场来行动，我们能够减轻隔离的程度。我要讨论一些减轻这种隔离的方式。

首先，我们也许试图确立一种尽可能完全的关于我们自己的客观的立场，并且只要它是相关的，就把它当作我们的行为的根据。这就意味着要不断地回头看看我们正在做的事情以及做那件事情的原因（尽管这时常只是一种程序）。但是，这种客观的自我监督将不可避免地是不完全的，因为假如要认识某种东西，某个认识者一定位于镜头的背后。而且，我们每个人都知道这一点——知道其行为的某些原因并不是其注意力和选择行为的对象。关于我们自己的客观的观点，不仅包括我们所知道的和可以使用的东西，而且包括我们知道自己对其无所知的东西，因此也包括我们知道自己不能去使用的东西。

让我把这称为**本质上不完全的客观观点**，或简称**不完全观点**。这种关于世界内的我们自己的不完全观点，在我们的目光背后包含一个大的盲区；可以说，这个盲区隐藏了我们在行为中无法顾及的某种东西，因为那就是做出行为的东西。然而，这个盲区是我们的客观的世界之图画的一部分，而且为了从尽可能远的地方去行动，我们在某种程度上必须承认它是行为的根据的一部分。

假如结果表明客观的观点是一种不合理的冲动或恐惧，并且虽然我们无法阻止它对我们的行为的影响，但我们知道它是不合理的，所以不能把它作为被证成的东西接受下来，那么我们可以发现，我们的自由是有限的。但是，我们经过思考也能认识到，我们的行为可以被一种我们对其毫无所知的影响所约束。这可能要么是我们能成功地加以抵制的某种东西——假如我们真的了解它，要么是某种我们即便对其有所了解却也不能抵制，但亦不能将其当作行为之正当根据而接受的东西。

这种不完全的观点使我们面临这样的可能性：通过这些方式之一，我们受到了盲区内起作用的因素的约束，而且我们不了解那种方式。它也让我们确信：无论关于我们自己的客观的观点扩展到何处，某种东西仍将处于明确的接受或拒绝的可能性之外，因为我们不能完全走出自身，即使我们知道有一个外部区域。

对于各种形式的偏见、偏执及非理性等影响因素，一旦我们意识到它们，我们就会发现抵制它们的理由。我们希望自己不受这些因素的支配。这是对自由的一种相当常见的限制，而且我们能够采取措施加以避免。在这些措施中，有些涉及拓宽我们的自我意识的范围，有些则要求与寻求自由的选择性需要相协调。不过，就处于盲区中心的自我的本质来说，真正的困难在于，说明希望得到什么才是合理的。

显然，正如我们不能赞同我们的信念一样，从我们所能采取的针对我们自己的最客观的立场出发，我们也不能果断而最终地赞同我们的行为，因为我们从那种立场出发所看到的东西是不完全的观点。要想避免那种立场从行为中分离出来，我们只能试图满足一个否定性条件：不出现正面的分离的理由。我们所能期待的最好的东西是以某种方式来行动，而且这种方式允许我们在某种程度上相信那种立场最终不是不可接受的，不管我们把这种客观的观点确立得多么完全，或者说，不管在我们自身之外——甚至在所有真实的可能性之外——采取多少其他的步骤。

这涉及在自知及自我批评之路上一种无限的假设性发展的思想，而我们实际上只将走过这条道路的一小段。我们假定，我们自己在客观性方面所取得的进展，是沿着一条延伸到它们以及我们所有能力之外的道路所走过的一些步骤。但是，即使承认我们有无穷的时间或者说人类薪火可以无限传递下去，以至于我们能够采取数量上尽如人愿的相继步骤，客观性的扩展过程也绝不会结束，因为我们不可能拥有完全的知识。首先，每一种客观的观点都将包含一个盲区，而且它不能理解关于观点拥有者自己的一切东西。但其次，甚至不存在一个无法超越的极限点，因为通往新的客观的观点的每一个步骤，尽管使自我的更多的东西处于被观察之中，但亦在观察者的范围内补充了本身没有立即被观察到的某种其他东西。于是，从一种时间上更靠后的客观的立场来看，这成了观察与评价的可能的材料。心灵的工作绝无终结之日。

　　因此，客观的意志的创造并非一项可以完成的任务。所要的东西只不过是使最客观的立场成为行为之根据的某种方式；而所谓使其成为行为之根据，就是使其服从我的意志力，而不是允许其——因而也包括我——作为无助的观察者逗留在我的行为外部。鉴于我不能通过依据一种关于我自己和世界的完全客观的观点在世界外部做出行动而做到这一点，退而求其次的事情就是，依据我所能拥有的最客观的观点即不完全的观点以某种方式从世界内部来行动，而这种方式会防止客观序列中的后继者——不仅包括我所能获得的那些，而且包括我不能获得的那些——的抵制行为。要使不完全的客观的观点成为我的行为根据的一个连续部分，唯一的方法在于努力获得对后来的客观的修改的免疫力（这与我是否将会实际地达到后来的那些客观阶段无关）。这最接近于作为世界之一部分的我在从自身以外作用于世界时所能做到的事情。

　　这种形式的立场间的结合，一定有别于未经历过这种无助感的

129

生物的状态，因为它不能接受针对其自身的外在观点。当一只猫逼近一只鸟时，这只猫的自我中没有任何成分能作为这种场面的一个超然的观察者而逗留在外部。因此，这只猫在任何意义上都不可能觉得**他**并未正在做出行动。但是，由于同猫相比，对我来说存在更多的东西，我受到了下述感觉的威胁：当我仅仅依据那种内在的观点而行动时，我并未真正做出行动。而对于猫来说，那种内在的观点就足够了。

猫对自主问题有免疫力，并不意味着它是自由的。我们能从外部来思考这只猫，并且也许我们将看到它在某些方面为无知、恐惧和本能所阻止。猫的本性是给定的，而且它无法认可、批评或改变其本性。它无法提升它自己的合理性。

如果，尽管我们始终在使我们所获得的无论多么客观的立场都参与到我们的行为中，但仍存在一种立场，它比我们可以获得的任何立场都客观，并且从那种立场看，我们出现在一个外部观察者面前类似于那只猫出现在我们面前，那么，我们的健康状况不会比那只猫好到哪里去。但事实上，与猫不同，我们能够想象那些比我们所能获得的任何观点都客观的关于我们自己的观点，而且能使我们自己的分离或结合依存于我们设想那些观点将会去揭示的东西。我们希望相信，结合的可能性并不限定于我们实际所能达到的最高水平，而且我们希望能把这个水平看成通往无限的客观性的一个环节——从而不存在某种无论多么外在的、允许完全分离的关于我们的观点。这等于把理性主义的抱负延伸到实践理性中来了。

通过从上帝的视角来想象一个人与世界的关系，笛卡尔试图重

新获得知识。我们可以抵制比一个人所能接受的立场更客观的立场
的批评；而通过一种将会抵制这种批评的方式在世界内部进行探
索，是一项笛卡尔式的雄伟计划，并且与笛卡尔的计划一样，它充
其量仅能期待部分的成功。但是，在这样的限制下，有几种策略可
以用来提升与一个人的行为的客观的结合，或者至少减轻与它们的
客观的分离。

6.　客观的结合

最有抱负的策略是为已得到客观意志的同意的选择寻找正面的
根据，不管它离我的特殊视角有多远。如果这是可能的，那就相当
于依据永恒的观点在行动。这类似于把信念建立在先天的确定性之
上的认识论策略。先天的确定性是指数学、逻辑的真理或推理方
法；一个人不能想象这些东西的虚假性，而且甚至不能想象一种远
比我们更聪明的生物可以发现它们是错误的，尽管这超出了他自己
的能力。

由于这种绝对的客观的根据在实践理性中甚至比在理论理性中
更难找到，我们似乎需要一种不太有抱负的策略。一种这样的策
略，即一种与客观的肯定形成对照的客观的容忍的策略，是在我的
个人视角内寻找一些不会为一种更大的观察角度所**排斥**的行为根
据。因为这些根据只提出了有限的客观性要求，所以客观的自我可
以容忍它们。在由客观的观点的一些更正面的结果所施加的约束的

范围内，这样的灵活性是可以接受的。

认识论上相对应的策略，在于把某些信念的要求所具有的客观性看成是有限的。这些信念是关于现象界的，而且一种客观的观点也承认它们是这样的。这种策略的危险在于，通过把所有明显的客观的判断还原成关于现象的主观的断言，它可以被滥用为逃避怀疑论的一般方法。但是，假如我们避免了这种逃避性的还原论，确实依然存在一些只谈论现象的信念。例如，关于我的感觉经验的主观特征的信念并未受到下述可能性的威胁，它们也许会被一种更加客观的立场所推翻。

131　　就决定与行为来说，在我并不渴望得到最高程度的自我控制的那些地方，客观的容忍策略是合适的。为了发现我最想吃什么，当从菜单上点菜时，我任由我的爱好和口味来支配（只要它是一家便宜的餐馆，并且我不是在节食）。在这里，我愿意让我的最强烈的胃口指导我的选择，而不必担心这一点，即从一种更客观的视角来看，似乎一种较弱的胃口实际上是更可取的。

事实上，我不知道对下述问题表示好奇意味着什么：以永恒的观点看，想要鸡肉色拉三明治是否可能真的比想要萨拉米香肠三明治更适合作为行为的根据？当我把自己置身于这些欲望之外并思考这种选择时，什么也没有发生：这种选择只能依据一种内部的视角而被做出，因为这些偏爱既未受到来自外部视角的危害，也未得到它的认可。也许，我们能在某种程度上客观地认可这些偏爱的满足，同时却不认可这些偏爱本身。但是，在我面临对这些偏爱和别的动机与价值观进行权衡的问题之前，甚至这种貌似真实的快乐主义原理也是多余的。

因此，在这类例子中，当我客观地思考我的处境时，我没有觉得自己陷入困境或者说有一种无力感，因为与当我的选择由当下的爱好所支配时我所拥有的相比，我并不渴望拥有更多的控制。猫可以自由地选择一把扶手椅，以蜷缩于其中；而我满足于猫的这种自由。外部的评价于此不能增加什么，也没有减损什么。

与从菜单中进行选择相比，为客观的容忍而非客观的认可寻找适用的范围这一策略，可以在更高的层次上得到应用。有的立场充分外在于关于人的日常生活的立场；如果从这样的立场来看，鸡肉色拉和萨拉米香肠以及许多对人具有重要意义的东西——他们的希望、计划、抱负及真正的生存——也许都不可能实际地被看作至关重要的。就我能把那种立场看作我自己的一部分而言，我几乎不能客观地认可我所做的一切事情。这是否将使我成为支配我的生活的绝大部分动机与价值观的无助受害者，取决于从这种最客观的立场来看，这样的价值观是否会作为错误的东西而被拒绝，或者它们是否就像我们对核桃馅饼的兴趣一样，能够因为它们的客观的要求是有限的而被容忍，并因此能够作为行为的根据而在主观上成为合法的。假如在诸多越来越外在的视角所构成的序列中，在达到某个特定的点之前，它们将会被认可，而此后将会被容忍，那么我不必担心将会从依赖于它们的行为中完全客观地分离出来——尽管将会有某种特定的分离。

就我们的冲动而言，这种形式的"重返"使我们处在一种与反思前不同的境地。现在，下述这种信念成了我们的动机的背景：它 *132*

们没有提出强烈的客观的要求，因此我们不可能依据一种更客观的立场将其推翻或对其表示怀疑。同关于感觉印象的情况一样，一旦我们在现象与实在之间做出了区分，它们在我们的世界图画中就有一种不同的地位。当我们依据这样的冲动行事时，我们不必觉得被客观地分离了，因为假如我们思考这种可能性，即它们将会为一种更高的立场所拒斥，那么我们就能断定，它们不会被拒斥，因为它们的要求是有限的。

人可以转而拥有一种更高级的观点和一些更高层次的欲望，这是人所特有的能力。尽管许多选择都具有上述那种并不复杂的特征，但是在这种能力方面，还是会产生一些更困难的问题；而在不同类型的一级欲望之间存在冲突的地方，这些问题尤其会出现。这样的话，实际的判断就是从客观的立场中产生的，而且我们寻求某种保证，即保证它不会为一种更客观的或更超然的观点所推翻。

客观的结合的一种重要方法是通常的实践合理性，这大致类似于从一个人的反思前的个人印象中形成一组前后一致的信念的过程。从最初的冲动、欲望及反感在其内部产生的那种立场之外的立场来看，这不仅包括容忍，而且包括对某些动机的实际认可，对其他动机的压抑或校正，以及对另外一些其他动机的接受。当这些发生冲突时，我们能够走到外部，并在它们之间做出选择。尽管这样的合理性能纯粹针对当前的愿望而得到运用，但它会自然地延伸到明智（prudential）的合理性上。明智的合理性将依据一种与当前分离的客观的立场而得到运用，并决定给予一个人现在及将来的所有兴趣多大的分量。

明智自身可能与其他动机相冲突，而那样的话，它就得让自己接受来自外部的评价。但是，假如正是一个人自己当前和将来的欲望有了问题，那么明智就在于接受一种外在于当前的立场——而且可能拒绝承认一个人的选择应由最强烈的当前欲望来支配。用最简单的话来说，我们可以优先考虑更强烈或更长久的预期欲望的满足，但是，其他的兴趣也是可以考虑的。

明智与冲动之间的冲突不同于鸡肉色拉与萨拉米香肠之间的冲突，因为它是两个层次之间的冲突：当前时刻的当下视角与时间上中立的（部分地）超越的视角；这里所谓的中立，指的是超越的视角在一个人生命的那些可预见的时刻之间保持中立。这是一个追求自由的例子，因为我们试图通过明智而从直接压在我们身上的冲动中后退，并在一种时间的意义上从我们自身的外部做出行动。如果我们不能做到这一点，那么，随着时间上的中立性被还原到有利的观察地位，我们就会作为行为者而受困于当前的时刻。[7] 而且假如我们不能通过调解完全出现在当前的那些愿望来运用实践的合理性，我们甚至会陷入更大的困境：我们可能就不得不看着自己受它们摆布。

除非从一种与种类上完全不同的动机之间存在竞争的更大的视角来看，明智本身并不拥有类似的危险。一个人在这里必须小心：当被推向极端时，明智自身可能成为一种奴役。客观地看，用无时间的观点支配一个人的生命也许是不明智的；而且，基于被压抑的愿望的强迫或神经质式的逃避，可以轻易地伪装成合理的自我控制。但在其通常的状态中，通过凭借一种客观的意志而增强一个人对一级动机的活动的控制，明智提升了一个人的自由。

这里，客观的态度不仅是宽容的，而且在起作用。明智的动机并不先于对一种客观的立场的接受而存在，而是由它所产生的。当现在的愿望与未来的愿望融入一类时，甚至连前者的直接动因也会为我们在无时间的明智的评价中所赋予它们的客观的重要性所取代。（我不想讨论同关于明智的分析相关的过去愿望所产生的诸多困难问题，帕菲特对那些问题做了生动的揭示和彻底的考察。[Parfit（2），第 8 章]）

尽管明智只是客观意志的发展的第一阶段，但它在认可更直接的动机与偏爱时是有选择的。站在当前时刻之外来看，并非每一当前时刻的所有冲动和目标都能得到同等的认可，尤其当它们相互冲突时。某些基本的、持续存在的愿望与需要将成为明智的认可的自然候选对象；但是，一闪而过的怪念头，就其本身而论，将不会得到认可，尽管使一个人能迁就这类怪念头的通常能力与自由从客观上看可能是宝贵的。（帕菲特告诉我，同样的区分也可以出现在伦理学中，因为向明智提供材料的愿望可以是我们当把客观的重要性赋予他人的利益时所必须考虑的愿望。）这并不意味着，不能从无时间的立场中得到认可的动机必须被完全制服。它们当下的活动是客观上可容忍的。但是，它们确实不得不与明智的理由竞争，而且，打个比方吧，它们在形成时并没有重要的发言权。

甚至当我并未完全屈从于同当前的冲动相对立的明智的考虑 *134* 时，这也要求我的行为与客观的观点保持一致，因为我必须客观地容忍那些冲动以及它们的成功，即使我并不认可它们全部的重要性。要不然，我所展示的就不是自由，而是意志的脆弱。

对于当前时刻的动机，无时间的立场可能在某种程度上采取不闻不问的态度。客观性的这种被克制了的展现是某种更一般的东西的一个例子，而且那种东西在主观的与客观的之间的关系问题上是非常重要的：客观的立场只能接管和取代它所超越的原先的视角，而正是在这种意义上客观性的展现存在某些限度。

不过，在当前的立场之外，我们被带到了一种至少可以由之对当下的冲动进行客观的审视的位置；而且，进入客观的时间的这第一步是带着下述希望迈出去的：它的结果不会被我们所尚未迈出，甚至不可迈出的那些更超前的步骤所推翻。在评价、认可、拒绝及容忍当下的冲动时，客观的意志的必要的活动就在于认识或形成与单纯的偏爱相对的价值。[8]

7. 作为自由的道德

比中立于时间的立场更外在的立场，是仅把一个人看作他人中间的一个个体的立场，它完全从外部看待一个人的利益与关切。在某些方面，来自这种立场的适当态度与其说是认可，不如说是容忍。但是，一旦我们接受一种外在的立场，通常就不会满足于以这种方式看待我们的生命，而且我们也不会满足于在没有来自客观自我的一种更积极的认可的情况下去行动。

再者，当不同个体的利益发生冲突时，容忍就遇到了困难。假如我希望追求与他人的愿望相对立的冲动和愿望，那么我就不能继续认为我的冲动和愿望没有提出客观的要求——除非我打算在客观上冷眼看待所有这样的冲突的结果，就像对待鸡肉色拉及萨拉米香肠之间的选择一样。但是，如果一位贪婪的同伴野餐者已吃掉了所有的三明治，从而使我根本吃不上午餐，那么我若打算依据一种外在的立场而对此采取不以为然的态度，我就必须走出客观的容忍，进而达到客观的认可。

135　　　这是客观的立场与行为之间的一种不同的结合：此种结合不仅来自当前时刻以外，而且来自一个人的生命以外。[9] 因而在某种意义上，我相当于从世界内的我的特殊个人位置以外的地方作用于世界——作为 TN，我依据一种不属于我的立场来控制 TN 的行为。向我们提出了自由意志问题的客观的自我融入了意志力。

　　　所有这一切都在非个人价值的形成以及同这些价值相符合的行为与动因的修正中展现自身。它们强行施加一些严肃的约束。价值就是依据外在于我们自身的立场对如何存在以及如何活着所做的判断。因为它们是依据非个人的立场而被接受的，所以它们不仅适用于我所碰巧成为的那个特殊的人的观察角度，而且具有普遍的适用性。它们向我指出要如何活着，因为它们向我指出每一个人都要如何活着。

　　　对这种形式的内在—外在的结合进行适当的讨论是伦理学的事情，我稍后将进行这项工作。在某种意义上，我同意康德的观点，即在伦理学与自由之间存在一种内在的联系：对道德的服从表达了自主的希望，尽管它是一种不能在原先的形式上得以实现的希望。

我们不能从外部作用于世界，但在某种意义上，我们既能从我们在世界中的特殊位置的内部做出行动，也能从那种位置的外部做出行动。伦理学扩大了我们在自身问题上的意志自决的范围——把它从我们的行为延伸到了那些行为从中产生的动机、性格特征及性情。我们希望能用意志彻底控制我们的行为的原因，并缩小解释与证成之间的裂缝。用另一种方式来表述，对于无法通过意志来决定而只能加以观察的行为即我们只能从外部去**观看**的行为，我们想要缩小其决定因素的范围。

自然，存在许多意志所无法触及的行为决定因素。伦理学不能使我们成为全能的：假如我们希望完全填平解释与证成之间的裂缝，那就意味着要用意志控制这个世界的全部历史；而所说的这个世界产生了我们，并使我们面临我们必须生活于斯、行动于斯并选择于斯的环境。这样的**命运之爱**超出了我们绝大多数人的渴望。

有一种方法可以让我们在自身以外把意志延伸到行为的环境上，但它是通过把伦理学拓展到政治上而实现的。不仅当我们能用意志控制与环境相关的行为的原因时，客观的结合会得到提升，而且当生活的环境使我们能依据客观的立场来要求我们必须在其中行动的环境保持现状时，客观的结合也会得到提升。因此，在某种意义上，观察和意志之间的一致，或者说，解释与证成之间的一致，就延伸到了世界中。（认识论上与此类似的东西是对知识环境与教育过程的客观的认可，而知识环境与教育过程导致了一个人在推理、证据评估及信念构造方面的能力的形成。）

在一个我们能够希望生活于其中的世界上，我们所期盼的，

136

不仅是要在顾及环境的情况下做我们想做的事情，而且是要在尽可能深的层次上成为我们想成为的人，并发现自己面对我们所想面对的选择。假如我们只对消除自由的外在障碍感兴趣，我们就不会进入伦理学，而只会试图提高对我们的环境的控制力。这也会涉及政治，但那只是一种以我们的利益为基础的政治，这种政治类似霍布斯的政治，而非一种伦理的政治。正是对内在障碍的攻击导致了伦理学的发展，因为它意味着我们希望有能力使我们的品质和动机保持它们本来的样子，并且当客观地看待我们自己时没有完全摆脱不了它们的感觉。

价值表达客观的意志。特定的伦理学价值产生于多个生命和诸多利益组合在一组单一的判断中的结合。这种情况所带来的权衡、协调及整合的要求，对每一个个体因而也对一个人自己在客观上能够希望得到的东西产生了影响。伦理学是通往客观的结合的一条道路，因为对于从外部做出的关于我们自己的纯粹的观察，它提供了一种可替代的东西。它至少在某种程度上允许意志沿着理解的可能的超越之途拓展这种方式。我们能在这条道路上走多远，部分说来是一个运气问题。我们的天性可能会使我们的客观的判断无法与我们的怀疑能力并驾齐驱；而且，我们自然总能纯粹抽象地怀疑，以至于甚至连内在的与外在的观点之间的最强烈的和谐感，也可能只是一种唯有依据我们所不能理解的更高的观点才可以如其本然地识别出来的幻觉。

如我所说过的那样，这一切都没有解决传统的自由意志问题。不管我们可以在行为中同客观的观点达成何等程度的和谐，我们总能通过表明此种和谐的解释链（或解释的缺乏）被追寻到我们的生命之外，而在根本上破坏我们的自主感。

当涉及道德责任及行为与可选方案的内在比较时，我已讨论过的客观的结合的可能性并未改变什么。假如存在像责任这样的东西，那么它既要在善的行为中被发现，也要在恶的行为中被发现；而所谓恶的行为，是指一个人不能依据客观的立场来认可的行为。这意味着，任何在理性的及道德的克己意志的确立中寻找自由的企图，都将遇到西季威克（Sidgwick）所提出的用以反对康德的问题。这个问题是：假如能够仅仅通过获得某种客观的并最终属于伦理学的价值来追求并接近自由，那么就搞不清某个人如何能既是自由的又是恶的，因而也搞不清某个人如何能对他的恶行负起道德的责任——假如自由是责任的前提。[10]

在实践中，为了做出判断，对于任何我们能从主观上将其行为解释为其价值观之显现的人，我们都会把自己投射进他的立场。[11]这是极其自然的，但它不能消除责任问题。关于我们以及我们觉得自己有能力从内部去理解和评价其行为的那些人，这个问题总能再次被提出。

我没有发现能用以恢复责任判断与外在的观点之间的一致的方法——我们能部分地使它与行为重新结合，但无法同样使它与这样的判断重新结合。责任判断依赖于通过某种方式把自己投射进我们无法去贯彻的被告的立场，除非我们在某种程度上忘记了外在的观点。我不能同时既从外部把凯利中尉看作一种自然现象，又通过把他的行为拿来与当时对他来说主观上似乎可用的那些可选方案做比较，而从内部来评价其行为。这里，不可能获得任何类似于部分的客观的结合的东西。除非存在一种阻止向外在的观点上升的方法，我们就不能在世界内部发现一片允许我们做出这样的判断——并且在做出判断时不存在这样的暗示即从更遥远的地方看它们似乎是无意义的——的立足之地。但是，我们似乎受困于一种投射的实践，并且在这种实践中我们把自己的可理解或不可理解的自主感当作关于他人的判断的标准。

就像我说过的那样，依我看，在这个问题上，尚未有谁说出过任何接近于真理的东西。

注释

[1] 这里，我同意泰勒的看法。参见 Taylor，第 140 页。

[2] 乔纳森·贝内特（Jonathan Bennett）做出了这种区分，并分别称它们为意志力问题和责任问题。（Bennett，第 10 章）

[3] 一些人会认为，假如我们的选择是由不可抗拒的理由决定的，我们便拥有我们想要的全部自主。例如，汉普什尔（Hampshire）把下述立场归于斯宾诺莎："当一个人禁不住做出某个结论，并且由于显然不可抗拒的、有利于行为的理由而禁不住着手制定某种行为方针时，他是并且他也觉得自己是十分自由的，……当支持一种理论性结论的论证是决定性的时，这个问题对他来说就是确定的。"[Hampshire（1），第 198 页] 而且沃尔夫（Wolf）提出，行为者"本来也能以不同的方式行动，假如存在充分而又有说服力的理由"[Wolf（1），第 159 页]。他把这当作自由的条件。这意味着，假如

不存在一种以不同的方式去行动的充分理由，那么自由的行为者无须有能力以不同的方式去行动。

我认为，与此类似的某种东西在思想方面比在行为方面具有更多的合理性。在形成信念时，我们可能只希望被事实所决定［参见Wiggins（1），第145～148页；也参见 Wefald，第15章］；但在行为中，我们最初的假定是不同的。甚至当我们从理性上觉得自己是在被迫做出行动时，这也并不意味着我们是因果地被决定的。当路德（Luther）说他不能做任何其他事情时，他是在提及他的理由所具有的那种规范性的不可抵制性，而非指它们的因果性力量；而且我认为，甚至在这样的情况下，因果的决定也与自主不相容。

［4］卢卡斯（Lucas）注意到了这一点，但我认为他没有因为这一点而感到过分沮丧："在完全的可说明性纲领和自由所必需的东西之间存在一种张力。假如人们有自由意志，那么我们无法对其行为做出完全的解释——除了参照行为自身以外。我们能够给出他们的理由。但是，我们不能解释为什么他们的理由相对于他们才成为理由……当问我为什么要做出行动时，我给出我的理由；当问我为什么情愿把它们作为理由来接受时，我只能说'我恰好就是这么做的'。"（Lucas，第171～172页）

［5］参见赫施（Hirsch）的详细论述。

［6］有一种类似的观点：怀疑论是不可避免的，除非我们能在某种程度上表明，对知识做"外在的"解释的要求是不合理的。这个问题一旦提出，就不可能得到回答。这会诱惑人们去寻找一种方式来表明它不可能被提出。但是，我对这种策略的前景表示怀疑。

参见 Stroud，第 7 章。

〔7〕我对此做了进一步的论述，见 Nagel（1）。

〔8〕关于自由与价值之间的关系的讨论，参见 Watson。眼下关于客观意志的讨论，只是试图对何谓价值以及它们如何为我们所无法拥有的自主提供了一种可替代的东西做另外一些说明。

〔9〕关于这种论据，即假如一个人接受了第一种那么他就不得不接受第二种，参见 Parfit（2），第 7 章。他证明道，明智不可能等同于实践的合理性，因为主张理由不能相对于时间而必须相对于个人是不合理的。

〔10〕Sidgwick，第 1 卷，第 5 章，第 1 节。康德致力于解决这个问题〔Kant（4），第 1 卷〕，该书明显是在讨论恶的责任问题。

〔11〕这包括违背他所明确坚持的那些价值观念的行为——就像当某个人出于害怕而没有决定去做他认为自己应该去做的事情，或者没有做他已经决定去做的事情时那样。不按照一个人的价值观念去行动，表明那些价值观念的力量以及他的意志的力量都出了问题。

第八章 价值

1. 实在论与客观性

客观性是伦理学的中心问题；不仅在理论中是这样的，在生活中也是这样的。这个问题就在于决定客观性观念能通过什么方式（假如确实存在这样的方式）应用于实际的问题，即关于做什么或要什么的问题。根据一种看待我们自己及世界的超然的观点，它们能在什么程度上得到处理？在关于自由意志的讨论中，我已揭示了伦理学和客观的立场之间的联系。我现在要通过指出那种立场是如何改变并约束我们的动机的，来为伦理学的客观性做辩护。伦理学的可能性及其许多问题，都可以根据客观性对自由意志的影响而得到最充分的理解。假如我们甚至在走出自身后也能做出关于我们应该如何活着的判断，它们将为道德理论提供材料。

在理论推理中，当我们形成一个新的关于我们自己作为其部分成分的实在的概念时，客观性就取得了进展。这涉及我们的信念的一种改变，或者至少是一种扩展。在价值或实践推理的范围内，这个问题是不同的。就像在理论的情形中一样，在返回并把我们先前的视角也包括在将要被理解的东西中以后，我们必须采取一种新的综合性观点。但在这里，新的观点将不是一组新的信念，而是一组新的或者扩展了的价值。我们试图依据一种非个人的立场，来获得一些具有动机内容的规范判断。我们不能使用一个非规范的客观性标准，因为假如价值是客观的，那么它们本身一定就是如此，而非通过还原到某种其他类型的客观事实才成为客观的。它们必须是客观的**价值**，而非另外某种客观的东西。

这里，与在别的地方一样，客观性与实在论之间存在一种关联，尽管价值问题上的实在论不同于经验事实问题上的实在论。规范实在论认为，关于为我们提供行为理由的东西的命题，可以独立于事物显现给我们的方式而成为真的或假的，而且通过超越那些现象并对它们进行批判的估价，我们可以期待发现真理。我们旨在通过这种方法去发现的东西，并非外在世界的一个新的被称为价值的方面，而只是在我们及他人应该做什么和要什么这个问题上的真理。

重要的是，不要把这种形式的实在论与一种不适当的形而上学图画联系起来：它不是一种形式的柏拉图主义。这种主张是这样的：存在行为的理由，我们必须去发现它们，而不是从先前存在的动机中获得它们，并且通过这种方式，我们能获得优于旧动机的新动机。我们只是想沿着一种将使它们更容易为外在的立场所接受的方向，来调整我们的动机。不再让我们的思想与外部实在相一致，我们试图使外在的观点成为行为的一种决定性因素。

因此，在伦理学中，客观性与真理之间的关联比在科学中更密切。我认为，关于我们应该如何活着的真理，无法从根本上超越我们或许拥有的任何发现它的能力（除了它依赖于我们或许不能发现的非评价性事实）。一旦我们通过占有客观的立场而扩展我们的意识，伦理学的主题**就是**如何进行实践推理及行为的证成——而非客观的立场使我们能更充分理解的关于行为的某种其他东西。伦理学思维是把客观性应用于意志的过程；而且，在通常的伦理学真理这个问题上，我能想到的唯一要说的事情是，假如这个过程被正确地推进了，那么它一定是该过程的一种可能的结果。我知道这是抽象的。假如我们希望更具体些，那么我们所能做的一切，就在于提及那些能使我们相信一种理由之客观的有效性或一种规范原则之正确性的论证（而且一个特定的原则可以通过不止一种方式被确立，也就是说，从不同的起点出发并经由不同的论证路线而接近它）。

也许能设计一种内容更丰富的道德形而上学，但我不知道它会是什么样子。我将其与规范实在论联系起来的那幅图画，并不是世间事物与事件的另外一组性质的图画，而是人的动机之形成的一系列可能的步骤的图画——无论我们是否将会实际地采取这些步骤，它们都会改进我们的生活方式。我们是从一种偏颇而又不准确的观

140

点开始的，但通过走出我们自身并构造和对照可选方案，我们能在更高的客观性层次上获得一种新的动机性前提。尽管这个目标是规范的而非描述的，然而研究的方法在某些方面类似于寻求关于存在之物的客观的概念的方法。我们首先形成一个关于无中心的世界的概念，而且这个世界包含了拥有特殊观察角度的我们自己及其他生物。但是，我们接着要试图回答的问题并不是"从非个人的立场来考虑，我们能看见世界包含什么"，而是"从非个人的立场来考虑，有理由做什么或要什么"。

答案将是复杂的。在实践理性领域中，如同在形而上学中一样，真理有时可以依据一种超然的立场而得到最好的理解；但有时，只从世界内部的一种特殊视角来看，它也是充分可理解的。假如存在这样的主观的价值，那么关于人们有理由去做的事情的一种客观的概念必须为它们留下空间。（我在上一章中将其列入了客观的容忍这个论题，并做了一些论述。）但是，一旦采取客观的步骤，我们也有可能承认独立于一个人的个人视角并对任何能客观地将世界看作一个包含他的地方的人都将产生影响的价值与理由。假如客观性在这里意味着什么东西，那么它将意味着，当脱离于个人视角以及从个人视角内部来看似乎可接受的价值与理由时，我们有时可以获得一种新的概念，而这种新的概念可能认可原先的一些理由，但也会把一些理由作为错误的主观现象加以拒绝，同时补充上其他的理由。

因此，如果不预先断定结果，或者说，不预先断定在实践理性领域中有多少东西能被客观地理解，我们就能发现客观的冲动所依赖的东西。关于实践的客观性的最基本的观念，是通过在实践领域中采取一种与在理论领域中对唯我论的拒绝相类似的行为而获得的。事实问题上的实在论引导我们寻找一种超然的观察角度，我们能由这种角度来识别实在，并校正现象；而价值问题上的实在论也引导我们寻找一种超然的观察角度，我们有可能由这种角度来校正愿望，并识别我们实际应做的事情。实践的客观性意味着，客观的自我可以理解，甚至参与实践理性。

这个假定，尽管是有力的，但仍非一种伦理学的立场。它仅仅指出了一种伦理学立场将会占据的地方，假如我们能够理解这个主题的话。它是说，包括我的理由在内的理由世界，并不只是从我自己的观察角度来看才存在着。我在一个世界中，这个世界的特征在 *141* 某种程度上独立于我所思考的东西；并且假如我有理由做出某种行为，那是因为我所是的那个人凭借自身的条件及环境而拥有那些理由。伦理学由之出发的实践理性的基本问题，不是"我应该做什么"，而是"这个人应该做什么"。

这就提出了一个问题，并指出了一种攻击它的方法。问题是去发现行为的理由所采取的形式，以及当不从任何特殊的观察角度来看时它能否得到描述。方法则在于，从似乎获致我自己的及其他个体的观察角度的理由开始，并问什么是对那些理由的最好的无视角的描述。如同在其他领域中一样，我们从我们位于世界内部的位置开始，并通过把我们在这里所发现的东西看作全体的一个样本而试图超越它。

那就是希望。但是，存在客观的价值这种主张永远是有争议的，因为当我们超越关于自己的愿望的主观立场时，价值和理由似乎是容易消失的。当一个人从外部看待生命时，世界上似乎根本不可能存在价值。可以这么说："只存在拥有各种动机和愿望的人，并且他们可能会用评价性的语言来表达其中的一些。但是，当我们从外部看待所有这一切时，我们所看到的全是心理的事实。朝着客观的观点的上升，远未揭示改变主观现象的新的价值，而揭示了现象就是存在的一切：它使我们能够观察和描述我们的主观动机，但并不产生一些新的动机。一些理论因素与事实因素会对实践推理产生一定的作用；除了从这些因素的客观性中所获得的东西以外，客观性在价值领域没有任何位置。超出那一点，它在这里的应用就是没有结果的：没有什么东西是客观上正确或错误的，因为客观地看，没有什么东西是要紧的；假如存在像正当与错误这样的东西，它们一定依赖于一种主观的基础。"

我认为，这个结论是由一种错误所导致的结果。这种错误类似于导致出现犹如还原论般精致的物理主义的那种错误。实在的一种认识论的标准正在被假定，并声称自己是包含一切的，而它事实上未经论证就事先排除了大部分领域。

这个假定是偷偷摸摸的，却又是合乎自然的。当我们走到我们自身之外时，价值似乎真的可以消失，以至于在哲学上我们**觉得**它们是虚幻的。这是一种典型的休谟（Hume）式的步骤：我们觉察到一种现象，即人们依据被自己认作理由的东西去行动；而**我们所看到的一切**（比较休谟对因果性问题的处理）都是某些自然的事实，即人们为某些动机所影响，或者说，假如人们知道某些东西，他们就会为某些动机所影响。

由于我们在试图放弃休谟的立场时所遇到的那些困难，我们仍然希望重新拥有该立场。怀疑论、柏拉图主义、还原论以及另外一些哲学上常见的极端行为，全都出现在伦理学理论中。怀疑论用完全主观的思想方式来重新解释包括伦理学在内的整个领域，因而人们对怀疑论的反应尤其引人注意。与认识论中的现象主义一样，通过代之以一组在某个方面与原先看法相似的判断，这隐藏着对实在论的回避。

142

抵制在愿望及行为理由问题上的休谟式的主观主义的唯一方法，在于寻找一种适合于这个主题的客观性的形式。这不是自然主义心理学的客观性。必须证明，一种限定在这样的观察范围内的客观的观点是不正确的，或者说，不是必然正确的。因为关键在于，一种关于自己的客观的观点应该为对理由的理解留有余地——不应该事先将它们排除。

如果假定客观的立场是一种纯粹的观察与描述的立场，那么它们似乎就预先被排除了。[1] 有些东西在主观上会表现为这样的情形，即我们因某些理由而行动，并对善与恶做出了反应；当我们把注意力集中在这些东西上时，我们就得到了一种自然主义的解释，而且这种解释似乎对正在发生的事情给出了完全客观的描述。不再有规范性的理由，我们仅仅看到一种心理学的解释。

但我认为，当我们从外部看这些现象时，对它们给出纯粹心理学的解释是错误的。除非我们故意不做分辨，否则我们所看到的并非只是被愿望驱使着去行动的人，而是因为有了或好或坏的理由去行动并形成意图和愿望的人。也就是说，我们承认他们**作为理由**的理由——或者我们也许认为它们是坏的理由。但不管怎样，我们并非一离开主观的立场就退出了评价模式。承认那些作为理由的理由，与把它们纯粹用作一种形式的心理学解释形成了对照。〔Davidson（1）〕后者只把行为与行为者的愿望和信念联系在一起，而没有触及一个规范性的问题，即他是否有充足的行动理由，或者说，他是否应该像他所做的那样去行动。假如这就是我们哪天在抛弃了行为者的观察角度后所能说的一切，那么我认为我们将会得出这样的结论，即我们实际上根本不是因为理由而行动的。相反，我们是被愿望与信念驱使着去行动的，并且关于理由的术语只能在一种削弱了的非规范的意义上用来表达这种解释。

143　　若用某种东西来替代价值或规范性的理由对其不产生影响的解释，那么这种东西并不是某种简单地放弃了客观的观点的东西。它依赖于一种特殊的客观的主张，而且这种主张仅当比其否定观点看似更合理时才能被接受。这种主张是指：我们感觉世界为我们提供行为的理由，但此种感觉是一种主观的幻觉，它是因为我们把预先存在的动机投射到世界上而产生的；而且我们做事时客观上是不存在什么理由的——尽管确实存在动机，且有些动机在形式上模仿了规范性的理由。

　　但是，不得不确立的一点是，它并非来自单纯的客观性观念。当我们采取客观的步骤时，我们没有自动丢弃评价的能力，因为那种能力并不依赖于先前存在的愿望。我们可以发现，它继续依据一种外在的立场而起作用，并且可以断定，它并不只是主观的愿望在客观的伪装下再次突然出现的一种情形。我认识到错误的客观化所带来的危险，此种客观化会把个人的兴趣与偏见提升为宇宙的价值，但它不是唯一的可能。

2. 反实在论

关于客观的价值的可能性，举证的责任在哪里？在我们能开始更具体地思考哪些价值会被客观的立场揭示或取消之前，它们的可能性必须被阐明吗？或者说，只要我们尚未表明客观的价值是**不**可能的，这样的一种探究就是正当的吗？

我认为，在这种争论中，举证的责任时常被放错了地方，并且一种可宣告无效的假定即价值无须是虚幻的，在未被表明是不合理的之前，完全是合理的。像事物存在于外部世界中这个假定一样，存在实在的价值与理由这一假定也能在个别情况下被推翻，假如关于现象的一种纯粹主观的解释看起来更合理；而且，像关于外部世界的假定一样，其完全的虚假性并不是自相矛盾的。价值的实在性，不管是非个人的还是其他方面的，并非全体现象的必要条件，而这就如物理的宇宙的实在性并非全体现象的必要条件一样。但是，假如它们二者都被看作是可能的，那么它们的实在性可以具体地为现象所证实，至少在我们能使其比可替代的选择看上去更合理这种意义上被证实。因此，许多东西依赖于实在论的可能性是否首先得到承认。

很难为这样的一种可能性提供理由，除非通过驳斥反对它的一些论证。（贝克莱反驳独立于经验的世界的可构想性论证是形而上学领域的一种不可能性论证。）当这样的一种论证被反驳时，结果会是什么？相反的那种可能性处于一种更有力的地位吗？我想是这样的：一般地，没有办法证明实在论的可能性；一个人只能反驳不可能性论证，并且他越是时常这么做，他就越有可能相信实在论的选择。因此，为了考虑承认价值问题上的实在论有什么好处，我们不得不考虑反对它——反对它的可能性或反对它的真实性——的理由。我将讨论三种反对它的论证。它们是因为具有显而易见的使人信服的力量而被挑出来的。

第一种类型的论证依赖于一种不确定的假定，即假如价值是实在的，那么它们一定是某种其他类型的实在对象。约翰·麦基（John Mackie）在其《伦理学》（*Ethics*）一书中，通过以下的说法否定了价值的客观性：它们"不是世界的结构的一部分"，而且假如它们是的，那么它们就不得不是"一种非常奇特的实体、性质或者关系，完全不同于宇宙中的任何其他事物"［Mackie（2），第 38页］。关于宇宙像什么样子，他显然有一种确定的描述；并且他猜想，价值实在论使宇宙挤满了额外的实体、性质或关系，以及像柏拉图的相或摩尔的非自然的性质那样的事物。但是，这种猜想是不正确的。例如，痛苦之客观的恶性并不是所有痛苦都具有的另外某种神秘的性质，而只是这样的事实，即任何能客观地看待世界的人都有理由希望其停下来。认为价值是实在的，并不等于认为价值是实在而又神秘的实体或性质，而等于认为它们是实在的价值：我们

144

关于价值以及关于人们有理由去做什么的主张，可以独立于我们的信念和愿望而是真的或假的。任何其他类型的真理都不牵涉在其中。确实，没有哪种其他类型的真理能蕴含价值的实在性。这不仅适用于道德的价值，而且适用于明智的价值，甚至还适用于人们所拥有的一些简单理由——人们依据这些理由去做那些将会成就其当前目标的事情。

在讨论中，麦基反对说，他对价值和理由的实在性的怀疑并不依赖于这个假定，即它们要是实在的，就必须是奇特的实体或性质。像他在自己的书中所说的那样，这一点直接适用于理由自身。因为，无论它们是什么，我们都无须用它们去解释任何发生的事情，而且因此也就没有理由相信它们的存在。

但是，这引起了同样的问题。麦基的意思是，理由在因果解释中不起作用。然而，如果假定这类解释的必要性是对价值的实在性的检验，那就等于回避了问题的实质。存在某些理由这种主张是一种规范性的主张，而非一种关于对某种事物的最佳因果解释的主张。假定只有必须被囊括在关于世界的最佳因果理论中的东西才是实在的，就等于假定不存在不可削弱的规范性真理。

然而，这里还有另外一个困难，而且我拿不准如何处理它。假《145》如存在规范性真理，那么它们就构成了对特殊理由之存在或特殊行为之对或错的规范性而非因果性的解释。但是，我们对这些真理的理解也解释了新的动机的获得，并且它终能影响我们的行为。即使我们不理会上一章所讨论的关于自由意志的争论以及关于行为的意图性解释，这里也存在一个规范解释与因果解释的关系问题。不清楚的是，规范实在论是否与下述假设相一致：我们的所有规范性信念都能用某种自然主义心理学来解释。

吉尔伯特·哈曼（Gilbert Harman）以如下方式阐述了这个问题：

> 观察在科学中起着一种它在伦理学中似乎不能起到的作用。差别在于，为了解释支持一种科学理论的观察结果的出现，你需要做出关于某些物理事实的假定；但是，为了解释……所谓道德的观察结果的……出现，你似乎不需要做出关于某些道德事实的假定。在道德的情形中，你似乎只需要针对进行道德观察的那个人的心理或道德感受性而做出一些假定。[2]

任何价值实在论的辩护者都必须声称，纯粹心理学的解释是不完全的，这或者是因为规范解释是另外一种成分，或者是因为它们以某种方式出现在某些类型的心理学解释中——也许它们的出现方式，类似于由逻辑推理所给出的关于信念的解释能由之同时具备因果性及辩护性（假如它们事实上可以如此）的方式。因此，例如当我们通过论证而相信一种区分是道德上相关的时，对我们的信念的解释就能由论证的内容和有效性来给出。

尽管我们不能证明纯粹心理学的、反实在论的解释是错误的，以至于事实上你依然完全不**需要**根据规范性真理来解释规范的判断，但我相信，即便在最根本的层次上，最合理的解释也要提及这样的真理。摒弃它们就相当于以一种非常极端的方式否定了现象。假如我的头极其疼痛，那么在我看来头痛不仅是令人不快的，而且是一件坏事情。我不仅不喜欢它，而且还认为有理由使其消失。几乎无法想象这可以是一种幻觉。但是，假如关于一件坏事情的观念终究意味着什么，那么它无须是一种幻觉，并且对我的感觉的真实的解释可以是最简单的那种，即头痛是不好的，而非仅仅是那些患有头痛的人所不欢迎的。

146

一切都依赖于这种观念是否意味着什么。假如实在的价值的可能性被承认了，那么具体的价值可以通过观察而得以检验，但它是通过与这个主题相适应的那种解释即规范的解释而起作用的。在物理学中，人们在关于世界实际如何的理论中，从事实的现象出发，推论出关于这些现象的最合理的解释；在伦理学中，人们在关于有理由去做什么或想要什么的理论中，从价值的现象出发，推论出关于这些现象的最合理的解释。所有推论都将依赖于一些并非获致现象的关于实在的一般观念，而其中最重要的则是关于客观实在自身的一般观念。而且，在科学及伦理学中，一些现象最终将被证明是错误的，并拥有一种不证实其真实性的心理学解释。

我相信现象与实在的区分在这里是适用的。这种信念并非基于一种形而上学的描述，而是基于以实在论的方法理解我们的思想的能力。假如我们在开始时把价值的现象看作某种事物的现象，然后再回过头来就范围更广且我们对其有模糊认识的动机的可能性系统而做出一些假设，那么结果将会逐步展现一个我们显然发现了的复杂领域。发现的方法就在于寻求关于规范现象的最佳规范解释。我认为，这种方法的实际结果倾向于证实其背后的实在论假定，尽管我认识到一个怀疑论者可能会反对说，那些结果被这个假定本身污染了，并因此不能提供独立的证实。

现在让我转向反对实在论的第二种论证。与第一种论证不同，它不是基于对道德的客观性的误解；相反，它试图把价值的非实在性描述为一种客观的发现。这个论证是这样的：假如价值的要求必须是客观上正确的，并且假如它们不可还原为任何其他类型的客观的要求，那么我们就只能看到，所有肯定性价值的要求都一定是错误的。任何东西都不具有客观的价值，因为客观地看，任何东西终究都是不重要的。假如我们将客观的超然的要求推进到其逻辑的终端，并且从一种完全超然于所有利益的立场来审视世界，那么我们**发现没有什么东西**是存在的——不存在任何类型的价值：仅仅相对于世界内的个体而言，我们终究才能说事物是重要的。其结果是客观的虚无主义。

我不否认客观的立场会把人们引入这个方向，并且我将会在后面讨论生命的意义时再去谈论它。但我认为，除非一个人错误地假定客观的价值判断一定只源于超然的立场，这似乎绝不可能是我们想要的那种结论。确实，假如仅仅拥有一个本然的世界概念，而没有其他什么会发生，那么一个人就没有办法分辨某种东西是否有价值。但是，一种客观的观点拥有更多的将要发生的事情，因为其材料包括了价值对具有特殊视角的个体（包括一个人自己）所表现出来的现象。在这方面，实践理性并非不同于其他一切东西。从一种纯粹的关于可能的实在的观念以及一组很不纯粹的现象出发，我们试图通过把客观性用作一种方法，来对实在观念进行补充，以便对现象有某种不完全的理解。为了弄清从外部所看到的世界是什么样

子，我们不得不从内部接近它：毫不奇怪，同样的说法适用于伦
理学。

而且事实上，当我们采取客观的立场时，问题并不在于价值似
乎消失了，而在于有太多的价值是来自一切生命的，并遮盖了来自
我们自己的生命的那些价值。从一种客观的立场中形成愿望，恰好
与形成信念一样容易，甚至更容易。像信念一样，这些愿望与评价
必须部分地依据现象而得到批评或证成。但是，它们并非只是另外
一些现象，这就如同产生于非个人立场的关于世界的信念并非只是
另外一些现象一样。

反对价值的客观的实在性的第三种论证是一种经验论证。它也
可能是最常见的论证。它并不打算从一开始就把实在的价值的可能
性排除掉，而要去证明，即使它们的可能性被承认了，我们也没有
理由相信存在一些价值。这种观点认为，假如我们考虑到在规范性
信念方面所存在的广泛的文化上的变异、社会压力和其他的心理影
响对这些信念的形成所具有的重要性，以及在解决道德分歧方面所
存在的困难，那么就很难相信它们绝不是纯粹的现象了。

任何提出这种论证的人都必须承认，并非每一种用以解释现象
的心理因素都表明现象不对应于实在的东西。在解释物理学家关于
云室径迹的知觉或一个学生是如何开始相信几何学命题的时，视觉
能力以及复杂的训练起到了某种作用；但在这些解释中，粒子的性
质以及命题的真实性也起着一种必要的作用。尚未有人一般地描述
过那些对现象表示怀疑的心理学解释。但是，道德原则方面的一些
怀疑论者认为，由于我们获得道德信念及其他价值印象的方法所

致，我们有理由相信这里并没有什么实在的东西被我们谈论着。

我发现，这种论证的流行程度是令人吃惊的。道德是通过社会而灌输的，并且在不同的文化及不同的时代之间，甚至在同一时代的不同文化内部，都存在根本的分歧。但是，这个事实是断定价值没有客观的实在性的一种不充分的理由。甚至在存在真理的地方，真理也并不总是容易被发现的。其他领域的知识是通过社会压力而得以传授的，许多真理和谬误都是在没有合理根据的情况下被人相信的，并且在科学的及社会的事实方面存在广泛的分歧——尤其当涉及重大利益，且这些利益将会受到对一个有争议的问题的不同回答的影响时。最后这个因素在一种极高的罕见的程度上出现在整个伦理学中：在这个领域中，不管主题事实上在客观上多么实在，人们都预计会出现巨大的信念上的变化及根本的差异。由于在事实方面也存在类似的有动机的分歧，人们不得不诉诸日心说、进化论、希斯案①、德雷福斯案②，以及遗传对智商的根本差异所起的作用。

尽管伦理学的推理方法是相当简单的，但既然我们能取得一致，并且在面临强大的压力时能超越社会偏见，这就意味着某种实在的东西正在被探究，同时也意味着，无论在简单的还是在复

---

① 希斯（Alger Hiss，1904—1996），美国国务院官员，于1948年被《时代》杂志编辑、美共产党员钱伯斯（W. Chambers）指控为华盛顿特区共产党间谍网成员，后因伪证罪被判刑5年。——译者注

② 德雷福斯（Alfred Dreyfus，1859—1935），法国军官，犹太人，1894年被军事法庭以叛国罪判处终身监禁，但由此激发了一场要求释放他的政治风波，后于1906年经重审予以平反昭雪。——译者注

杂的层次上，对现象的解释都部分地在于我们感觉（这种感觉时常是不准确的）到存在某些行动的理由，并继续推断（这种推断时常是错误的）出对那些理由做了最佳解释的原则所具有的一般形式。

让我再次强调，不要仿照关于外部世界的特征的知觉来理解这一点。我们的研究主题是如何活着，并且伦理学的思想方法是动机的发现的方法。人们能在某种程度上针对被他们视为客观答案的东西而达成一致。这意味着，当走出特殊的个人视角时，他们就使一种通常的评价能力发挥作用了——只要正确行使这种能力，就能找到答案，即便它也会出现功能障碍，且会为其他方面的影响所扭曲。这并不是使心灵符合于作为原因而作用于它的外部实在的问题，而是按照心灵自己关于自身的外在观点的要求来表明心灵自身的问题。

我没有讨论所有可能的反对价值实在论的论证，但我已试图给出对这类论证表示怀疑的一般理由。依我看，它们容易得到在存在何种类型的真理这个问题上的一种狭隘的先入之见的支持，而且这其实回避了问题的实质。这里所说的任何东西，都不会强迫一个还原论者放弃他对规范实在论的否定，但也许它已被表明是一种合理的立场。我应该补充说，即使我们不假定所有的伦理学或人类价值都是同样客观的，对客观的原则的寻求也是有意义的。客观性无须是要么到处都有，要么到处都没有的。只要实在论在这样的一些领域中是真实的，我们就能合理地寻求客观的反思的方法，直到我们适应了这种方法为止。

149

3. 愿望与理由

不存在预先设定的进行规范研究的方法，尽管将主观的及客观的立场合为一体这个目标为研究的方法提供了方向，并设置了成功与失败的条件。我们同时从内部及外部看待人的生命，并试图获得一系列合理的态度。形成态度的过程可以无限地进行下去，而在寻求任何其他类型的知识时情况就是这样的。实践理性的某些方面到头来也许是不可还原的主观性的东西，从而尽管它们的存在必须依据客观的立场而得到承认，但除非从一种更特殊的视角看，它们的内容是不可能被理解的。但是，其他的理由将不可抗拒地约束客观的意志。

最初的材料是从一个人自己的正在产生作用的观点中显现出来的理由。正像知觉现象一样，它们通常在开始的时候就带着某些客观性的意图来呈现自身。当两个事物在我看来具有同样的大小时，它们至少在最初的时刻看起来像**是**具有同样的大小的。当我因为阿司匹林将会治愈我的头痛而想服用它时，我至少在最初的时刻相信这**是**我服用阿司匹林的一个理由。

通常的思考过程所指向的目标在于发现我该做什么，并且该过程假定这个问题是有答案的。在一些困难的情形中，它会格外地时常伴有这样的想法，即我也许无法获得正确的答案。我不假定正确的答案恰好就是从对思考方法的前后一贯的应用中所获得的一切东西，甚至当假定我们完全了解这些事实时也是这样的。在思考中，我们试图获得正确的结论，而结论之所以是正确的，则是因为存在与我们获得它们的方式没有关系的某种东西。因此，尽管某些起点将在中途被抛弃，但是对客观的描述的寻求在通常的实践理性的要求中有其基础。

重要的是要认识到，在存在什么理由这个问题上的纷繁多样的独立的观点（包括一些没有或几乎没有伦理内容的观点）可能蕴含着理由的客观性。通过举例来考虑一种最低限度的立场。有些人发现这种立场是合理的；依照帕菲特，我将其称作工具主义理论。这种立场就是，基本的一般的理由唯一地依赖于行为者的愿望，不管这些愿望的对象是什么。［Parfit（2），第117页］大致说来，它的内容是这样的：每个人在行动时都有理由去做将会满足其愿望或偏爱的事情，并且这些愿望或偏爱在某种程度上能独立于他所做的事情而被识别出来，因此这样的说法，即他的行为相对于他的信念而言总是理性的，并不是同义反复。这些愿望无须拥有经验作为对象，并且它们的满足无须被经验到，因为这种满足可以仅仅是被愿望的事物的出现，而那种事物可能是某种根本不涉及行为者的东西，或者可能是他在活着时不会看到的某种东西。

这种立场是从一个人自己的情况中进行归纳而得出的，而且那显然是一种最低限度的归纳。（我认为这种立场是错误的，这既因为它的归纳限度太低了，也因为在另一种意义上它太宽泛了，但眼下让我忽略这一点。）一个人把其自己的理由转变为一种能被具有不同偏爱的人所接受的形式，因而它能被任何人用来一般地解释其

150

自己及他人的理由。仅当需要一种能不依据任何特殊的视角而被理解的解释时，才需要接受这样的一般原则。

关键在于，甚至连这种最低限度的归纳也是由对客观性的需求所导致的。关于人们在什么样的条件下拥有理由，工具主义理论提出了一些一般的主张，而这为把他们的某些行为看作不理性的提供了一种基础。假如一个人只关心去决定他自己要做什么，那么在实践上根据他实际拥有的偏爱和愿望进行推理就足够了。上升到这种一般性的层次是没有必要的。

某些一般词项可以使我们的理由成为与利益和愿望相对的东西，而我们希望利用这些词项来确切地表达那些理由，以便要么某个其他的人能从外部识别并**承认**它们，要么当独立于我们实际拥有的偏爱和愿望来客观地看待情形时，我们能从外部识别并**承认**它们。从这样的一种观点看，我们仍然希望能发现我们拥有什么样的理由；并且一种一般的相对化了的确切表达使这变得可能了，而这种确切表达使我们能说他人有理由做什么，并且假如我们的愿望是不同的，它也使我们能说我们自己将有理由做什么。在我们从中返回之后，我们仍能应用它。光有以下这点是不够的：我们的行为对于他人来说在动机上是可解释的，并且我们应该能以同样的方式解释他人的行为。我们假定这些说明在客观上也是正确的，并且这意味着它们必须建立在客观的可接受的原则的基础上，而那些原则会考虑到愿望方面的更具体的差异。

假如这是正确的，那么连显然是主观之物的工具主义理论也显露了客观性的希望之曙光。即使它所确认的理由是建立在愿望的基础上的，它们也并不必然为那些愿望的主体所识别和遵循。这些理由是实在的，它们并非只是现象。当然，它们将只被归于除愿望之外还拥有一种一般能力的生物，而这种能力则是指它能针对它应该做什么的问题而确立一种客观的观点。因此，假如蟑螂不能思考它们应该做什么，那么就不存在它们应该做的事情。但是，这种能力是可以无限发展的。正如我们不能用关于我们的数学能力的心理学来代替数学推理一样，我们也不能用关于我们的实践推理能力的心理学来代替实践推理。对客观的实践原则的追求不会被构想为对我们的道德感的一种心理学的考察，而将被构想为对它的一种应用。我们必须进行推理，以便发现我们拥有什么理由，而且这种能力的应用不会总是产生正确的答案。

　　甚至连在工具主义理论中所发现的这种有限形式的一般性，也是对客观性的探求的结果。但是，一旦这个原则被看作一个问题的解决方案，并且那个问题被描述了，那么可供选择的解决方案也能被考虑，并且其中一些可能最终被证明是比较好的。也许并非所有理由都以愿望为基础，而且并非所有愿望都产生理由。不止一种假设可以依据客观的立场来解释大量的个别情况。伦理学理论的任务是确立并比较关于如何活着的观念，这些观念可以不依据任何特殊的视角而被理解和思考，并且就我们能从它们的特殊性中进行抽象而言，这些观念因此也能依据许多视角而得到理解和思考。所有这些观念，都试图调和由客观性所强行带来的这种显而易见的一般性之要求和以主观的方式表现出来的理由之丰富性、多样性及实在性。

151

工具主义观点是保守的，因为它强行要求我们做出一种最低限度的归纳，且此种归纳不能妨碍我们保留个体似乎拥有的某些前道德的主观理由。它实质上没有为这些理由增加什么，而只是把它们纳入一种解释，并且这种解释具有足够的一般性，从而会出现这样的情况，即如果任意一个人 A 知道另外任意一个人 B 的偏爱、愿望、信念及境况是什么，那么 A 就可以把这种解释应用于 B。一般性的形式条件并没有强迫一个人在某种程度上走得比这更远。但那并不意味着这种观点是正确的。一个人并未被迫待在任何他不能被迫离开的地方。这样的地方太多了。

在前面的一处讨论中，我证明过，由理由所带来的动机并非总是依赖于先前存在的愿望。[Nagel（1），第 5 章] 有时，只是因为我认识到有理由去做某件事情或要得到某种东西，一种愿望才会出现。明智的动机也是如此，此种动机起源于对未来的愿望或利益的期待，而在当前它没有任何要求。利他的动机甚至更显然如此，它起源于对他人的愿望或利益的认可，并且除了由那种认可所激发的愿望外，它不需要行为者的愿望。[3] 但是，甚至当行为者的一种当

152 前愿望是合理行为的根据时，对所发生的事情进行一种纯粹描述性的因果解释也是不完全的。我想消除我的头痛，但这并不直接导致我服用阿司匹林。我之所以服用阿司匹林，是因为我认识到我驱逐头痛的愿望给了我服用它的理由，并证明了我想服用它是正当的。这就说明了我为什么服用它，并且从内部看，我不能认为我不去服用阿司匹林而让我的头往消防栓上猛撞居然是合理的。

于是，假如我们设想我在这种具体的情况下拥有一种理由，那

么问题就变成了：当我们客观地看待这个事实时，它是什么类型的理由？它如何相容于在存在哪些类型的理由这个问题上的一种更一般的观念——一种不只适用于我的观念？

4.　一般性的类型

在规范的问题上，就如在理论的问题上一样，对一般性的追求是构建客观的观点的一种主要推动力。人们把特殊的情形作为一个例子，并形成一些假设，来说明它代表什么样的一般真理。存在不止一种类型的一般性，并且没有理由假定一种单一的形式将会适用于每一种类型的价值。由于在一般性的类型之间做出的选择明确了道德理论的一些中心问题，我且来描述这些选择。

理由可以在其中发生变化的一个方面是在它们的广度上。如果一种原则适用于每个人而在内容上却又是相当狭隘的，那么在这种意义上它可以是一般的；并且相对狭隘的实践理性原则（勿说谎，发展你的才智）在什么程度上可以归类于相对宽泛的原则（勿伤害他人，考虑你的长远利益），甚至极端地归类于一个单一的且所有其余原则都源自其中的最广泛的原则，是一个尚无定论的问题。换句话说，即使在关于一个人应该做什么的问题上不构造一种始终提供获得决定性结论之方法的统一体系，理由也可以是一般的。

理由在其中发生变化的另一个方面是它们**与行为者的相对性**，而行为者就是拥有理由的那个人。相对于行为者的理由与不相对于行为者的理由的区分是极端重要的。[4] 假如理由可以被给予一种一般的形式，并且这种形式并不必然提及拥有该理由的那个人，那么它是一种**中立于行为者**的理由。例如，假如一个人做某种事情或想要某种东西的理由，是那种事情或那种东西会减少世间的不幸，那么该理由就是中立的理由。假如另一方面，一种理由的一般形式确实必然提及拥有该理由的那个人，那么它就是一种**相对于行为者**的理由。例如，假如一个人做某种事情或想要某种东西的理由，是那种事情或那种东西符合**他的**利益，那么该理由就是相对的理由。在这样的情况下，假如某种事情或某种东西符合琼斯的利益，但却与史密斯的利益相背，那么琼斯有理由想让它出现，而史密斯也有同样的理由想让它不出现。（相对于行为者的及中立于行为者的理由都是客观的，假如这些理由能从拥有它们的那个人的立场的外部得到理解和肯定。）

理由可以在其中发生变化的第三个方面，是其外在性的程度，或者说，独立于有感觉能力的生物所关切的东西的程度。在最初将自身呈现给我们的那些明显的理由中，绝大部分都与我们自己或他人的利益及愿望紧密相连，并且时常与经验上的满足密切相关。但是，在这些利益中，有些似乎表明了它们的对象拥有一种内在的价值，而这种价值的作用不仅仅在于它能让人们从对象中获得满足或表明这一事实即任何人都希望得到它们：**对任何人而言**，这种价值都不能还原为对象的价值。我不知道如何确定是否存在这样的一些价值，但客观化的倾向制造了一种相信存在这类价值的强烈冲动。美学中的情况尤其如此，在那里，利益的对象是外在的，而且利益似乎永远能够通过对对象的进一步注意而受到批评。问题是要以某种避免下述这种令人难以置信的结果的方式来解释外在的价值：它们保留了其实践的重要性，即使没有任何人能在**任何时候**对它们做出反应。（从而，假如一切有感觉能力的生命都毁灭了，弗里克陈列馆①留存下来仍将是一件好事。）

也许还存在其他一些重要的变化维度。但我想集中精力探讨上述这些方面，因为它们表明了在伦理学是什么这个问题上的主要争论出现在何处。能通过这些方式而得到描述的理由和价值为客观的判断提供了材料。假如一个人从外部看待人的行为及其条件，并且考虑一些规范性的原则是否可能，那么这些就是它们将会采取的形式。

对一个一般的规范判断的实际接受具有一些动机性的含意，因为它将使你在一些条件下接受你自己想要某些东西或想做某些事情的理由。

当客观的判断表明某种事情或某种东西具有中立于行为者或非个人的价值时，这最明显不过了。那意味着任何人都有理由想要它发生或出现——而且那也包括某个超越世界内的任何一个具体的人的视角来思考世界的人。甚至在使其回落到客观地接受它的那个个体的特殊视角之前，这样的判断就有动机性的内容。

相对的理由是不同的。一种客观的判断即某种东西拥有相对于

154

---

① 弗里克陈列馆（the Frick Collection）是以 19 世纪末的美国煤炭大王弗里克（Frick）的名字命名的一座著名的博物馆，位于美国纽约。该馆陈列了弗里克在其生命的最后几年中从欧洲购买的数以千计的油画、雕塑、装饰品以及豪华家具等各类艺术品。——译者注

行为者的价值，仅仅使我们相信某个人有理由想要得到并追求它，假如它是以适当的方式与他相关的（例如，符合他的利益）。某个接受该判断的人甚至并不希望人们通常会受到这样的理由的影响。仅当它与他恰好所是的那个个别的人之间的关系被推断出来时，这个判断才会促使他想要得到某种东西。至于他人，这个客观的判断的内容仅仅涉及**他们**应该做的事情或想要的东西。

这两种类型的判断，以及其他一些类型的判断，是当我们采取客观的立场时从我们身上产生的，并且这种压力，即通过可理解的方式把看待行为的两种立场结合起来，能使这样的判断变得精练，并使其得以扩展。

在规范的假设中间做出选择是困难的，并且就如不存在一种一般方法来选择以现象为基础的关于事实的最合理的客观描述一样，也不存在做出此种选择的一般方法。在这里或在其他地方，唯一的"方法"就在于试图产生一些假设，然后根据一个人充分确信的一切其他东西，来考虑它们当中的哪一个似乎是最合理的。由于我们可以假定并非每种可选方案都已被想到了，所以我们最多可以希望在那些可获得的方案之间进行比较，而不是要得到一种确定的解决方案。

这并不是完全无意义的，因为它至少意味着，单靠逻辑解决不了任何问题。无须为了使我们合理地接受某种客观价值的存在而向我们表明，对它的否定是自相矛盾的。在选择与从个人视角中产生的初始材料相一致的原则时，并没有谁限定你去选择最弱的、最贫乏的，还是去选择最经济的。我们对这些材料之外的理由的承认，并不取决于逻辑的推导，而取决于同证据相一致的那些规范假设（包括虚假设）的相对合理性。

在这方面，伦理学与任何其他东西并无二致：理论知识也不是通过演绎的方式从现象中进行推论而产生的。主要的差别在于，我们对实践理性所做出的客观的思考是非常简单的，而且甚至在迈出第一步时也有困难。在价值问题上，与在形而上学问题上相比，哲学的怀疑论和唯心论是相当盛行的。不过，我认为它们也是不正确的。尽管像利己主义或利他主义那样的任何单一的客观的实践理性原则都不适用于一切事物，但对一些客观价值的接受仍然是不可避免的。这并非因为这种选择是不一贯的，而是因为它不是**可信的**。像在休谟的例子中那样（*Treatise*，第 2 卷，第 3 部分，第 3 节），某个宁愿毁灭整个世界而不愿划伤自己手指的人也许并未陷入矛盾或错误的期待之中；但他仍有麻烦，并且任何其他没有过分狭隘地理解推理概念的人，都会认为他的选择在客观上是错误的。

但是，即使否认一个人客观上终究有理由做某事是不合理的，也不容易发现**确实**合理的肯定性的客观原则，尤其不容易在不扭曲个人生活及人际关系的情况下顺从这种客观化的推动力量。我们希望能从外部理解并认可我们的生活方式，但不可以因此总是说，我们应该通过那种外在的理解并从内部来控制我们的生活。客观的观点时常并不适合作为主观的观点的替代物，但将与它共同存在，并设立一种不能被主观的观点冲撞的标准。比如，我们能够客观地决定那个人应该做什么，但在决定我们要做什么时，我们不应该获得一种与那个人应该做的事情有所不同的结果。

155

有时，客观的立场也允许我们判断人们应当如何或者说应当如何活着，同时并不允许我们将这翻译为一种关于他们有理由做什么的判断。这是由于，在某些方面，最好不要为了某些理由而活着和行动，而要因为我们没有想到做任何其他事情才活着和行动。对于密切的人际关系而言，情况尤其如此。这里，若不明确贬低它断言其有价值的东西，客观的立场不可能进入行为的视角。不过，客观的断言的可能性是重要的。我们应该能在没有极端的分离与反感的情况下从外部看待我们的生命，而且我们应该在何种程度上忽略客观的观点，甚至根本不考虑任何理由而活着，本身也主要取决于那种观点。

一些为个体所特有的行为根据或一些陌生的群体的价值观，客观上也可能最终被证明是不可理解的。举我们当中的一个例子：想要做到一口气跑完 26 英里的人并非完全是不理性的，但他们的理由只能从一种价值体系的视角中得到理解，而有些人发现这样的体系也不是不可理解的。[5] 一种正确的客观的观点必须考虑到这样的一小部分不可吸收的主观性，并且这些主观性不必与客观的原则发生冲突，但也不会得到它们的认可。许多方面的个人喜爱都将纳入这种范畴，假如就像我认为的那样，它们不能全都并入一个一般的享乐主义原则。

但是，最困难而又最有趣的调和问题出现在客观性可以用作一种标准的地方，并且我们必须在那里决定如何将其用作标准。其中的一些问题是这样的：一种客观的观点应当在什么程度上承认外在的价值？它应当在什么程度上承认中立于行为者的价值？顾及他人利益的理由应当在什么程度上采取相对于行为者的形式？每个人在什么程度上优先考虑他自己或同他亲近的人的利益是正当的？在涉及不同实践推理的一般性的恰当形式以及客观的原则与个体行为者的思考之间的恰当关系时，这些就是需要考虑的全部问题。

我们将在后面再回来讨论其中的一些问题，但大量的东西将会被忽略。我将集中精力探讨依赖于利益或愿望的价值或理由的恰当形式。它们可以通过不止一种方式被客观化，而且我认为，不同形式的客观化适合于不同的情况。

5.　愉悦与痛苦

然而，让我从一种我认为具有明确的解决方案的情形开始：身体的愉悦和痛苦以及舒适和不适，即食物、饮料、睡眠、性、温暖和悠闲所带来的愉悦以及受伤、疾病、饥饿、干渴、寒冷和疲惫所带来的痛苦。让我忽略一些我们不太关心的轻微愉悦和痛苦，并全神贯注于我们强烈（也许是极度）喜欢或厌恶的那些感官经验。我不是伦理学上的享乐主义者；但我认为，愉悦和痛苦是非常重要的，而且与偏好和愿望相比，它们为某种类型的客观价值提供了一个更明白的例子，我们将在后面讨论这个例子。我将为下述这种并不令人吃惊的主张做辩护：感官的愉悦是善的，而感官的痛苦是恶的，不管它们是谁的愉悦和痛苦。这一任务的关键，在于发现客观化的压力在简单的情形中是如何起作用的。

身体的愉悦和痛苦，通常并不依赖于自身就提出证成及价值问题的活动或愿望。它们只是使我们感到相当被动的感官经验，并且我们对它们有一种不由自主的愿望或厌恶。一方面，几乎每一个人都极其简单地把避免自己的痛苦和增进自己的愉悦作为行为的主观理由；他们没有得到其他一些理由的支持。另一方面，假如某人追求痛苦或避免愉悦，那么此种行为或者被当作达到某种目的的手段，或者得到了像内疚或像受虐狂那样的阴暗理由的支持。当我们依据客观的立场考虑这些事实时，哪种类型的一般价值（假如存在一些这样的价值）应当被赋予愉悦和痛苦呢？当我们在不考虑自己是谁的情况下看待这些事物时，我们可以合理地对它们做出何种判断呢？

我们可以先问这样的问题：为什么初始的立场即愉悦和痛苦没有任何可以被客观地识别的价值是不合理的？那将意味着我没有理由因为严重的头痛而服用阿司匹林，不管我事实上可能有什么样的动机；而且还意味着，当从外部看待时，你甚至不能说，某人仅仅因为害怕疼痛就有理由不把手放在一个热炉上。试着从外部来看待这件事，并看看你能否设法阻止那种判断。假如关于客观的实践理性的观念确实意味着什么，从而存在某个会被阻止的判断，那么这似乎就是不可能的。假如反对客观的理由的实在性的一般论证是无用的，那么我有理由（而非只是一种倾向）不把手放在热炉上这一点至少是可能的。但是，如果给定了这种可能性，那么否定这是可能的似乎就没有意义了。

然而，足够奇怪的是，我们能想到一种与这样的否定相容的情况。可以提出：对痛苦的反感是一种有用的恐惧症，这种症状会帮助我们避免或逃脱由痛苦所标志的那些伤害，但与痛苦自身的内在的不可愿望性无关。（同一种纯粹工具性的价值也可以归于感官的愉悦：可以认为，食物、饮料及性的愉悦就其自身而言是没有价值的，尽管它们对我们的自然吸引力有助于我们的生存与繁殖。）那么，痛苦本身不会有什么问题，而且某个绝非只是因为知道某件事情会减轻或避免痛苦才去做那件事的人，也不会有什么问题。他仍然会有一些不由自主的回避行为，否则就难说他终究感到了痛苦。于是，他会由于其他的原因而故意减轻痛苦——因为这是避免痛苦所标志的那种危险的有效方法，或者因为痛苦妨碍了他的某种重要的身体或精神的活动。只不过他不会认为痛苦**本身**就是他有理由加以避免的东西，即使他和我们其余的人完全在同样的程度上憎恨这种感觉。（而且，尽管我们习惯上会通过某种方式来证明避免我们没有理由去憎恨的东西是正当的，但是他自然不能以同样的方式，或者说，不能根据这一点即甚至连一种不合理的憎恨也会使其对象非常令人不快，来证明对痛苦的避免是正当的。）

　　这种提议并不存在任何自相矛盾之处，但它似乎仍然是荒唐的。如果没有某种正面的理由认为，拥有你所强烈喜欢或厌恶的一种经验，就其本身而言，无所谓善或恶，那么我们就不能严肃地认为，通常的相反的印象是一种集体的幻觉。这些事物至少**对我们来说**是善的或恶的，假如有的事物是这样的话。这里似乎要发生的事情是：我们不能依据客观的立场，来阻止以某种方式赞成我们在自己的意识的内容问题上所做出的最直接、最当下的主观价值判断。

158

我们认为，因为我们太接近那些事物了，所以我们当下的非观念的评价印象是不会有错的。在这样的情形中，我们所能获得的任何客观的观点都不能否决我们的主观的权威。这里，不可能存在任何拒绝现象的理由。

显然，我们在这里必须识别的理由是一般的，而非狭隘的：假如我有理由因为头痛而服用阿司匹林，或有理由避开热炉，那么这并非因为存在与那些痛苦有关的某种具体的事物，而是因为它们代表了痛苦、苦难或不适。只要我们限于基本的身体的愉悦与痛苦，就没有理由认为它们当中的一些是善的或恶的，而另一些不是善的或恶的。因此，任何一种实践理性原则，如果缺少"寻求愉悦并避免痛苦"这种最一般的成分，那么就都是任意的。确切地说，最一般的原则是，我们有理由寻求或避免我们当下强烈地喜欢或厌恶的感觉。（这包括像憎恨这样的不同于痛苦的情感，以及像粉笔发出的吱吱声这样的并非每个人都以相同方式对其做出反应的经验。）

一种可供选择的假设将会是，起作用的理由甚至是更一般的："寻求你所要的东西，并避免你所不要的东西"（前面提及的工具主义理论）。但我认为，我们没有理由在这些例子的基础上走得那么远。大家都承认，人们通常想要愉悦，而不要痛苦；但我们可能并不同样乐于承认，他们有客观的理由追求他们所想要的一切，比如我们把某些难以抵制的冲动看作是不合理的。以下的事实把它们纳入了一种特殊的范畴：身体的愉悦与痛苦是经验，并且我们对它们的愿望与反感是当下的和非反思的。我最终将更多地谈论偏爱与理由之间的关系问题，而且也会谈论为什么在伦理学理论的形成中对偏爱的不断增加的依赖并非一种进步。工具主义理论甚至不是真理的一部分。

假如到此为止我是正确的，那么基本的愉悦与痛苦至少为追求和避免它们提供了相对于行为者的理由，即可以从客观的立场中得到肯定且并非仅仅描述行为者的实际动机的理由。

让我感兴趣的是下一个问题。愉悦与痛苦只有相对于行为者的价值吗？或者说，它们也提供中立的理由吗？假如避免痛苦只有相对的价值，那么人们有理由避免他们自己的痛苦，但没有理由解除他人的痛苦（除非其他类型的理由起了作用）。假如痛苦的减轻也有中立的价值，那么任何人都有理由想要任何痛苦停下来，而不管痛苦是不是他的。从客观的立场看，这些假设中的哪一个看起来更合理呢？感官的愉悦与痛苦的价值是相对的，还是中立的？相对于行为者与中立于行为者的理由之间的关系很可能是伦理学理论的中心问题。

我曾断言，不可能存在**纯粹的**相对于行为者的理由：必须有中立的理由对应于每种相对的理由，因为要不然，依据客观的立场而来的对相对的理由的认识就是不完全的。我甚至提出过，所有具有明显的相对性的理由事实上都包含在中立的理由中。大致说来，那个论证是这样的：除非当我客观地看待某个其他的人时，我把一种行为理由归属于他是有动机方面的考虑的，这和把他充分看作一个像我自己这样的人是相背的。就我自己而言，这也将意味着一种根本的分离，因为我甚至不会依据客观的立场来恰当地认识自己的实在性。为了避免在实践方面出现与怀疑论类似的东西，中立的理由

159

是必要的。[Nagel（1），第 11～12 章]

尽管我不再认为这个论证是有效的[6]，但我认为它并不是空洞的。在确立一种道德观点时，两种立场的结合以及对一个人只是他人中间的一员这一点的充分认识，是在背后起作用的基本力量。但是，它们并非在每一种情况下都需要接受中立的理由：一些价值是相对于行为者的，而且即便我们要充分认识他人的实在性，也无须把某种比那更高的客观的等级给予这些价值。我将在以后讨论一些例子。这里的关键在于，在理由问题上的任何完全一般的论证都不能表明，我们必须在承认愉悦和痛苦具有相对的价值的基础上，进而断定它们亦有中立的价值。

不过，由于和所尝试的这种一般论证相联系的理由，我认为该断定对这个例子来说是正确的：可以设想愉悦和痛苦只提供相对于行为者的行为理由，但这种设想是错误的。换言之，愉悦是好事，而痛苦是坏事，并且那种最合理的客观的原则，在肯定我们每个人都有理由追求自己的愉悦并避免自己的痛苦的同时，还承认这些东西并不是所呈现出来的仅有的理由。这是一种规范性主张。就像我说过的那样，不合理并不意味着矛盾。

在论证这种主张时，我在某种程度上受制于这一事实，即我发现它是自明的。由于我不能发现某种更确定的支持它的东西，我面临这样的危险，即用晦暗的东西解释清楚的东西。我已证明，我们应该承认我们**有可能**把中立于行为者的价值归于愉悦和痛苦。那么问题在于：这个假设更可信，还是关于纯粹相对的价值的假设更可信？

160

从客观的立场看，什么样的包含一切的实践判断体系是最言之成理的？假如我们承认这个一般原则，即每个人都有理由关心他自己的愉悦和痛苦，那么这如何与一个人的愉悦和痛苦对另一个人的行为的合理关系问题上的可选择的客观判断关联起来？我们不得不去判定，人们所拥有的避免自身痛苦的这种理由能否合理地与对此种痛苦的不带个人情感的漠视相结合。这里，来自分离的论证在我看来是有说服力的。一方面，假如我们把非个人的价值给予愉悦和痛苦，那么每个人都既能认为他有理由希望他自己的苦难消失，也能认为它是恶的并应当被驱逐。另一方面，假如我们把自己限定于相对的理由，那么他将不得不说，尽管他有理由想要止痛药，但他并没有理由拥有止痛药，或者说，任何其他碰巧在场的人都没有理由给他止痛药。

尽管对于一些同个人计划——这些计划表达了他人不可能被期待去分享的个人价值——相联系的理由，这可能是正确的，但它是对生命中基本的舒适与不适所采取的一种非常独特的态度。设想我在一次火灾中被救出，并发现自己躺在一家医院的烧伤病房里。我因为痛苦而想要某种东西，而邻床的那个人也是这样。他声称希望我们两人都被注射吗啡，但我对此不能理解。我理解他为什么有理由为自己要吗啡，但他有什么理由想要**我**也获得吗啡呢？难道我的呻吟打搅了他？

这里的分离是对我自己的苦难所采取的一种分裂的态度。作为客观的旁观者，我承认 TN 有理由想要它停止，但我没有发现它应当停止的理由。我针对**这个人**要什么是合理的这一问题而做出了判断，但我对它的评价完全局限在这个判断的框架内。

尽管痛苦依着于一个人及其个人的视角，但对于客观的自我来说，正如对于主观的个人来说一样，它无疑也是可恶的。甚至当我从外部把自己看成无数的他人之中的一员时，我也知道它是什么样子；并且当我以这种方式思考任何其他的人时，同样的说法也是对的。痛苦可以在思想中与它是我的这个事实相分离，而又丝毫不丧失其可恶性。容我打个比方：它有其自己的生命。这就解释了为什么我们必然会把它自己的价值归于它。

161　　这种主张，即我们至少必须把客观的实在性给予避免痛苦的相对于行为者的理由，是以受难者的评价的权威为基础的。毕竟，与任何其他的人相比，他离它更近。现在的问题是，同样的权威是否应当延伸至下述结论：苦难是一种坏的事情与经历，而且这不只是相对于受难者而言的。从客观的立场看，我能赞同受难者避免或减轻它的努力，同时却不再承认一种希望其消失的非个人理由吗？这样做就等于说根本不存在中立于行为者的反对苦难的意见；而依我看，这会再次推翻出现在这种境况中的最明显的权威。我们是在不依据任何特殊的观察角度的情况下，来思考如何看待一个包含诸多观察角度的世界的。可以认为，存在于那些角度内部的东西，当从外部加以看待时，是有某种价值的，也就是说，它们完全是世界上正在发生的事情的一部分；并且当从内部来看时，它们似乎应该不可避免地会拥有被归于它们的这种价值。

当客观的自我思考痛苦时，它不得不通过受难者的视角做到这一点，并且受难者的反应是非常清晰的。当然，他想不假思索地摆脱**这种痛苦**——这并非因为他认为减少世界上的痛苦的总量是好事。但与此同时，他意识到这种痛苦有多么不好，并不必然意味着他认为该痛苦是他的。摆脱痛苦的愿望只拥有作为自身对象的痛苦。以下的事实就表明了这一点：它甚至不必为了意味着什么而想到**一个人自己**，也就是说，假如我缺乏或失去关于同其他可能或实际的人有别的我自己的概念，我仍能直接领会痛苦所具有的恶的性质。因此，当我依据客观的立场思考它时，自我并不干扰痛苦及客观的自我。我对待痛苦的客观的态度是通过适当的方式从主体的当下态度中接受而来的，并自然地采取了对痛苦本身进行评价——而非只是断定受害者可以合理地想要得到什么——的形式："**这种经验**不应当继续下去，**无论谁在**拥有它。"依据客观的立场而认为痛苦客观上是恶的，并不需要不合理地制止对受害者身份的必要参考。在其最简单的形式中，它是我的（即关于我自己的概念）这个事实，并不进入我关于我的痛苦所具有的恶的知觉。

　　当然，我可以轻易地形成消除我的痛苦这样一种明确的以自我为中心的愿望——假如（比如说）只有一剂可用的吗啡，而我希望医生把它给我而不是给我的邻床病友。但这并不是针对我的痛苦的恶而做出的一种纯粹反应，而且依据客观的立场来把这转变为这样的一种判断，即医生有理由偏爱我而非我的邻床病友，是一种极端明显的错误的客观化。这种愿望本质上是以自我为中心的，并且假如它确实支持某种客观的价值判断，那么这将是一种相对于行为者的判断，即我或许有理由试图贿赂或说服医生，以便让他对我进行特殊的关照（这样一来，我的邻床病友也完全有同一种相对于行为

162

者的理由来让医生特殊关照他）。

假如对一个人自己来说，存在这样一些追求愉悦并避免痛苦的专门的相对的理由，那么它们必须与中立的理由相抗争——当我们客观地看待这些事物时，那些中立的理由似乎立即变得显而易见了。存在一种给我吗啡的理由，并且该理由独立于这一事实，即该痛苦是我的，或者说，它是令人畏惧的。针对任何个体在其愉悦或苦难中所感知到的价值而做出的最初而又最自然的推论，是一种中立于行为者的推论——不管后来可能补充进了什么其他东西。

如我说过的那样，这个结论在我看来是自明的，并且在试图解释为什么它是真的以及为什么可供选择的假设不太合理时，我可能并没有远离这一点。这种主张，即愉悦具有非个人的善，而痛苦具有非个人的恶，与其说是人们确实需要理由来相信的命题，倒不如说是人们确实需要理由来怀疑的命题；但这确实有助于我们的理智把它们同两种立场的结合关联起来，而所说的两种立场指的是在一个人自己的动机问题上的主观的与客观的立场。

6. 过分客观化

从迄今为止所采用的方式中显然可以看出，我的主张就在于并不是所有客观的理由都具有同样的形式。客观性与意志的相互作用产生了一些复杂的结果，而这些结果无法必然被合并成一个统一的体系。这意味着，这样一种自然的抱负，即构造一个包含一切的伦理学体系，可能是无法实现的。

我已在实践理性的领域反驳了怀疑论，并论证了实在论以及对客观性的追求。但是，假如承认实在论是一种可能，那么一个人立即就要面对怀疑论问题的对立面，即过分客观化的问题：以一种特别强有力的方式阐释理由的客观性之诱惑。

在伦理学中，像在形而上学中一样，客观性的诱惑是非常巨大的：这两个领域中都有一种持久的倾向，即寻求对实在的一种单一、完全而又客观的描述。在价值领域，这意味着要为所有的行为理由寻找最客观的可能的描述，即依据最大限度的超然的立场来约束我们的那种描述。

这种观念构成了以下这种相当常见的道德假定的基础：仅有的真实的价值是非个人的价值，并且除非某事的发生具有中立于行为者的理由，一个人绝不可能真正有理由去做那件事。这就是一些传统的后果论的实质：一个人做某事的唯一理由在于，假如他做了，*163* 那么当把世界视为一个整体时，事情本身会变得更好。在黑尔（Hare）针对唯一一种能用道德语言来表达的判断而提出的看法中，这种观念也发现了自身的类似物。这是因为，他所提出的主张，即道德判断是普遍的规定，意味着它们取决于当一个人从所有的观察角度来考虑问题时他**希望**发生什么，而非取决于当一个人以这种方式来考虑问题时他认为人们**有理由做**什么。事实上，他并未承认具有下述特征的规定是可能的：陈述某个其他的人应该做什么，但并不保证规定者想要得到按规定将会出现的东西。因此，任何原则，只要在他看来是符合道德准则的，都不得不是中立于行为者的。

在下一章中，我将试图解释，为什么伦理学并不只是基于同愉悦和痛苦所带来的那些价值相类似的非个人价值。就像不能假定所有的实在都是物理的一样，我们同样不能假定所有的价值都是非个人的。我先前曾证明，并非一切存在之物都可以被聚集在一个统一的本然的宇宙概念中。假如明显存在某些不能用物理的方式加以分析的视角，那么我们必须修改我们关于客观的实在的观念，以便把它们包括进来。假如这还不够，那么我们必须承认实在拥有一些无法从客观上得到理解的事物。类似地，假如某些似乎存在的行为理由不能融入一种纯粹中立的体系，甚至不能融入一种一般但却相对的体系，那么我们也许不得不相应地修改我们在价值及实践理性问题上的实在论观念。我不想暗示这里不存在冲突。客观的理由与主观的倾向之间的对立也许很严重，并且可能要求我们改变我们的生活方式。我只想表明，假如存在真理的话，那么不是通过最超越的立场的当然的胜利，而是通过对冲突的研究，才会获得真理。在任何地点的生命行为中，来自内部的观点与来自外部的观点的对抗都必须加以严肃的对待。

注释

[1] 试比较 Anscombe（1），第 137 页："在哲学上时常出现这样的情况。有人证明了'我们所发现的一切'是如此这般的东西；而结果表明，证明者已经从他关于'发现'的观念中排除了他说我们未能'发现'的那类事物。"

[2] G. Harman，第 6 页。这是他对这个问题的系统表述，而

非他提出的解决方案。

［3］我在动机不明且会产生动机的愿望与自身就拥有合理动机的愿望之间所做的区分，与康德对兴趣（*Neigung*）与利益（*Interesse*）的区分［Kant（2），第 413 页注释］有大量的共同之处，尽管他认为一种纯粹合理的利益只能出现在道德中。

［4］我通过提及"主观的"和"客观的"理由而表明了这种区分［Nagel（1）］；但是，由于那些术语在这里有不同的用途，我将采用帕菲特的术语，即"相对于行为者的"和"中立于行为者的"［Parfit（2），第 143 页］。我将时常把它们简化为"相对的"及"中立的"，而且我将把与它们相对应的价值称为"个人的"及"非个人的"。

［5］尽管一个人绝不知道它下一步将走向何处：它类似于**攫取身体者的入侵**（Invasion of the Body-Snatchers）。

［6］它受到了斯特金（Sturgeon）和其他人的批评。

第九章　伦理学

1. 与行为者的三种相对性

伦理学的客观性实际上是一个复杂的主题，任何希望理解这种复杂性并为伦理学的客观性进行辩护的人都必须面对一些问题。在本章中，我将着手处理这些问题。这种处理将是一般的，并且是很不完全的。为了表明这项事业并不是没有希望的，有必要讨论一些例子。

这种讨论将围绕相对于行为者的价值与中立于行为者的价值之区分而进行。我并不试图——哪怕提纲挈领地——提出一种充分的伦理学理论。但在本章及下一章中，我将试图对伦理学的中心问题做出某种说明：生活、利益以及他人的康乐对我们提出了怎样的要求，而这些形式各异的要求又将如何与过好我们自己的生活这一目标协调起来。我的假定是，一种道德理论的形态取决于复杂理性生物的精神系统中诸多力量的相互作用。（我不谈论美学的价值，它们与人类利益的关系是晦暗的，尽管某些外在于我们的东西因为具有引起我们的兴趣及重视的能力而把那些价值暴露给了我们。）

有一种重要的伦理学成分，它是后果论的，并且是非个人的。假如我在上一章中所说的是对的，那么某种快乐主义的、中立于行为者的后果论，就描述了一种我们所应给予他人的关切之有意义的形式。生命中充满了基本的愉悦与痛苦，并且它们对我们来说是利害攸关的。也许其他的基本的人类的善，比如健康和生存，也有同样的地位，但现在且让我忽略它们。我现在要考察使这种描述复杂化了的其他类型的客观理由。伦理学不仅关心什么事情应该发生，而且也独立地关心人们应该或者可以**做**什么。中立的理由构成了前者的基础，但相对的理由可以影响后者。在哲学讨论中，中立的理由和非个人的价值的支配地位典型地受到了三类一般理由的挑战。这三类理由在形式上是相对的，并且它们的存在似乎独立于非个人的价值。

第一类理由起源于个体行为者的愿望、计划、承诺及人际关系。在追求他自己的目标时，这些为他提供了行动的理由。我将把这些都集中在自主的理由这个一般的类目下（不要混同于自由意志的自决）。

第二类理由起源于他人在某些方面所拥有的不应受到伤害的权

利。我所想到的，并不是每个人都不应使他人受到伤害的中立的理
由，而是当每个个体与他人打交道时其自身不应伤害他们的相对的
理由（例如通过侵犯他们的权利、违背对他们的承诺等方式）。我
将把这些集中在道义论这个一般的、令人生厌的而又常见的类目
下。自主的理由会规定我们在服务于非个人的价值时必须做什么。
道义论的理由会规定我们在服务于非个人的或自主的价值时**可以做**
什么。

第三类理由起源于我们对与我们关系密切的那些人所要承担的
特殊义务。他们是指父母、子女、配偶、兄弟姐妹、同一个社会群
体或民族的成员。绝大多数人都会认为我们应该承担一种非契约性
的义务，即对他们当中的一些人表示特殊的关切，尽管在理由的强
度及最终结果的广度问题上会有分歧。我将把它们称作义务的理
由，即使它们并不包括人们自愿承担的大量的义务。我只是为了列
举的完全性才在这里提及它们，而且我不会细致地讨论它们。同关
于另外两类理由相比，我在这里是缺少信心的，因为按照通常的看
法，它们抵制中立于行为者的证成。

我不能肯定是否所有这些相对于行为者的理由都是实际存在
的。自主的理由，可能还有义务的理由，是完全可以理解的；但
是，尽管我认为道义论理由背后的观念可以得到解释，但那样的解
释仍会使人对这类理由的有效性产生某种怀疑。要发现对于我们在
服务于非个人的价值时可以做或必须做的事情有什么限制，唯一的
方法在于弄清那些显而易见的限制能有什么样的意义，并根据最大
的意义是不是足够善的而接受或拒绝它们。

166

　　若把自主的、义务的、中立的及道义论的理由放到一起，它们就涵盖了大部分的人们不愿多加思考的平常的道德领域。常识认为，我们每一个人都应当过他自己的生活（自主），对另外一些人给予特殊的照顾（义务），对一般的善给予有意义的关心（中立的价值），并适当地对待自己与其打交道的人（道义论）。常识也认为，这些目标可能产生严重的内在冲突。在伦理学或任何其他地方，常识并无最后的决断权；但是，正像 J. L. 奥斯汀（J. L. Austin）在论及日常语言时所说的那样，它有最先的说话权：在抛弃它之前，应当先考察它。

　　已有人通过使用像规则功利主义和目的功利主义那样的后果论的进化形式，尝试着在一种更复杂的非个人的理论体系中，寻求对非个人伦理学的所有这三种显见的例外进行某种解释的可能。近来的一个例子是黑尔在《道德思维》（Moral Thinking）中对功利主义所做的两种层次的解释；此外，T. M. 斯坎伦（T. M. Scanlon）在《权利、目标与公正》（"Rights, Goals and Fairness"）一文中为道义论的权利提供了一种后果论的但非功利主义的证成。我不会试图表明这些把相对于行为者的东西归结为中立于行为者的东西的行为是失败的，因为我认为，部分说来它们是正确的。它们只不过并非真理的全部而已。关于这些例外是如何可能独立地具有意义的，我将试图提出一种可供选择的解释。我的目标是去说明，逃避中立的证成的东西是什么。由于自主及道义论在这方面是最显而易见的，我将集中精力讨论它们。在两种情况下，解释都取决于以下两种事物之间的某些不一致：一种事物，从客观的立场看，能被赋予价值；而另一种事物，从客观的立场看，能被发现拥有来自客观性程度较低的立场的价值。

2. 自主的理由

并非所有主观理由的来源都同感官的愉悦与痛苦一样简单。我认为，我们自己同这些经验相遇时全都认识到的那种价值的最合理的客观化，是一种非个人的客观化。尽管实施起来是困难的，但在重视自己的这种简单的感官愉悦或痛苦的同时，我们每一个人也都有理由高度重视他人的这些东西。当这些价值孤立地出现时，最终的结果可以是高要求的。假如你和一个陌生人都受伤了，你有一剂止痛药，并且他的痛苦比你的痛苦严重得多，那么你应当把药给他。这并非出于某些复杂的原因，而只是因为这两种痛苦中有一种是相对严重的，从而就提供了优先消除相对严重的那种痛苦的中立的理由。对于人类的善与恶的另外一些基本成分，同样的说法也是成立的。

可是，许多价值不是这样的。尽管人的一些利益（并非仅仅是指愉悦和痛苦）产生了非个人的价值，但我现在要证明，它们并非全都会产生。假如我患有严重的头痛，任何人都有理由想要它停下来。但是，假如我不合时宜地想要爬上乞力马扎罗山（Mount Kilimanjaro）的顶部，那么并不是每个人都有理由希望我成功。我有理由试图登上山顶，并且该理由也许比我希望头痛消失的理由强有力得多，但其他人只有极其勉强的理由（假如有的话）关心我是否应当登上那座山的山顶。或者设想，我想要成为一名钢琴演奏家。那么，我有理由去练习，但其他的人几乎没有理由或根本没有理由去关心我是否练习。这是为什么？

为什么我登山愿望的满足不应该具有能同它对我所具有的价值——就像我的头痛的消除一样——相匹敌的非个人价值？为到达那么高的一座山峰的顶部，你碰巧不得不忍受严重的高地头痛及呕吐：这一定值得你这么做。为什么这些价值的客观化没有保留它们之间的那种存在于登山者视角内部的关系？这个问题最初是由斯坎伦提出来的。他提出一种强有力的理由来反对这种观点，即偏爱的满足就其本身而言为伦理学提供了原材料，或者说，为我们要求得到他人的关切提供了根据。与个体利害攸关的事物所具有的非个人价值，无须与这些事物对他的个人价值相一致。"某人为了给他的偶像修建一座纪念馆而自愿放弃体面的日常饮食，并不意味着他向别人提出的帮助他实现该计划的要求与帮助他获得充足食物的要求具有同样的说服力。"［Scanlon（1），第 659～660 页］

一种价值可以通过两种方式以某种愿望为前提：这样说吧，这种价值可能要么存在于前提的外部，要么存在于前提的内部。在前一种情况下，假如一个人想望 X，那么他拥有 X 就具有中立的价值：这种愿望的满足具有每个人都有理由去促使其实现的一种客观的功利。在后一种情况下，假如一个人想望 X，那么他拥有 X 对他而言就具有相对的价值：是否容易接受这种价值取决于是否具有所说的愿望，并且该愿望的满足不具有非个人的功利。

不易陈述一条将愿望归于一种或另一种范畴的一般规则。我已说过，因为有了那些愿望，我们所强烈喜欢或厌恶的感官经验，仅就其本身而言就有中立于行为者的价值。这类直接的喜欢或厌恶的情感并非产生于某种选择或根本的理由，所以非常不同于用来界定我们的更一般的目标及抱负的愿望。前者导致明显的善的或恶的心理状态，因为主体的态度是决定性的；而后者需要更复杂的评价。

我们所追求的绝大多数东西，假如不是我们所要避免的，都是可选择的。它们相对于我们的价值取决于我们的个人目标、计划及关切——包括我们对他人的特殊关切，而此种关切反映了我们与他们之间的关系。它们之所以具有价值，仅仅是因为我们对它们产生了兴趣，且这种兴趣使它们在我们的生命中有了一种地位，而不是因为它们的价值引起了我们的兴趣。当我们从外部客观地看待这样的愿望时，我们可以承认它们为行为所提供的理由是有效的，同时无须断定，做那些事情中的任何一件都要有中立的理由。这是因为，当我们转向客观的立场时，我们就放弃了这些价值必须由之被承认的视角。

关键的问题是，在确立每一个个体自己的愿望与偏爱的满足所具有的客观价值时，他的权威将会延伸多远。从客观的立场出发，我们看到一个包含多种多样的个体的视角的世界。来自那些视角内部的一些价值现象，正好能为客观的自我所接受。但我认为，其他的价值现象在本质上一定也是有视角的，即它们仅仅是**相对于主体的**价值现象，并且仅仅从他的生命内部来看才是合理的。它们的价值并不是客观上可分离的（detachable），因为它过分取决于主体的独特态度及目标，并且不能被纳入一种同样重要的更普遍的价值，比如像愉悦与痛苦所具有的价值。

当然，任何人都可以使另一个人的目标成为他自己的，但那是另外一回事：一个关于个人的赞同而非客观的认可的问题。只要真正拥有客观的立场，我仅仅间接地通过选择它的那个人的视角，而无须凭其本身，就能认识到其中一种可选目标的价值。

即使那个人是我自己，情况也是如此。当我从外部看待我的生命时，两种立场的结合无法克服一定程度的分离。我能领会我获取充足的衣服及食物这种行为所具有的价值，但我不能用同样的方式直接领会下述事实的价值：只是因为我有登山的想法，我才去攀登乞力马扎罗山。我希望登山这个**事实**，当从外部来看待时，与我从内部体验到的**这种希望**所具有的重要性毫无关系。我在这里仅仅通过 TN 的视角就能发现一种理由；TN 选择了一个可选目标，并且这个目标为在他的生命内部起作用的价值补充了某种东西，而这种东西完全不同于纯粹是在独立于他的选择的情况下所能找到的那些理由。如果不把它当作一种相对于他的价值，我就不能发现它；而且也就因此不能不加保留地把它作为一种非个人的价值接受下来。

尽管这在我看来是真的，但是有一种当然的反驳它的方式。我承认过，就感觉而言，一种强烈的愿望或厌恶可以带来中立于行为者的价值，并且它不要求我有这种愿望，甚或不要求我充分理解它。比如说，即使我不介意粉笔发出的吱吱声，我也可以承认，从非个人的角度看，某个厌恶那种声音的人遭遇了它也是一种恶的现象。这种非个人的恶并不依附于只被构想为某种声音的经验，而依

169

附于一个事实，即某个人**拥有一种他所厌恶的经验**。这种显而易见的不舒服足以引起我们的关注。现在，也许有人会问：为什么一种类似的非个人的价值不应该依附于某个人**拥有他想要的某种东西（或做他想做的某件事情）**这个事实——不管他的愿望是什么？虽然我不能客观地认同那种愿望，并因此不能把某种价值给予愿望的实现本身，但为什么我也不能在这种更复杂的描述中断定它拥有非个人的价值？这将是普遍的价值，而人们可以从这种价值出发，来客观地支持所有偏爱的满足。

提出令人信服的理由是不易的，但我认为并不存在这样的普遍价值。原因之一在于，我们所谈论的个人的计划通常包含了在我们的心灵以外的世界中所发生的事情。允许一个个体的愿望为在他之外的某种东西带来非个人的价值似乎太过分了，即便他在某种程度上被卷入其中。个体的价值的非个人权威因远离他的心灵的限制而降低。我认为，在一个人想拥有绝不会对其意识产生影响的某种事物（比如身后的名声）这样的极限情况中，我们能清楚地看到这一点。假如某个人希望获得身后的名声，他也许有理由做他认为将会实现这种希望的事情，但人们只能把它看成一种**相对于他的**善。在其希望的实现中，不存在任何中立于行为者的价值：任何其他的人所能拥有的唯一关心它的理由，将是对他及其抱负的一种具体的个人的关切。

另外，一种愿望愈是拥有主体的经验这一性质作为自身的对象，且愈是直接的并独立于他的其他价值，就愈是容易产生非个人的及个人的理由。但是，当它超出他自己的经验时，一种典型的个人计划或抱负的实现只具有来自其主体的视角的价值——不管怎么说，至少不存在某种可以同具有该抱负的人合理赋予它的那种价值相比拟的东西。（这种计划或抱负的实现能拥有根本不取决于他的兴趣的内在价值。这里我是在假定，我们可以从任何这样的价值中进行概括；要不然就是在假定，我们正在讨论一些其实际价值全来自主体的兴趣的计划，不管那种价值是什么。）然而，一个人显然 *170* 可以在他所强烈喜欢（或厌恶）的感官经验的出现（或不出现）中发现价值，无论他是否拥有那种反应，或者说是否与那种反应产生共鸣。可以用一种貌似悖理的方式来表述：愿望的对象愈是主观的，愿望的满足所具有的价值就愈是非个人的。

假如这是正确的，那么当我们对两种立场进行调解时，一种程度的分离是不可避免的。从内部看，我直接受到某些相对于行为者的理由的支配；从外部看，我所能做的一切就在于承认，对我所是的那个人来说，受到那些理由的驱使是合理的——当作为客观的自我出现时，我自己并没有受到它们的驱使。当承认这些相对的理由是某种一般事物的实例，并且对于任何别的行为者来说都能随着他自己的可选目标而产生时，我的客观性就显露了。从攀登乞力马扎罗山或成为一名钢琴家这一抱负所属的视角之外的角度来看，认识并理解那种视角是可能的，而且承认产生在其内部的理由也是可能的；但是，把那些理由当作一个人自己的理由是不可能的，除非他不仅认识这种视角，而且占有这种视角。

希望能够登上乞力马扎罗山或演奏贝多芬（Beethoven）的所有钢琴曲，同时又认为从非个人的角度看一个人能否做到这一点是不重要的，并不存在自相矛盾的地方。其实，一个人必须很可笑地认为这在客观上确实是重要的。从非个人的角度看，甚至连以下这种情况也是没有多大意义的：**假如**某人想要凭借记忆来演奏贝多芬的所有钢琴曲，那么他就应该能做得到。因为其意义不大，所以假如他做不到，并且假如他也不想做得到，那么这或许更好——不考虑这种抱负本身可能具有什么样的价值。在这里，愉悦和痛苦的中立的价值起了作用。但是，甚至那也是一种相当轻微的中立的价值，因为它不是与直接来自抱负（其对象不是愉悦）的那些相对于行为者的理由相关的中立物。假如一种兴趣是行为者自己通过其选择及行动展现出来的，那么它所提供的客观的理由基本上是相对的。

任何源自它的中立的理由都必须表达独立于行为者的特殊视角及偏爱系统的价值。就像我说过的那样，愉悦与痛苦以及满足与受挫的一般价值在某种程度上充当了这种角色，尽管它们只能从愿望的对象——其获得或丧失会产生这些感觉——所具有的价值中分离出来。（顺便说一句，这就解释了快乐主义为什么会求助于后果论：它把所有的价值都还原成愉悦与痛苦这种非个人的共同的尺度。）但我认为，所不存在的是愿望和偏爱的满足所具有的完全一般的非个人价值。一般说来，一个个体的种种个人偏爱的强度决定了它们会为他提供理由做什么，但并不决定他得到他想要的东西这一点具有什么样的非个人价值。偏爱的满足自身并不具有任何独立的价值；但是，即使从一种非个人的立场看，这种满足也保留着它的力量。

171

3.　个人的价值与公正

这似乎是令人不悦的，并且如果我们就到此为止的话，那么它就会是这样的。这是因为，假如中立于行为者的理由仅仅来自愉悦和痛苦，那么我们就没有理由关心不能轻易地用快乐主义来解释的与他人康乐相关的许多基本方面：他们的自由、自尊，以及能使他们过上满意生活的机会和资源的获取。

但我认为，还有一种方式可以让我们认为这些事物具有非个人的价值，而且在这样做时无须赋予个体的偏爱以自由决断的权利。这些非常一般的人类的善，同愉悦的获得及痛苦的解除这类具体得多的善，共同拥有一种产生中立的理由的特征。它们的价值并非必须通过拥有或缺乏它们的那个个体的特殊价值而被发现，或者说，并非必须通过他已形成的特殊偏爱或计划而被发现。[1] 还有，尽管它们并非仅仅包含意识的内容，但是这样的善是非常"真实的"：它们从内部决定生命的特征，并且这为主体所赋予它们的价值提供了根据。出于这两种理由，当我们从外部思考自己及他人的生命时，这些非常一般的善的最合理的客观化并不是相对于行为者的。

从客观的立场看，使人们认识到中立于行为者的理由的根本的东西是一种感觉，即任何人也不比任何其他人更重要。那么问题在于，我们是否全都同样不重要或同样重要；而我认为，答案就处于二者之间的某个地方。我们必须在其中继续从外部关心自己及他人的那些领域，就是那些其价值极其接近普遍价值的领域。假如非个人的价值确实要得到承认，那么，它除了依着于愉悦的获得及痛苦的缺失以外，还将自然地依着于自由、一般的机会及基本的生活资源。这并不等于把非个人的价值给予这样的事实，即每个人都得到了他所想得到的任何东西。

关于两个层次的客观化的假设意味着，不存在一种有意义的同每一条关于某人应当做某事的理由相对应的关于某事应当发生的理由。每个人都拥有源于他自己的生命的视角的理由；尽管这些理由能为公众所承认，但通常并不为他人提供理由，而且一般说来与他人的利益为他所提供的理由不一致。由于相对的理由是一般的，并且不是纯粹主观的，所以他必须承认，针对他而提出的这种说法也适用于其他人。在某种程度上客观地远离他自己的目标是不可避免的；在其个人的关切问题上，两种立场之间将有某种分离。伦理学的结果将取决于实际的境况对他和他人所提出的非个人的要求的程度，以及这些要求同更个人化的理由相比能具有多大的影响。

一个困难的问题是，这样的一个两层系统是否意味着一种有意义的限制，或者说，是否意味着伦理学要求我们在自己与他人之间保持公正。[2] 假如来自个人目标的相对于行为者的理由是被简单地补充到来自更普遍的价值的中立的理由上的，那么它就意味着这一点。因为那样一来，我就会被允许在优先于他人的非个人的善的情况下追求我的个人计划，这恰如我能在优先于自己的健康、舒适等等的情况下追求那些计划一样；而且我将不必为了推进**他们的**个人计划或者说仅仅为了他们的非个人的善而牺牲我自己。因此，每个人的相对于行为者的理由好像都会给他留下一种抵御他人要求的余地，尽管特别充分的非个人理由自然能够无视它。

　　然而，有某种理由让人不相信结果将会如此简单。在权衡我们的相对于行为者的理由与他人的非个人要求之高下时，我们也许不能使用我们在自己的生命内部所使用的同一个标准。再一次举斯坎伦的例子：我们有理由帮助某个人获得足够的吃的东西而非帮助他修建一座献给其偶像的纪念馆，即便他自己愿意为修建纪念馆而放弃那些食物；因此，他也可以有理由帮助他人获得食物而非修建这座纪念馆，即便他不会因为让自己饿死而受到指责。换句话说，当基本的非个人的善来自他人的需要时，与当它们同我们自己生命内部的个人理由竞争时相比，我们不得不给予它们更多的价值。

　　我不能肯定我能得到关于这种情况的最佳描述，或者说，不能确定在要求获得公正时我能走多远。完全的公正似乎要求，任何以个人的理由为基础的自我偏袒的倾向，都要通过相应地降低在一个人的人际决断中所赋予非个人理由的那种分量而加以抵消，从而，容我打个比方吧，他所拥有的总额并不增加。必须看重所有的理由，以便使每一个人都同等重要。但我不知道，至少为了进行个人的决断，这样一种可信的体系能否被描述出来。似乎更有可能的是，人与人之间的公正，包括他人之间的公正以及一个人自己与他人之间的公正，不得不根据中立于行为者的价值而加以定义，并且这为在某种程度上偏袒一个人自己以及他的个人关切和情感留下了余地，而偏袒的程度则取决于在这个全面的体系中相对的理由和中立的理由之间的相对重要性。在把实践理性应用于为个人选择提供背景的社会及政治制度时，一种形式上更强的公正将不得不出现在一个较高的层次上，假如这样的公正是必需的。

有一种反对这种方法的意见应当被提及，尽管可能没有什么人会提出那种意见。我说过，大多数的个人主观理由的中立的客观化是没有意义的。但是，那当然不意味着一种相对的客观化反倒是正确的。存在一种极端的选择：这些理由可能根本没有任何客观的有效性——不管是相对的有效性，还是中立的有效性。也就是说，一个坚定的功利主义者也许会说，假如不存在让我攀登乞力马扎罗山或学习贝多芬奏鸣曲的中立的理由，或者说，假如它们就其自身而言并不是一件好事，再或者说，假如这个世界并不是一个很适合我登上那个山顶或演奏那些奏鸣曲的地方，那么我就没有任何类型的理由去做那些事，而且我最好尽快放弃我的愿望。换句话说，我给予我的生命中的某种事物的个人价值可能不会多于其非个人价值所证明了的。

这是一种逻辑上可能的步骤，但并非合理的步骤。它产生于这样的目标，即在最大的可能的程度上从实在价值的领域中消除视角，并且就我所能发现的而言，这种目标并不是客观性所要求于我们的。我们当然应当努力使我们的生活在某种程度上与我们心目中的世界相一致。但我现在认为，没有必要放弃所有与在非个人的立场中值得想望的某种事物不一致的价值，即便这作为一种个人的选择即自我超越的选择是可能的。

174　　假如客观上既存在相对的理由，也存在中立的理由，那么这就产生了一个关于生活应该如何组织，以便二者都能得到它们应得的承认的问题。处理这个问题的一种方式，在于把很多保卫非个人的价值的任务交给像国家这样的非个人机构。一套设计良好的政治及社会制度应该起道德缓冲器的作用，以保护个人的生活方式，并抵制非个人的善的贪婪要求；而且反过来也是如此。后面我还会再谈一谈伦理学与政治理论之间的关系问题。

　　在离开自主这个主题以前，让我把自己所说过的话与伦理学理论中近来出现的另外一种处理个人与非个人价值之间的关系的方式做一比较。这种处理方式出现在塞缪尔·谢弗勒（Samuel Scheffler）的《拒斥后果论》（*The Rejection of Consequentialism*）一书中。他提出一种"以行为者为中心的特权"；这种特权允许每个个体在决定做什么时把额外的分量赋予他的所有利益，而且此种分量超出了当从非个人的立场看时它们为其行为的总结果的中立价值所贡献的分量。

　　　　更具体地说，我认为，一种看似合理的以行为者为中心的特权，允许每个行为者给予他自己的利益比他给予他人的利益多出一定比例的分量。这样，它就会允许行为者促成自身选择行为的非最佳结果，只要该结果的低劣性程度与他促成更佳结果所须付出的牺牲的程度之间的差额，绝不超出这种明确的比例；而所谓的该结果的低劣性是相对于他能反过来促成的每种更佳结果而言的。（第 20 页）

这个建议不同于我的建议，但并非在严格的意义上与我的建议不相容。我在产生非个人价值的利益及愿望与不产生非个人价值的利益及愿望之间进行了区分，而谢弗勒并未做出这样的区分。他没有提出一种具体的对事态的非个人价值进行等级评定的方法，但他的讨论暗示着：他认为，在确定一种事态或结果是否在客观上比另一种更好时，人的绝大多数类型的偏爱的满足都能得到清点。但是，不管他是否会接受我的区分，一个人都能接受它，同时依然可以阐述关于一种以行为者为中心的特权的建议。这是因为，对于始终产生非个人的最佳结果的要求，那个建议给出了一种程度上的限制，而这种限制独立于我们确定各种结果的相对的非个人价值的方式。它也许仅仅是由一些而非所有利益所决定的。这种特权会允许一个个体把额外的分量给予那些利益，假如它们确实属于他的利益的话。

麻烦在于，根据我所提出的自主观，他已经可以拥有一些不会遭受异议的偏爱他自己的理由，这些理由是从那些在得到满足时可以带来个人价值而非非个人价值的愿望中产生的。也许，在拥有明确的非个人价值的基本的善与恶方面，再给这些理由增加一种额外的偏爱他自己的特权，在道德宽容方面就走得太远了。

有一种可供选择的立场，它将把谢弗勒的和我的立场的某些方面结合起来。这种立场可以是这样的：产生非个人价值的利益与不产生非个人价值的利益之间的区分并不鲜明，而只是一个程度的问题。一些利益只产生相对的理由，而不产生中立的理由；一些利益产生刚好与相对的理由具有同等强度的中立的理由；但是，一些利益既产生相对的理由，也产生相对说来多少有点勉强的中立的理由。当一种利益所产生的相对于行为者的理由超过相应的中立于行为者的理由时，可以允许一个个体在那种利益方面偏爱他自己。不存在任何不变的特权来把一种单一的比例较大的分量给予一个人的头痛的治愈，一个人的音乐或体育抱负的实现，以及一个人的子女的幸福。

此种类型的一种可变的特权会比一种不变的特权更充分地与谢弗勒关于其背后的动机的解释相一致；而这种动机指的是，希望通过允许道德去反映关切与奉献是如何从一种特殊的观点内部自然产生出来的，而把道德方面的重要性给予个人的观点。假如一些利益比另外一些利益更依赖于一种特殊的规范的观点，那么在道德的构建中，它们将会更自然地抵制非个人价值的统一要求对它们的同化。所有这一切，都是从把关于行为及其动机的主观的和客观的立场结合起来的企图中出现的。

甚至在进行这样的调解之后，仍将存在一些从个人的角度来看似乎显得过分的非个人道德的要求，并且对此做出的反应也许将不得不包括一种更一般的以行为者为中心的特权。我将在下一章中着手处理这个问题。

4.　道义论

现在，让我转而讨论道义论的限制这个晦暗的话题。这些限制是指不依赖于行为者的目标或计划而依赖于他人要求的相对于行为者的理由。与自主的理由不同，它们不是可选择的。假如它们存在的话，那么当我们服务于相对或中立的目标时，它们就限定了我们所能做的事情。

它们使一种本已复杂的描述变得更复杂了。假如存在一些相对
176 于行为者的自主的理由，且它们不产生中立于行为者的人际要求，
那么在决定一个人应当做什么时，他人的要求一定会与这些个人的
理由相抗争。道义论的限制把另外一些相对于行为者的理由即不以
某些方式对待他人的理由添加到了这个体系中。它们不是来自他人
利益的非个人要求，而是支配一个人与他人之间的关系的个人
要求。

不管对它们做出什么样的解释，它们在道德现象中都是引人注
目的。这里是一个聚焦你的直觉的例子。

一个冬天的夜晚，在一条行人稀少的道路上，你遭遇一起汽车
事故。其他的乘客受到了重伤，汽车不能使用了，道路上空寂无
人，因此你沿着那条道路往前跑，直到你发现一座孤立的房屋。这
座房屋原来被一个正在照看年幼孙子的老太太占有。这里没有电
话，但车库里有一辆汽车，你不顾一切地要求借走这辆汽车，并向
她解释情况。她不相信你。由于对你的不顾一切感到恐惧，她跑上
了楼，将自己锁在浴室里，并把你一个人和那个孩子留在下面。你
徒劳地猛击浴室的门，并搜索汽车的钥匙。然后你想到，假如你拧
浴室门外的那个孩子的胳膊，她也许会同意告诉你钥匙在什么地
方。你应该这么做吗？

尽管与你的朋友无法到达医院相比，拧那个孩子的胳膊只是一
种轻微的恶，但也很难不把这看作一种进退两难的困境。这种困境
一定产生于一种特别的反对**做**此事的理由；要不然，你显然会选择

较轻的恶，去拧那个孩子的胳膊。

通常的道德直觉承认有几种类型的道义论理由，即在一个人可以对人做什么，或者说可以如何待人这个问题上所做的一些限制。有由诺言或同意所产生的特别的义务；有对撒谎及背叛的限制；有关于禁止侵犯各种个人权利的规定，这些权利包括不被杀死、不被伤害、不被囚禁、不被恐吓、不被拷打、不被胁迫及不被抢劫等等；有关于不把某些牺牲仅仅作为达到目的之手段而强加于某人的限制；而且，或许还有关于当下性（immediacy）的特别要求，这种要求使远处的痛苦有别于本地的痛苦。在一个人的待人行为中，也可能有一种关于公平、公正或平等的道义论要求。（这有别于一种被认为与利益分配之平等相联系的非个人价值，即被看作事态评价之一个方面的非个人价值。）

在所有这些情形中，这些特殊的理由，假如存在的话，似乎不能简单地依据中立的价值而得到解释，因为行为者与后果之间的特殊关系是本质的。道义论的限制可以被具有充足力量的中立的理由所压倒，但它们自身将不被理解为任何一种中立的价值的表达。这类理由起作用的方式显然表明，它们不可能被下述假设所解释：违反一种道义论的限制具有高度的否定性的非个人价值。道义论的理由具有充分的力量反对你做某事，而不仅仅是反对它的发生。

比如，假如确实存在这样的限制，那么以下的事情似乎是合理的：你似乎不应当为了某种利益而去违背诺言或说谎，虽然没有人要求你为了阻止某个其他的人违背诺言或说谎而放弃一种类似的利益；而且，你似乎不应当为了使其祖母做某事而去拧一个幼童的胳

177

膊，哪怕那件事很重要，以至于没有人要求你为了阻止某个其他的人拧一个幼童的胳膊而放弃一种类似的利益。情况可能是这样的：你甚至不应当为了制造一种好的后果而做出某些类型的不公平的区别对待（比如在一次官方的任务中），虽然没有人要求你为了阻止其他人做出类似的不公平行为而放弃这种好的后果。

一些人可能会简单地否定这样的道德直觉的合理性；另外一些人则可能会说，它们的合理性可以依据非个人价值而得到细致的解释，并且除非我们对它们做了不充分的分析，它们似乎绝不包含一类根本不同的行为理由。就像我说过的那样，我在这里不想讨论这些可供选择的解释。对于某种具有一组道义论限制的大体特征的事物来说，它们也许提供了合理证成它的最佳希望；但是依我看，作为完全的解释被提出来，它们本质上是修正论的。即使从那种观点看它们包含了大量的真理成分，它们也并未使我们想用它们去替换的那些独立的道义论概念变得清楚。那些概念即使终将被抛弃，也仍然必须得到充分的理解。

有时，特别是当制度和通常的实践牵涉进这种情形中时，对于初看起来像是一种相对于行为者的行为限制的东西而言，存在一种中立的证成；而且，这一点，即对道义论限制的通常遵守在长时间内不会产生灾难性的后果，也确实有助于人们接受它们。反对直接施加伤害和侵犯公认权利的规则具有巨大的社会功用，并且假如不再这样的话，那些规则就会失去其许多道德上的吸引力。

但我确信，在支持道义论限制时，一种不太间接的、非统计学形式的评价也在起作用，并且构成了这个领域中那些主要的、最令人困惑的直觉的基础。这就是将会产生两难困境感的东西，假如最终表明对道义论限制的通常遵守始终起着与非个人功用相反的作用。无论正确与否，正是这种类型的观点才是我要考察和理解的。试图预先表明这样的困境不可能产生，没有任何实质的意义。

178

抵制道义论限制的一个原因在于：它们在形式上是令人困惑的，而我们已经讨论过的其他理由并非如此。我们能理解自主的相对于行为者的理由如何可以从行为者的特殊计划与关切中产生，而且我们能理解中立的理由如何可以从他人的利益中产生，并让我们每个人都有理由考虑到那些利益。但是，如何能存在顾及他人要求的相对的理由？如何能存在不拧某人的胳膊的理由，且该理由并不同样就是阻止某个其他的人拧其胳膊的理由？

这种理由的相对的特征不可能只来自被考虑的那种利益的特征，因为如果仅有这一点，那就只会证成一种保护那种利益的中立的理由；而且，这种相对的理由并非来自个体行为者的目标或计划，因为它不取决于行为者想要的东西。道义论限制——如果存在的话——适用于每个人：它们是强制性的，并且不可能像个人的抱负或承诺那样被放弃。

难以理解如何能存在这样的一种东西。人们会期待，来自他人利益的理由是中立的，而不是相对的。一种基于他人利益的要求如何能应用于可能会直接或故意违背它的那些人，而又并不应用于可能在同样程度上间接损害同一种利益的人？毕竟，**对于受害者而言**，与偶然被杀害或伤害相比，或者说，与作为危险援救行动的一种不可避免的意外后果相比，被故意杀害或伤害并不更坏。事实上，使这些理由生效的行为的特殊性质可能根本没有增添这种事件的非个人的恶性。这里使用斯坎伦的一个例子：假如你必须在拯救某人以使其不被谋杀和碰巧要以同样的方式拯救某个其他的人以使其不被杀害之间做出选择，并且你与他们两人都没有任何特殊的关系，那么你的选择似乎唯一地取决于你更有可能成功地拯救哪一个人。无可否认，谋杀行为的恶性在某种意义上是一种坏的东西；但是，如果问题的本质取决于我们更有理由阻止其中的哪一种行为，那么，当从非个人的角度考虑时，与偶然或意外的死亡相比，谋杀似乎并非一件极坏的事情。为了解释这种观念即人们甚至不应该为了阻止许多意外的死亡而去杀害一个人，必须引入某种完全不同类型的价值：谋杀不仅是每个人都有理由去阻止的恶，而且是每个人都有理由**去避免**的行为。

179   无论如何，即便从非个人的角度看，谋杀是比意外死亡更恶的事情，这也不能用来解释反对谋杀的道义论限制。这是因为，那种限制禁止谋杀——即使阻止别的一些**谋杀**（不仅仅是别的一些死亡）——是必要的。

毫无疑问，这种类型的观念形成了通常的道德现象学的一个重要部分。然而，它们似是而非的特点诱使人们认为整个事情是一种道德幻觉，而这种幻觉或者来自天生的心理倾向，或者来自粗糙但却有用的道德教诲。然而，在驳斥这种直觉之前，我们应该更好地理解它是什么。无疑，人们出于非常有分量的理由而在内心深处反对折磨儿童是一件好事，而对于其他的道义论限制，也同样可以这么说。但那并未解释为什么我们发现几乎不可能只把它看作一种有用的禁令。一种幻觉包含一种判断或判断的倾向，而非一种单纯动机上的冲动。需要解释的现象学事实是，我们在每一种个别情形中，似乎都领会一种极其有力地不去伤害无辜者的相对于行为者的**理由**。这是作为对规范真理的领会——而非仅仅作为一种心理的抑制——而体现出来的。它需要得到分析和解释，而且我们必须根据这种解释是否为它提供了一种充分的证成而接受或拒绝它。

我认为，传统的双效原则①，虽然存在应用的问题，但却对道义论限制的范围和特征提供了一种大致的指导，而且甚至在近年来写成的关于这个主题的那些著作之后，对一些捕获我们的直觉的努力而言，这依然是正确的汇合点。[3] 这个原则表明，要违背道义论限制，一个人必须故意虐待某个其他的人。这种虐待必须是一个人要么将其当作目的、要么将其当作手段而做出或选择的某件事或某种东西，而非纯粹是一个人的行为所导致的或者他未能阻止但又不是他所想望的某件事或某种东西。

预见一个人的行为将会导致或者未能阻止他所无意带来或允许的一种伤害也是可能的。既然这样，那就不是一种道义论限制，尽管出于中立的理由，它可能依然是值得反对的。做出这种区分的精确的方式已成了范围广泛的争论的主题。有时，这会牵涉到一些关于一辆失控有轨电车的精巧事例②，所说的那辆电车将会导致除你之外的五

---

① 双效原则是指，如果某些行为具有双重效果，一种是行为者意欲达到的好的效果，另一种是行为者可以预见的坏的效果，那么，若行为者意欲达到好的效果，则可以允许行为者实施这种行为。——译者注

② 这里指的是英国哲学家菲利帕·富特（Philippa Foot）于 1967 年提出的所谓"电车难题"及其不同版本。——译者注

个人丧生。在这些例子中，那些点通过不同的拯救这五个人的方式被填满了，而所有这些点都以某种方式包含着另一个人的死亡。我不会试图描绘那个原则的精确界限。尽管我是带着不安的心理来谈论它的，但我相信，对于我的目的而言，它们不太重要；而且我怀疑，它们至多能得到大致的描述：至少，当超出某种层次的复杂性时，我的道义论限制就开始不起作用了。但值得提及的一点是，这些限制既适用于故意允许的伤害，也适用于故意做出的伤害。因而，在我们的例子中，假如你为了你所想到的同样的目的而允许某个其他的人拧那个孩子的胳膊，那么就会存在同样的反对意见。你会故意让它发生，而那与你未能阻止这样的一种事情是不同的，因为你确保要做其他某种更重要的事情。

5. 行为者与受害者

迄今为止，这仅仅是道德现象学：它不驱除矛盾。在我们故意做出（或允许）的事情与我们预见了并决定接受但又未构成我们的目标（过渡的或终极的）之一部分的行为后果之间，为什么我们认为自己对前者应负的责任应该远远大于对后者应负的责任？目的和手段之间的关联如何能比预见和不可避免之间的关联更有效地显示出责任来？

似乎每一种行为都产生了一种独特的看待世界的规范性视角，并且这种视角是由意图所决定的。当我故意拧那个孩子的胳膊时，我把那种恶并入了我所做的事情中：它是我深思熟虑的产物，而且从我的观察角度看，来自它的理由被夸大并被照亮了。它们遮暗了来自更大的恶的理由；从这种视角看，这些恶是比较"暗淡的"，因为它们没有为我的意图的强烈光线所照亮，尽管它们是我的行为所产生的后果。

这就是对事情的描述。但它能是正确的吗？难道它不是一种歪曲的规范描述吗？

这个问题是主观的观点与客观的观点之间的冲突的一个实例。其关键在于，在决定人们有理由做什么时，这种特殊的个人的意志力的视角是否具有合理的重要性？或者说，对于从外在的立场看我最好要做的某件事情，我能否因为占有这种视角而拥有充足的理由不去做？也就是说，与我不拧那个孩子的胳膊相比，我拧了他的胳膊会让**一些事情**变得更好，即让**所发生的**事情变得更好。但是，我将做出某件更恶的事情。当考虑到我可能做的事情和受害者所提出的反对我的相关要求时，假如这些考虑在重要性上超出了将要发生的事情所具有的实质的非个人价值，那只是因为行为者的视角在实践推理方面具有一种重要性，而这种推理抵制一种具有下述特点的世界概念的支配：这种概念的价值是无视角的，它所论及的世界是善事与恶事的发生处所。

我已断言，这种中立的价值概念的支配地位是不完全的。它并不吞并或征服某些理由，即从在某种意义上被选中的那些个人抱负、承诺及情感中所产生的相对的理由。但是，承认我所谓的自主的理由并不意味着道义论的理由是合适的。[4] 这二者是非常不同的。道义论的理由的独特性在于，尽管它们是相对于行为者的，但根本没有表达行为者的主观的自主性。它们是要求，而非选择。矛盾在于，这种对他人利益的偏颇的、带有视角性的尊重不应屈服于一种没有视角的中立于行为者的尊重。比较起来，道义论的视角似乎是基本的，甚至是迷信式的：它只是通往充分的客观性之途的一个步骤。我们在此狭隘的意义上所做的事情如何会这样重要呢？

让我试着说一说道义论观点的力量表现在哪里。我们可以先考虑我尚未论述的道义论理由的一个奇怪的特征。相比于恶的附带后果，意图似乎夸大了恶的目标的重要性，而相比于善的附带后果，它并未夸大善的目标的重要性。一方面，我们应该避免使用恶的手段来制造一种善的结果，尽管通过具有类似的恶的附带后果的中立手段来制造那种善的结果是可以允许的；另一方面，假如给出两条通往合理结果的路线，其中的一条包含善的手段和中立的附带后果，而另一条包含中立的手段和同样善的附带后果，那么就没有理由选择第一条路线。道义论的理由只告诉我们不要瞄准恶，它们没有告诉我们去瞄准作为手段的善。为什么应该是这样的？恶与意图或瞄准行为之间的关系使得它们与这样的力量不相容。那么，这种关系是什么呢？

假如我们自问什么叫瞄准某种东西，或者说是什么把它与纯粹故意制造结果的行为区别开来的，那么答案就出现了。

差别在于，故意瞄准一种目标的行为受那种目标的指引。不管那种目标自身是目的还只是手段，瞄准于它的行为都必须遵循它，并且假如环境的变化导致这种行为发生方向上的偏转，那么该行为就要准备调整其追求；而只制造一种结果的行为并不遵循那种目标，也就是说不以它为**指导**，即使那种结果被预见到了。

这意味着什么？这意味着，瞄准于一种甚至作为手段的恶，也是在使一个人的行为受到恶的指引。为了保证恶产生出来，一个人必须准备对他的行为进行调整：被想望的恶的层次的降低成为改变一个人所做的事情以便使那种恶得以恢复并保持下去的一种理由。但是，恶的本质在于它使我们**感到反感**。假如某种东西是恶的，那么我们的行为就应当得到指导，以便去消除而非保持它——如果它们终究得到指导的话。这就是恶**所意味的**东西。因此，当我们瞄准恶时，我们就是在径直地与规范性倾向背道而驰。我们的行为完全被这种目标引向了与该目标的价值之所指截然相反的方向。用另一种方式来表述：假如我们瞄准恶，那么我们首先就使得自己所做的事情成了它的一种建设性的而非破坏性的因变物（function）。在每一个时刻，与意图有关的因变物都纯粹是颠倒过来的规范性的因变物；而且从行为者的观察角度看，这产生了一种尖锐的道德错位感。

假如你拧那个孩子的胳膊，你的目的就是制造痛苦。因此，当那个孩子大声哀求说"住手，这很疼！"时，他的反对意见与你的意图完全相左。他所恳求并作为你停下来的理由的东西，恰好就是你继续拧下去的理由。假如这没有使他感到疼痛，你会更用力拧，或者会试着拧他的另一只胳膊。可能在有些情形中（例如，与被证成的惩罚或指责相关的情形），痛苦本质上并不是恶的，但这里所说的例子并不属于这类情形：这个受害的孩子是无辜的。你正在直接而又实质性地抵制你的目标所具有的内在的规范性力量，因为正是使他感到痛苦这一目的在指引着你。依我看，这就是道义论限制的现象学核心。虽然善可以来自有目的的作恶行为，但这种行为中也有某种东西使人产生一种特别的错误感，那种东西就是针对内在于一个人的直接目标的价值而做出的一往无前的反抗。

我已讨论了一种简单的情况，但自然会有一些复杂的情况。可能存在这样的情况：某个人或者为了他自己的利益，或者为了某种对他要紧的其他目的，而自愿遭受某种类型的痛苦或毁灭。既然那样，因为道义论的目的，你所瞄准的那种具体的恶就被纳入了更大的目标之中。因此，我们被禁止去瞄准的恶是**我们的受害者的恶**，而非只是一件具体的坏事；并且当确定对于这种限制的目的来说什么东西将被看作伤害他的行为时，每一个个体都有相当的决定权。[5]

这一切都还没有解决证成问题。这是因为，将会有人提出如下的反对意见：假如一个人瞄准于仅仅作为手段的恶，那么即使那些人的利益都包含在其中，他的行为也确实不是被恶而是被总体的善所引导的，而这种总体的善包含着对某些善与恶的一种权衡。因此，当你拧那个孩子的胳膊时，你就被营救你受伤的朋友这一目标所指引，并且此目标的善支配着那个孩子的痛苦这样的恶。你事实上必须试图制造作为附带目标的恶，这一事实所具有的直观性在现象学上是重要的。但是，为什么它在道德上是重要的？尽管它增加了你的个人的代价，但是为什么仍然遭到了抑制？

我认为，这里并不存在一个明确的答案。问题在于，当直接追求相对于受害者而言的恶的东西时，我是否应当为了偏向我的行为的结果的总体价值而不理会所遇到的抵制。在我的行为发生于其中的这个世界的诸多状态中，我们可以选择在非个人的立场中受到重视的状态；当我从外部看待我的行为，并认为它产生于这种选择时，不理会那种抵制似乎是合理的。当以这种方式思考问题时，我就在某种程度上从作为个体的我那里，甚至从我的行为中，分离出了我的意志及其选择，并且就像参加一次多项选择题的考试一样，我直接在世界的诸多状态中间做出了决断。假如这种选择取决于从非个人的立场来看总体说来是最佳之物的东西，那么我就是被善而非恶所指引。

但是，这个受到如此指引的自我是客观的自我。它从非个人的立场出发，把世界看作一个除了包含别的事物以外还包含 TN 及其行为的地方。它超然于 TN 的视角，因为它不从世界内的任何地方来看待世界。它进行了选择，并且作为其工具，或者你可以说作为其代理者，TN 尽其所能地执行了它的命令。他可能不得不瞄准恶，因为在非个人的立场中被当作最佳选择的东西，可能牵涉到这样的现象，即以恶的手段制造善的目的。但是，他仅仅是在遵循命令而已。

以这种眼光来看待问题，就相当于既看到了中立于行为者的后果论伦理学的呼吁，也看到了相对于行为者的道义论伦理学的那种相反的力量。超然的、客观的观点对一切事物都加以考虑，并且提供一种关于选择的立场，而从那种立场出发，在什么应当发生这个问题上，所有选择者都能达成一致。但是，我们每一个人都不仅仅是一个客观的自我，而且也是一个具有特殊视角的特殊的人；在世界中，我们并非只从一种超然的意志的观察角度出发而做出行动，而且也从那种特殊的视角出发而做出行动，而行动的方式就是选择和拒绝某些世界状态。因此，我们的选择不只是对世界状态的选择，也是对行为的选择。每种选择都是双重选择，而且若从内在的观察角度看，在拧那个孩子的胳膊时对恶的追求就隐约可见了。制造痛苦是直接的目标，并且这样的事实即从外在的视角看你是在选择一种抵消了恶的善，并未掩盖另外一个事实即这是你的行为的内在特征。

我一直把注意力集中于行为者的观察角度。在对相对于行为者的限制的考察中，这样做似乎是合适的。但是，关于受害者的观察角度，也有某种要说的东西。在那里，我们也遇到了与两种立场的结合有关的一些问题以及对这种分析的进一步支持。道德原则并不只是告诉行为者可以和不可以做什么。它们也告诉受害者可以和不可以反对、抵制或要求受到什么样的对待。

假如我通过杀死一个无辜的人来拯救其他五个人是正当的，那么他就没有权利反对，并且根据一种充分的后果论的观点，他也没有权利抵制。对比之下，假如我**不杀死**他来拯救其余五个人，那么这五个人是有权反对的。一种彻底的非个人的道德将会要求，当受害者及行动者在判断他人应当如何对待他们时，双方都要接受非个人的、中立于行为者的价值的支配。

但是，这似乎是对待个体的一种过高的要求，而个体看待世界的视角本质上是复杂的，并且包含一种强烈的主观成分。当然在这种困境中，这六个人中没有一个人想死；可是，只有一个人要和我一起面对试图杀死他这一事实。按照一种纯粹中立于行为者的后果论的观点，我们不能允许这个人恳求保留他的生命，并抵制我经过深思熟虑而做出的夺走其生命的企图。他的作为受害者的特殊处境，并未给予他任何特殊的向我恳求的资格。

当然，道义论的立场有一种类似的特征。按照道义论的观点，我能通过杀死一个人而去搭救的另外五个人不能请求我保留他们的生命，并反对我拒绝搭救他们。（他们可以对会导致**他们的**死亡的东西表示不服，假如那实质上就是死亡威胁，但他们不可以对我表示不服。）不过，这并未使这两种立场成为对称的，因为存在差别。道义论限制允许受害者始终反对那些要去伤害他的人；并且当从受害者的个人视角来看时，这种关系拥有规范的放大这样的特征，而当从行为者的个人视角来看时它也拥有这一特征。从他所影响的那个人的观察角度看，这样的限制表达了向行为者的观察角度的直接诉求。它是通过那种关系而起作用的。当受害者被故意伤害时，即使这种伤害是为了他人的更大的利益，他也会感到愤怒；这不纯粹是因为伤害的数量增加了，而且是因为用他的不幸来指引我的行为就等于在攻击他的价值观。我的所为是与他的利益直接相背的：这不只是在事实上伤害了他。

我能通过使他死去而加以搭救的五个人不能表达同样的诉求，假如我坚持不这么做的话。他们只能恳求我客观地承认他们的生命所具有的非个人价值。当然，那并不是不重要的，但是，相比于我旨在摧毁的那个生命的占有者即我的行为的受害者所能提出的抗议

（这也是他能够向我而非向他们提出的抗议），它似乎仍旧是不太迫切的。

185 　　这只是在解释道义论的直觉的内容方面证实了内在视角的重要性。它并未证明那些直觉的正确性。但它证实了以下这点：在与道德有关的动机中，一种纯粹的非个人道德，无论在抵制自主的相对的理由时，还是在拒绝接受相对于行为者的限制时，都要求我们对个人的视角进行普遍的压制。这样的限制无须是绝对的：它们可以被看作具有某种程度的重要性的相对的理由，而且这些理由是道德的源泉，但并非其全部源泉。当我们客观地看待人的关系时，在这种基本的层次上允许这样的理由进入行为者及受害者双方的视角似乎是不合理的。

6. 道德的进步

　　对道义论理由的力量所做的这种解释，特别明显地适用于这样的限制，即禁止把伤害他人作为达到你的目的的手段。一种相对充分的道义论理论，必须解释一个人在违背诺言、撒谎、不公平地差别对待他人以及拒绝提供直接的紧急援助时所违反的那些不同类型的规范性成果。如遇几种可以通过不同的方式来描述的涉及行为的情形，它也必须处理与我们正在精确地瞄准的目标相关的一些问题。但我认为，要理解上述任何一种道德直觉，关键都在于区分行为者或受害者的内在观点和行为者及受害者双方都能接受的外在的客观的观点。与从第三种观点看相比，从前两种观点看，行为的理由看起来是不一样的。

我们面临一种选择。我们应当为了伦理学的目的而认同选择了总后果的超然的非个人意志，并依据由此而来的理由做出行动吗？或者说，这是在否定我们确实在做的事情，并回避适用于像我们这样的生物的所有理由吗？这是一种真正的哲学困境。它产生于我们的天性，而这种天性中包含着不同的观察世界的角度。当我们自问如何活着时，我们这类生物所具有的复杂性使得我们难以给出一个统一的答案。我认为，人的视角的二重性太根深蒂固了，以至于我们不能合理地期望去克服它。一种充分的中立于行为者的道德并不是一种合理的人类目标。

可以设想，在与非个人立场相冲突的压力下，可以对人们现在所公认的道义论限制加以修改。对我们当下的道德直觉表示某种程度的怀疑并不是不合理的，因为它对于我们的出发点、社会施加于我们的影响以及我们的思想混乱这些问题上的道德信念是重要的。*186* 假如在这个领域中我们渴求客观的真理即独立于我们的信念的真理，那么我们就会不再自然地倾向于坚持我们的许多观点，而会明智地以尝试性的方式坚持它们。伴随着因降低对我们当前的理解力所给出的决断性结论的信任而带来的一种逻辑的结果，在伦理学中，就像在其他领域中那样，即使不借助于许多明显的例子，我们也应当乐于接受进步的可能性。[6]

显然，我们处在道德进步的初级阶段。对于应该如何活着、如何待人以及如何组织他们的社会这类问题，即使那些最有教养的人也只有一种任意的理解。人们认为，道德的基本原则是**为人熟知的**，且这些问题全都纳入了它们的解释与应用的范围；这种观念是我们这个充满想象力的物种所具有的最奇特的想象。（也有人认为，假如我们不能轻易地知道真理，那么这里就不存在真理；而这样的看法同样是幻想。）在这些领域中，并非我们的所有无知都是道德方面的，但其中许多都是这方面的；而且，关于道德进步的可能性的观念是道德进步的一个必要前提。没有哪种无知是不可避免的。

对客观性的追求只是接近真理的一种方法。没有人保证它会成功；并且就像在其他地方一样，在伦理学中，关于这种追求的具体结果，也存在怀疑的可能。我们不清楚它能在多大程度上把我们带离现象。尽管关于物理世界的真理在某种意义上也许是完全不可获得的，但这里的真理不可能也在同一种意义上是这样的。它与人的视角及动机性能力更密切地联系在一起，因为其要害在于对人的行为的管理。它必须适宜于日复一日地以某种方式指导我们的生活，而对物理世界的理论上的理解并未以同样的方式指导我们的生活。与公众在其中愿意服从专家意见的领域相比，它必须得到更广泛的认可和内在化。

也许有一些适合于火星人的道德形式，它们与我们自己的道德形式不一致。但是，既然我们无法接近此类生物的心灵，我们因此也同样无法接近这些道德形式。除非能够理解他们的生命、经验以及来自内部的动机，我们将不能正确地评价他们以某种方式对其做出反应的价值，而所说的方式允许我们对那些价值加以精确的客观化。客观性需要主观材料作为自己的作用对象，而对于人类的道德而言，这种材料在人类的生活中随手可得。

　　这种必要的材料乃是价值与证成在其中扎根的生命形式。不能确定的是，在不失去与这种材料的联系的前提下，我们能在自身之外走出多远。但我相信，与美学不同，伦理学所要求的东西不只是对内在的人的视角的纯化与强化。它要求超然于特殊的视角，并超越一个人所处的时间与空间。假如我们真的没有这种能力，那么对于伦理学中的相对主义，就不存在可供选择的替代物。但我相信，我们确实拥有这种能力，而且它并非不可避免地是一种错误的意识形式。

　　甚至我们已达到的这种非常初级的道德发展阶段，也只是在经历了漫长而又困难的旅程后才抵达的。我假定，假如我们继续活下去，我们的前面还有一段比这长得多的旅程要走。试图为伦理的进步提前制定具有正确方法的大纲是愚蠢的，但是，眼下继续笨拙地追求这里所描述的客观性似乎是合理的。这并不意味着更高层次的超然总是把我们带到离真理更近的地方。确实，客观性有时会使我们认为我们最初的倾向是错误的，然后我们试图替换它们，或者把它们当作不可忽略的幻觉而不予考虑。但是，就像试图忽略来自宇宙的视角是错误的一样，试图完全忽略来自伦理学观念的视角也是错误的。这个自我必须得到客观的承认。尽管它可能是同样诱人的，但就像忽略不能被吸收进物理学的所有事实是不合理的一样，忽略不能被吸收进最外在的、非个人价值体系的所有那些行为理由也是不合理的。

　　然而，在为相对于行为者的原则的合理性进行辩护时，我们必须提防自我欺骗以及像单纯地抵制沉重的道德规定这样的个人要求的逐步上升。例如，人们并非总是容易弄清，一种在每一个个体的生命中为个人利益的追求留下广阔自由空间的道德，是否不仅仅是对一种形式上最简单的恶的掩饰。我们在面对他人的合理要求时所表现出的自私就是这样的恶。众所周知，它难以是善的。

我料想，如果我们试图确立一种调和个人与非个人要求的理由体系，那么，即使承认我们每一个人都必须部分地生活在自己的视角中，也存在一种改变那些个人成分的趋势。随着客观性的要求被认可，它们可以构成每一个个体关于他自己的概念的一个越来越大的部分，并且将影响个人目标与抱负的层次、关于他与他人之间的特殊关系的观念，以及被那些观念证成了的要求。我认为，期盼逐步确立一种具有更大程度的普遍性的道德关系并不是不切实际的；而期盼这一点，就是期盼道德客观性的内在化。它类似于科学进步的逐步内在化，后者似乎是现代文化的一种特征。

而且，没有理由期待进步是还原的，尽管在这里，就像在别的地方一样，进步特别容易被等同于还原和简化。不同的个体仍然是188 伦理学的主顾，并且他们的多样性确保了多重性将会成为任何充分的道德的一个必要方面，不管那种道德多么高级。

对于那些我们并非共同拥有但又必须承认对他人具有影响的价值，必须有一些允许我们考虑到它们的实践理性原则。一般说来，如何通过一种将会允许我们在世界上开展行动并做出选择的方法，把由实践客观性所产生的数量庞多而又性质各异的理由连同剩余的主观理由结合起来，是一个极端困难的问题。

　　这把我们带到了决定性的一点。不可能存在没有政治的伦理学。关于个体应该如何行动的理论，需要一种关于他们应该生活于其中的那些制度的理论。这是一种伦理的理论，而非仅仅是一种经验的理论。而这里所说的制度，指的是实质性地决定他们的出发点、他们所能做出的选择、他们的行为后果及他们相互间的关系的制度。由于政治理论的立场必然是客观的和超然的，它强烈地引诱人们对其加以简化，而对这种简化进行抵制是重要的。在某种意义上，一个社会必须依据单一的一组原则组织起来，尽管人们之间的差异是非常大的。

　　这样做是不方便的：政治理论似乎必须建立在一种普遍人性的基础上，并且假如我们不能发现这样的一种东西，那么我们似乎必须发明它，因为政治理论必须实际地存在。为避免这样的愚蠢行为，有必要接受一项极其困难的任务，即为那些在天性上并不统一且在价值上具有合理差异的生物设计一些公平统一的社会原则。假如他们的差异够大，这项任务也许是完不成的——可能不存在任何像星系际的政治理论这样的东西。但在人类的范围内，这种多样性似乎并未排除至少可以部分地拿出一个解决方案的可能性。这必须是从某一立场来看可以接受的某种东西；这种立场外在于每个具体的个体的立场，同时又承认从所有的个体视角内部产生的那些价值和理由的多样性。尽管比起私人生活的道德来，政治的道德理所当然地是非个人的，但是，甚至在需要最大程度的非个人性的那种层次上，承认个人的价值与自主也是必要的。

　　难以预料，经过很长一段时期之后，在道德与政治的进步或倒退的双重影响下，将会产生哪些类型的个体性的超越。从宇宙甚至人性的视角出发并以通常的方式来接管个体生活似乎是一种幼稚的行为，尽管某些圣徒或神秘主义者能设法做到这一点。行为的理由必须是个体自身的理由，而且只要多样化的人类个体继续存在着，我们就可期待个体的视角保留它们在道德上的重要性。

注释

［1］当罗尔斯［Rawls（1）］选择基本的善作为分配正义之幸福的通常尺度时，这就是他的全部理由。关于更充分的论述，参见Rawls（2）。罗尔斯的那篇论文、斯坎伦的文章［Scanlon（1）］以及目前的讨论，全都是论述罗尔斯［Rawls（1），第173～175页］所描绘的那个"深奥的问题"的。德沃金（Dworkin）把资源而非幸福作为平等的正确尺度并为此进行辩护，部分说来也是对这个问题的一种回应。

［2］公正不应该与平等相混淆。我在这里所说的任何东西，都与在分配具有非个人的价值的东西时需要多大程度的平等这个问题无关。绝对的公正与下述的一种否定说法是一致的：在解决分配问题时平等终究应该是一种独立的因素。

［3］在弗里德（Fried）的书中，有关于这类观点的一种充分的陈述。

［4］这一点为谢弗勒所强调。他在"以行为者为中心的限制"这个类目下对道义论的限制进行了谨慎的怀疑式的讨论。

［5］甚至当不可能做到知情同意时，同样的说法似乎也是适用

的，这就像当我们为了其自身更大的利益而给一个年幼的孩子造成痛苦或损失时那样——尽管这个孩子身上可能会存在一种后效抑制：假如在所描述的这个例子中，我们设想这个**孩子的**安全取决于能否得到汽车的钥匙，那么这不会完全消除对为了得到钥匙而拧他的胳膊这种行为的反感。

　　[6] 可以通过一些方式对常识的道德加以修正，以使其更接近后果论。关于这些方式的讨论，参见 Parfit（2），第 1 部分。

第十章　正当地活着，愉快地活着

189

1.　威廉姆斯问题

　　承认道德源泉中各种各样的动机性成分，导致一种反映自我的划分的体系。它没有解决或消除那些划分。迄今为止所进行的讨论并未足够详尽地为一种实质的道德理论提供根据：它关心一些基础的东西，也关心在他人的权利与利益能用来影响我们的那些方式之间所进行的某些对比。尽管我已证明道德的要求拥有一种客观的根据，这并不意味着它们在本质上是非个人的。如我所强调的那样，客观性要求我们在实践推理中，因而也在道德中，识别个人价值中的实质性成分。

任何一种客观的道德中的非个人成分仍将是有意义的，并且对条件的依赖可能变得非常苛刻了：它在重要性上可能超过一切其他东西。一些个体拥有他们自己要过的生活；当向此类个体提出这些非个人道德的要求时，主观和客观的立场之间就会产生一种张力。在本章中，我想讨论的就是这种张力问题。

这是在承认客观的道德要求的实在性之后我们所面临的一个问题，并且它将使一个人关于道德源泉的观点、实践合理性的条件以及心灵的全面动机系统得到不同的处理。但它是一个实际生活的问题，而非只是一个哲学理论的问题，并且我们绝大多数人都能从经验中证明这一点。它不取决于一种特殊形式的非个人道德。举一个可以切中要害的例子：一个中等昂贵的纽约餐馆里的情侣账单相当于孟加拉国的年人均收入。每一次我在外吃饭，不是因为我不得不去那里，而只是因为我喜欢那里；假如把这笔钱拿出来用于消除饥饿，那么它显然能做更多的善举。对于许多购买服装、酒品、戏票、礼物、图书、唱片、家具、高脚玻璃器皿以及度假购物之类的行为，也同样可以这么说。从各方面看，我们都可以这么说。这既相当于一种生活形式，也意味着大量的金钱。

假如一个人靠近一种很不平等的世界经济分配格局的上端，那么在他也许习惯了的这种生活与一种非常糟糕但又完全可以容忍的生存之间所存在的开支上的差额，足以年复一年地养活几打数量的饥饿家庭。我们可以怀疑挑战饥饿和其他罪恶的最佳方式是什么，但这些怀疑与我们的问题不相干。显然，一种强有力的非个人道德，能与任何一种有意义的对公正的要求，共同对我们许多人都认

190

为值得想望的那种个人生活构成一种严肃的威胁。

不仅仅像功利主义或其他一些后果论观点那样的纯粹非个人道德是这样的。只要一种道德承认一些实质性的来自他人利益的中立于行为者的理由，它就将面对这个问题，即使它也承认自主与责任的相对于行为者的理由具有重要意义。在前一章中，我没有对公正的必要的程度的问题做出决断。但是，在我的实际思考中，当个人利益的价值与我自己的视角联系在一起时，即使个人利益不必与他人的相应的价值进行抗争，它们也确实不得不与同他人最基本的需求的满足联系在一起的非个人价值进行抗争——当我客观地看待这种非个人价值时，我不能认为它是相对的。我可以不关心我为一顿有三道菜的饭所付出的钱是否可以让某个其他的人完成他的邮票收集，为他的神像建造一座纪念馆，或花一两天时间去录制歌曲，即便他关心这些事情远甚于我关心这顿饭。但是，我不能同样地对下述事实无动于衷：这笔钱能拯救某个人于营养不良、疟疾之中，或者也许能更间接地拯救他于无知或尚未审判的关押之中。这个世界的问题是重大的，而人们在获取世界的资源方面又是不平等的，这就导致人们有一种潜在的负罪压力。这种压力取决于一个人的性格，而我们可能要有一种极高的智慧才能从中走出来。

我们绝大多数人都不会从穆勒（Mill）的主张中找到慰藉："任何人（除了极少数）在其中自愿成为公共捐助者的那些场合都只是例外的，而且只有在这些场合，他才被要求去考虑公众的功利。在每一种其他情况下，私人的功利即少数人的利益与快乐，是他所必须注意的全部。"（Mill，第 2 章，第 19 段）我们更倾向于同意苏珊·沃尔夫："当把人类资源用来制造硬皮鸭肉馅饼而非用于这些资源也可用于其上的可替代的仁慈目标时，任何合理的论证都不能证明此种行为是正当的。"［Wolf（2），第 422 页］

对待这个问题的一种态度是，它实在太糟糕了：没有人说过道德将会是令人舒适的。但还有另一种回应，这种回应把这个问题当作用来批评非个人的道德要求的一种根据。近来道德哲学的一个重要进展是威廉姆斯对非个人的道德要求的挑战，而这种挑战是从被施加了那些要求的个体行为者的观察角度提出的。它不仅反对功利主义和其他一些后果论的理论，而且反对康德式的理论。[1] 一般的反对意见是：非个人的道德对我们要求太多，而且假如我们接受了那些要求，并按那些要求去行动，就不能过上善的生活。我想讨论蕴含在这种批评之中的那些关于道德的先决条件的假定。我们并不始终能弄清，威廉姆斯的论证是关于道德内容还是关于道德权威的，但是我将讨论两个方面：既讨论这种观念即真正的道德不可能是如此苛刻的，也讨论这样的观念，即假如它是如此苛刻的，那么我们应该拒绝遵从它。

这个问题不仅仅是说，一种非个人的道德可能始终要求我们从与自身利益相反的方向去行动。它对我们的生活的影响比那更深刻：一种非个人的道德所要求于我们的，不仅是某些形式的行为，而且是产生那种行为所需的动机。我认为，任何以适当的方式制定出来的道德都是这样的。假如我们被要求做某些事情，那么我们就是被要求成为将会做那些事情的这类人。并且，遵循不同形式的非个人道德需要有一系列动机和在这些动机之间的优先权，而根据威廉姆斯，这与一种善的人类生活所需的其他动机不相容。尤其，他断言：非个人的要求使得献身于个人计划成为不可能，而这种献身是人的生命的完整性的一个条件；并且这些要求损害了向其他那些特殊的人做奉献的基础，而这种奉献是爱与友谊的一个条件。在疏远于一个人的计划及生命时，所要付出的代价太大了。[2]

192　　这种论证的矛头所指向的那些人不可能被说服。首先，功利主义可以回答说，在确定对个体而言什么是善的，并因此确定对那个由个体组成的全体（这个全体的福祉是道德的标准）而言什么是善的时，他们的理论体系完全有能力顾及个体计划及个人奉献的价值。其次，他们也许会说，功利主义没有为任何人的生命的整体性设置障碍，只要他选择不与总体福祉相冲突的计划及奉献。例如，如果某人的主导计划将会使得总体福祉最大化，那么他显然不会发现自己因功利主义的要求而受挫。再次，他们也许会说，任何一种不能为功利主义所容纳的反对意见都回避了问题的实质，因为功利主义就是一种关于何谓正当地活着的理论，并且不可能依据一些单独的关于何谓愉快地活着的主张而被驳倒。

　　最后，这种回答也能由康德主义者所做出，依据是否承认道德与善的生活之间的冲突的可能性，它可以采取两种形式。非冲突的观点会认为，一种像功利主义或康德主义那样的道德理论，当告诉我们应当做什么时，就揭示了不可能在独立于道德的情况下被人认识的善的生活的一个必要方面。不去做我们有决定性的道德理由去做的事情，事实上就是以恶的方式活着。而且，即使道德需要我们做出一些牺牲，那么需要做出牺牲这个事实本身也意味着，假如我们在那些情况下不做出牺牲，那么这**对我们来说**甚至是**更恶的**。按照这种观点，由于最好的生活是道德的生活，一种道德不可能因为与善的生活相冲突而被驳倒。

相比之下，另外那种形式的回答承认冲突的可能性。根据这另外一种观点，人们会说，尽管在过一种善的生活与正当地行动之间存在着区别及可能的分歧，但是，一种道德理论是关于何谓正当地活着的理论，并且不可能通过指出以这种方式活着可能会使善人的生活比以别的方式活着时更恶而被驳倒。这样的一种反驳错误地假定，道德应该告诉你如何拥有你能拥有的最善的生活。事实上，一种道德只把行为者个人的利益作为决定他应该如何活着的那些因素中的一种而加以考虑。

我想探讨伦理学理论中这种关于善的生活与道德的生活（或者说愉快地活着与正当地行动）的相对地位的争论。我不试图去定义这些术语，因为对它们的分析是这个问题的一部分。但我将假定，我对这些概念之间的那种显而易见的区分有一种大体的领会。让我只说，我用道德的生活意指一种遵从道德要求的生活；然后，我将说一说分外的美德，它超出了这些要求。

这种争论不止有两个方面，因为存在着几种竞争的立场，这些立场是通过它们回答三个问题的方式而被区分开来的。（1）在何种程度上，关于善的生活的观念与关于道德的生活的观念是逻辑上相互独立的？（2）假如它们不是相互独立的，那么哪一个可以优先决定另一个的内容？善的生活必须是道德的，或者道德的生活必须是善的吗？（3）就它们是相互独立的而言，当确定一个人如何活着才是理性的或者说合理的时，它们当中的哪一个拥有优先权？假如道德与善的生活发生冲突，他应该拒绝道德吗？或者说，他应该为了道德而牺牲善的生活，还是选择任何一个都是合理的呢？或者说，答案是依那些彼此冲突的主张的力量而变化着的吗？我们因此不得不考虑三个概念之间的关系：善的生活、道德的生活及合理的生活。

尤其使我感兴趣的是这个假定，即一种道德必须试图告诉人们如何才能过上善的生活，或者至少告诉人们如何才能过上一种道德的且亦非恶的生活。在承担这种责任时，这个假定容易遭受一些可能的批评。而这些批评来自一种在何谓愉快地活着这个问题上的一种更全面的观念所拥有的立场，那样的观念不仅仅包含道德。当这样的批评指向一种非个人的道德时，关于每一个个体的个人立场和这样的一种道德自然与之发生关联的那种更客观的超然的立场之间的冲突，我们就有了一个主要的例证。这种冲突呈现了带有一种基本任务的道德理论。

2. 先驱者

如何处理个体对道德要求的反叛是一个古老的问题。许多在哲学上为道德做辩护的人，都试图从不同的方面调和它与每个个体的最大的善，而调和的方式要么在于使它成为人的善的一部分，要么在于对它进行修改而避免冲突。下面列举了几个例子。在调和这两种立场方面，柏拉图的《理想国》（*Republic*）就是一种异常大胆的尝试，他所采用的方法就在于表明，德性对于每个人来说都构成了善的一个不可分割的部分。康德说，这种调和是我们无法阐明其必然性的某种东西，但出于道德的理由，我们又必须假定它具有本体的真实性，尽管我们不能在经验世界中发现它。因此，我们可以希望：在我们的世俗生命之外，最高的善会经由灵魂的不朽及上帝的存在来实现，而且幸福完全和配享幸福相关联。[3]

　　也有那些明显否认这种关联的人。尼采就是这样，他对非个人道德的否定，就在于断言愉快地活着的目标具有支配权。［比如，参见《道德的谱系》（*The Genealogy of Morals*）中的首篇论文。］重要的是，这种目标并非完全等同于对一个人的长远利益或愉悦的成功追求。在尼采那里，这是显而易见的。在思考这种冲突时，善的生活的目标必须在非常宽泛的意义上被理解。

　　在非个人道德的辩护者中，边沁（Bentham）显然否认，对一个行动的个体而言的正当的东西和对那个个体而言的善的东西之间存在任何内在的关联。根据边沁的看法，每个人都完全为他对自己的愉悦的追求以及对自己的痛苦的回避所支配，而能够引导他按照功利原则去行动的唯一方式，就在于通过内在或外在的鼓励以及社会或政治的制度，使给他幸福的东西也服务于总体福祉。（Bentham，第1章）由于这是一个极具偶然性的问题，在做得正当与活得愉快之间并无必然的联系，而且出于心理学的铁律，在二者的一比高低中，个体的幸福将会自动获胜。

　　我怀疑，当代绝大多数功利主义者都不会完全同意边沁，相反却会主张，功利原则不仅告诉我们做什么是正当的（设想我们有某种充分的理由去做那些事情），而且也向我们指出，哪些事情纯粹**因为**是正当的就可以是我们有决定性的理由去做的，即使那些事情与我们的个人幸福相冲突。进一步的问题是，他们也会拒绝调和的要求，还是会接受这种要求，并声称在某个其他方面以这种方式活着对个体而言依然是最好的。西季威克怀疑这样的和谐未必能够产生，并认为，如果没有它，道德就处在一个不可靠的立足点上。[4]

对于当代康德主义者来说，我们有如下的问题：当不希望在死后获得一种补偿时，他们是否还会认为某个以其另外一些利益作为代价去遵守道德规则的人会比某个违背它的人拥有更善的生活，并试图以此迎接威廉姆斯的挑战？功利主义者以及康德主义者，假如希望支持对两种价值所做的这种调和，很可能不得不求助于一种更高级的自我的善，而这种更高级的自我通过非个人的道德表达自身。这也是柏拉图所提供的那种方案的一般形式。

195   这种观念将会是这样的：非个人的道德要求考虑到每个人的利益或普遍法则的要求；识别这些要求是我们每个人的一个方面的功能，而这个方面非常重要，以至于对我们来说，当它在我们的生命中以适当的方式产生作用并占据支配地位时，它就从价值上遮暗了可能降临于我们身上的所有其他的善与恶。从任何一种角度看，都**有**其他一些善与恶。例如，两个具有同样道德层次的人并不拥有同样的境遇，因为一个患有关节炎，而另一个则没有。但根据调和论的观点，这些其他的价值绝不可能使不道德的生活比道德的生活更善。即使对我们提出的要求是接受死亡，那也只表明一种短暂的道德的生活比一种长久的不道德的生活更善。

我怀疑，这样的一种调和是不可能的，并且对于道德的辩护，它是不必要的。纵然康德的"至善"是不可获得的，道德也没有坍塌。而且，尽管我和威廉姆斯一道认为，一种道德理论的任务不仅要告诉我们在道德上必须做什么，而且要告诉我们如何过上一种善的生活，但是我认为一种理论不能因为下述事实而被拒绝：在某些情况下，与我们忽视其要求时所能过上的那种生活相比，它要求我们过一种具有较少的善的生活。也许威廉姆斯不会以如此严格的标准坚守道德，但与我相比，他在伦理学上似乎确实更看重愉快地活着，而非正当地行动。我认为，道德理论的这两个方面都是重要的，并且它们之间的冲突大概不能依据任何一种貌似合理的观点而被消除。假如事实就是这样的，那么道德理论的另一个即第三个重要的方面就在于它如何解决这种冲突。

3. 五种选择方案

为了着手系统探讨这个问题，让我区分几种关于善的生活与道德的生活的相对优先性的立场。我所要提出的观点将会显现出来，但通过与可选方案进行对比，它能得到最好的辩护。

（1）**道德的生活是根据善的生活来定义的**。这或多或少是亚里士多德的立场。它并不意味着这两种观念是相同的，但确实意味着道德的内容是根据善的生活的必要条件而被定义的——就这样的定义取决于个体行为的某些方面而言。所说的某些方面，指诸如他与他人的关系、他的社会角色的履行以及他的情感的表达与控制之类的东西。道德原则的检验将是它们对作为一个整体的善的生活的贡献，这种贡献或是工具性的，或是本质性的。但是，由于我们是社会的存在物，这可能使一些常见的德性成为必要的。

（2）**善的生活是根据道德的生活来定义的**。这是柏拉图的立场。它可以承认善的生活所包含的东西比道德所包含的东西更多，只要它把绝对的优先性给予道德部分——以至于即使两种道德的生活可能并不具有同等程度的善（例如，因为存在健康方面的差异），一种道德的生活也总比一种非道德的生活更善，不管后者在其他方面具有何等程度的善。

这两种立场都意味着，由于它们之间有着内在的联系，两种生活在逻辑上不可能存在冲突。下面的两种立场承认冲突的可能性，并说明冲突将如何在合理选择的基础上被化解。

（3）**善的生活优先于道德的生活**。这是尼采的立场。它也是色拉叙马霍斯（Thrasymachus）在《理想国》中所表达的，而且菲利帕·富特（Philippa Foot）近来接受了这种立场，并放弃了她早期对第（1）种立场的拥护。[5] 这种立场可以承认，只要不让道德成为支配性的，它就是人的一种善。这种观点是这样的：假如在考虑到一切因素的情况下，一种道德的生活对个体来说将不是善的，那么过这种生活就是一种错误。当然，就像色拉叙马霍斯及尼采那样，人们可以认为，对其拥有者来说，道德本身就是恶的。

（4）**道德的生活优先于善的生活**。我认为，在功利主义的最自然的形式中，以及在包括权利理论在内的那些最具非宗教性质的道义论理论中，这种看法都是有效的。这种观念并不是说，道德必然会与善的生活发生冲突，而是说，道德能与它发生冲突，并且当它们发生冲突时，它为我们牺牲自己的利益提供了充分的理由。在功利主义那里，冲突的可能性直接来自人们根据个人利益去定义道德权利的方式。这种方式并不是立场（1）的方式：在立场（1）中，相对于一个个体而言的道德的东西是根据相对于那个个体而言的善的生活来定义的，而在这里，道德上要求于每个个体的东西，是根据相对于由个体组成的那个全体而言的最佳效果来定义的。如果这和相对于他而言的最善的东西之间出现任何一致的话，那么这种一致将是一种巧合，或是一种政治的和社会的安排。并且，若他有能力通过付出某种代价去做完全有益于他人的事情，他将不得不牺牲他的收入、他的个人关系、他的健康、他的幸福，甚至他的生命——假如与他所能做的任何其他事情相比，那种行为将会拥有更多的功利。换句话说，道德可能需要他放弃一种善的生活，并且假如禁止他通过伤害某个其他的人而把自己从毁灭或死亡中拯救出来，那么某种类似的东西也可以出现在一种道义论的理论体系中。

与立场（3）一样，这种立场可以把道德算作善的生活的一部分，只要它没有说一种道德的生活总比一种不道德的生活要善。当不道德的生活将会更善时，如果必须接受道德的生活，那么这不是因为它是一种更善的生活，而是因为未顾及它是更恶的这个事实。

最后，有一种介于二者之间的立场。

197

（5）**善的生活及道德的生活都非始终优先于对方**。像立场（3）

和立场（4）一样，这种立场假定，二者是不可相互定义的，并且二者当中的每一个都为一些在相对强度上有所不同的理由所支持。

我自己的看法是，前三种立场是完全错误的，并且真正困难的选择是在（4）和（5）之间，尽管我倾向于（4）。道德的考虑是优先的这一观点属于通常的看法。但是，假如它是正确的，这并不是一个定义的问题。毋宁说，它依赖于与伦理学有关的真理。

我的想法是这样的。虽然做正当的事情是愉快地活着这件事的一部分，但并非其全部，而且甚至也不是其支配性的部分，因为一个正常的个体拥有诸多方面，而承认道德要求的非个人立场只是那些方面之一。而且有时候，做正当的事情对善的生活的其他方面所造成的损失，可能比凭其本身的力量对善的生活所做的贡献还要大。[6]

按照我的看法，立场（1）是错误的，因为道德的需要在他人的要求中有其根源，而且那些要求的道德力量不可严格地受限于一种善的个人生活所能容纳它们的能力。只要伦理学包括任何有意义的公正的条件，这就是不可避免的。

立场（2）是错误的，因为与直接包含在道德中的东西相比，对我们来说，并且因此对相对于我们而言的善的及恶的东西来说，还有多得多的东西。也许，极端的不道德行为构成了一种头等的恶：成为令人恐惧的恶人是非常糟糕的，以至于假如这样的一个人不是恶人，那么任何其他类型的报应都不能意味着他会更糟糕。但是，道德与善的生活之间的总体关系并不是由这样的情况所决定的。

　　愉快地活着与正当地行动都是我们有理由想望的事情，并且虽然可能有某种重叠，但通常说来那些理由属于不同的类型，而且有不同的来源。即使每一方的理由都考虑到了所有事实，它们也不包含所存在的全部理由。

　　从任何一种不把道德看作一种纯工具性的次等善或具有积极作用的恶的观点来看，道德的生活至少是善的生活的一部分这一点似乎都是真的。假如存在一些内在的遵循道德的理由，那么就此而言，这种遵循对个体来说是一种善，即使他不是从一己之利出发而追求它的。

　　假如我们考虑威廉姆斯的主张即非个人的道德要求个体疏远于他的计划与奉献，那么这一点就会变得更明确。我认为，这有悖于真理。假如非个人的立场是自我的一个重要方面，那么，若它不能以非个人的道德所想象的方式参与到实践推理及行为中，则它所扮演的角色就只是一个人的生命的纯粹而又超然的旁观者。

　　这种形式的疏远仅能在下述意义上被避免：个人的计划与个体的行为能与普遍的要求相协调——那些要求是依据一种非个人的立场而得到理解的，并通过某些道德而被典型地表达了出来。毕竟，人们设想那些普遍的道德符合我们身上某种非常重要的东西。它们并不是从外部被强加给我们的，但反映了我们自己从外部看待自身的倾向及**承认**自身的需要。没有这样的承认，我们将在一个重要的方面疏远于我们的生命。[7]

　　此外，非个人的立场并不是人的生命的全部。也还存在另外一些方面，而这就可能使得一种道德的生活在某些情况下会比一种带有其他补偿的不道德的生活更恶。依据道德的理由去行动，甚至在对各种理由进行全面的决断性的权衡之后去行动，并不是个体生活中的善的全部，因为理由并不是一切。如果缺少那种确实会使一个人的生活终究会变得更善的选择，道德也许会提供一些关于他人利益的压倒性的理由来让人选择一种更恶的生活。

但是不能假定，假如承认道德与善的生活之间存在冲突的可能性，那么根据立场（4），理由的砝码将总是落在道德的一边。按照任何一种严肃对待独立的道德理由的存在的观点，这些理由在重要性上将时常超过个体的利益；这与把绝对的优先性归属于善的生活的立场（3）所表达的观点相反。但有时候，它们也许不是这样的：这要依道德的理由的性质和人的理性的性质而定。这将让我们在（4）和（5）两种方案之间做出选择。

可以清楚地看出第（5）种选择方案如何能根据某些关于道德及人的利益的理论而得以实现。例如，假如一个人像休谟那样把道德等同于对某些超然而又公正的同意判断和反对判断的表达，那么就仍然不能确定：（a）对那些判断的部分遵循让人在作为一种整体的善的生活中得到了什么，并且（b）那些判断在合理的决断中应该拥有多大的权重（假定一个人相信存在像合理的决断这样的东西）。关于作为一种社会实践、规则或习俗体系的道德的理论也满足条件（5）。但我更感兴趣的是，它能否为像功利主义及某些形式的康德主义那样的带有普遍性要求的非个人道德所满足。

这样的一些道德声称从关于一个人自己的行为的永恒的观点中获得了它们的内容，尽管它们以不同的方式解释这一点。一种不在一个人自己和任何其他人之间做出区分的普遍立场，揭示了一些因为适用于所有人，从而也适用于一个人自己的一般行为原则。有一种自然的倾向，那就是把这种高级的立场等同于可能被利己主义的包袱压弯了的真实自我；也有另外一种倾向，那就是把支配个人生活的绝对优先性赋予它所做出的那些判断。这可以在关于道德的超越的理想中被发现。当既相信善的生活不只包含道德而且可能和道德相冲突，也相信道德有时能出于非道德的原因（包括那些与善的生活相关的原因）而被合理地拒绝时，抵制这些倾向并拥有这样的一种概念是可能的吗？一切都取决于一个人在一种更大的关于人的生活的概念中所给予非个人立场的地位。

如同关于道德要求与任何其他事物之间的关系的问题一样，人们公认这个问题在广义上是一个伦理学问题。而且，也许可以说，一种允许非个人立场不占支配地位的答案，可以被更好地理解为对非个人道德所做的一种拒绝以及用一种更复杂的道德所做的替代。但我认为，这取决于那种全面的体系是否以某种方式起了作用，以至于能被合理地描述为一种可供选择的道德，而不是道德与其他东西的一种结合。在确立善的生活或掌管实践理性方面，那些在重要性上超过非个人道德的因素，可能纯粹是个人性的和非普遍性的，从而不能形成一种可供选择的道德体系。作为理由，对任何人来说，它们可能都无法从外部被承认是有效的。

出于道德信念，我自己倾向于反对这种可能性，或者说反对立场（5）。我愿意强烈地期待，而又不太强烈地相信，正确的道德总是在其自己的一边占有理由上的优势，尽管它无须与善的生活保持

200 一致。这里存在一种危险，那就是，在希望保证道德与合理性之间的一致时，我也许会陷于一种错误。这种错误类似于我所谴责过的在试图根据善的生活定义道德的生活或根据道德的生活定义善的生活以保证二者间的一致时人们所犯的错误。我认为，重要的事情是，合理性与伦理学之间的汇合不会很轻易地实现，并且也确实不是通过简单地把道德的定义为合理的或把合理的定义为道德的而实现的。我不清楚自己能否避免这种无价值的定义形式。但且让我试一试。

4. 道德的、合理的及分外的

在与这个问题有关的关于合理的东西的观念中，存在一种模糊性。"合理的"可能要么意味着理性上必需的，要么意味着理性上可承认的。假如某人说道德的东西一定是合理的，他可能意味着不道德的总是不合理的，或者也可能意味着某种更弱的东西，即道德的绝不是不合理的。严格说来，在这些意义中，只有第一种意义才会使得立场（4）成为真的。

当许多不同的及相反的理由都与一种决断相关时，关于这些选择的合理性，有三种可能的结果。或者，反对的理由可能具有足够的说服力，以至于可以说这种行为是不合理的；或者，赞成的理由可能具有足够的说服力，以至于可以说这种行为从理性的角度看是必需的；或者，可能既存在足够多的反对理由，也存在足够多的赞成理由，以至于可以说，尽管这种行为从理性的角度看并不是必需的，但也不是不合理的——换句话说，它在那种较弱的意义上是合理的，即在理性上可接受的。

我强烈地倾向于认为，道德至少必须在这种较弱的意义上是合理的，即不是不合理的，尽管我更应该满足于一种可在较强的意义上表明其合理的那种理论。

我认为，这两个结论之一，或者它们二者，可以在没有明显的循环的情况下通过伦理学内部的一种论证而得到证实，而这种论证的结果是对非个人的道德的要求所做的一种修改。（这里，我回到了前一章中我简单讨论过的公正问题。）这种修改缩小了道德的生活与善的生活的冲突的规模，虽然并未完全将其消除；并且它也由此缩小了，甚至可能填平了道德上必需的东西与理性上必需的东西之间的裂缝。但是，即使这后一种裂缝没有被完全填平，这种论证也应该打牢了道德的生活所具有的那种较弱的合理性；换句话说，当二者发生冲突时，它应该向我们保证，选择道德的生活而非善的生活绝不是不合理的。

这种论证依赖于这样的观念，即有效的道德要求必须考虑到它 *201* 们应用于其上的那些个体所拥有的通常的动机性的能力。道德推理必须应用于这个问题，即如何从非个人理由和个人理由的冲突中得出合理的结论。

我们可以认为非个人道德的确立经历了若干阶段。它起源于一种希望，即希望有能力从一种处于一个人的特殊位置之外的立场来认可或接受他的行为以及对行为的证成，而且所说的这种立场并不也是任何其他的特殊的人的立场。这样的一种立场必须既是超然的，又是普遍的，而且必须对意志加以约束。起初，这似乎可能产生这样的结果，即他人的福祉和计划应该与我自己及我所关心的那些人的福祉和计划得到同等程度的重视：就像在我所不认识的人之间保持公正一样，我应该同样地在自己和他人之间保持公正。有些利益可能一直感动着我，但其个人化的性质又使其成为非个人关切的不适当的对象，比如像个人取得成就的抱负或浪漫的爱情之类的利益就是这样的。因此在这种情况下，即使为了排除这些利益而做出一些调整，若相比于我自己的利益，来自一切人的利益的非个人理由的剩余分量在绝大多数情况下也仍将是非常重要的。我必须认识到，客观地看，我和任何其他人一样不重要：我的幸福与痛苦和任何其他人的幸福与痛苦一样无关紧要。我自己身上认识到这一点的那个部分是关键性的——它和我的个人视角都同样是我的一部分。

在下一阶段，这两种力量的冲突本身成了一个伦理学问题；而通过发现何种解决方案能从一种外部立场中得到认可，这个问题就会被解决。我并不是在提及显而易见的一点，即道德要求在那种程度上是有缺陷的；道德要求，假如被普遍接受了，就会严重恶化人们的生活，这种恶化不是经由依道德要求而做出的行为的后果而发生的，而是经由依道德要求而过上的那些生活本身所具有的内在特征而发生的。这一点是实际制定出来的任何非个人道德的一种直接后果。只要能由此充分地使其他人的生活变得更善，它就不排除一些要求做出极端的自我牺牲的原则。

　　但是，对人的动机的反思可以导致对非个人道德的要求做进一步的修改：一种基于宽容和对限度的认识的修改。从外部看待这种境况，我可以认识到：非个人理由的重要性，不管如何充分地被正视，仍需对付更个人化的动机所带来的直接压力，而且作为处于他人中间的一个人所拥有的愿望，这些动机，即使依据非个人的立场而被我们考虑到了，也依然凭借本身的力量在起作用。并不只是我个人的利益会导致我反叛非个人的要求，尽管那种情况可能会发生。事实上，这种抵制将从客观的立场自身中获得某种支持。当我们客观地看待人们并考虑他们应当如何生活时，他们的动机的复杂性是一个要考虑的因素。假如我们试图依据客观的立场来回答个人的和非个人的动机必须如何结合为一体这个问题，结果将不会只是一种代表非个人价值之支配地位的橡皮图章，尽管事实上正是客观的立场揭示了那些价值。我们可以把主观的和客观的立场的冲突带回到呼吁获得支配权的客观的立场上，而这样做的结果可能是：在某种难以定义的开端处，我们将断定，一般地期待人们为了总体的善而牺牲他们自己以及与他们有密切个人关系的那些人，是不切合实际的。

　　困难的问题是：这种理解，即这种"切合实际性"的条件，将是在对道德要求的修改中，还是仅仅在对我们绝大多数人都是可怜的罪人这个事实（该事实至少很可能是真的）的接受中来表明自身？人们也许会采取下述这种严肃的方针：道德要求产生于我们对被客观地揭示出来的善与恶的力量所做的一种正确估价，我们的工作就是使我们的动机与此保持一致，并且假如我们出于个人的弱点而不能做到这一点，那么这并不表明那些要求是过分的，而表明我们是有缺陷的，尽管一个人可以不对它过分地吹毛求疵。

我并不相信这一点，因为即使道德不得不来自一种非个人的立场，那种立场也必须考虑到复杂的芸芸众生，因为道德就是为了他们而被设计出来的。非个人因素仅仅是他们的本性的一个方面，而非其全部。切合实际地要求于它们的东西，以及从非个人的角度期待于它们的东西，都应该反映这一点。容我打个比方：在形成一种可以接受的道德时，我们必须在我们的高级和低级的自我之间达成一种协议。通过这种方式，我们可以使道德要求与更广泛的意义上的合理要求之间的裂缝变窄。这意味着，以某种方式在个人的和非个人的理由之间达成协调的行为，可以从非个人的角度得到认可。

沃尔夫说，我们应该由之做出此种判断的立场并不是非个人的道德立场，即不是个人的完善性的立场，而是"一种独立于对任何井然有序的价值体系的信奉的视角"［Wolf（2），第 439 页］。她认为，道德不可能由其自身得到判断，并且我们应该期待有时会有充分的理由来抵制其要求。但我认为，可以从公正的道德立场中找到一种答案，而这种答案将特许每个人都可以做出某种程度的不公正行为——认识到它事实上仅仅是人的视角的一个方面。像理由一样，道德的立场应该试图认识到并解释它自己的限度。[8]

我的论证避免循环了吗？我认为它避免了，至少在把道德的定义为合理的或者反过来把合理的定义为道德的这种直接的意义上做到了。它并没有为了满足某种在先的可以独立于道德论证而被认识到的合理性标准而去定义道德要求。相反，为了使对道德要求的遵循切合实际，它调整了道德要求，并在非个人理由的产生中以及在关于如何调和它们与个人理由的决定中顾及了道德的立场；而调和非个人理由与个人理由，就是要表明对理性的个体的要求有多高。另外，我的论证没有简单地根据道德的东西来定义合理的东西，因为在决定能切合实际地要求人们做什么时，来自道德的理由仅仅提供了做出决断的因素之一。这是道德的东西与合理的东西之间的一种很强的相互独立性；但是，它并未不惜一切代价地让它们保持一致，尽管它以调和的方式使它们更接近了。

即使不知道这样的一种原则的内容，我们也能看到关于其特征的某种其他东西。它是妥善处理我们所不满意的情况的一种尝试。就其降低非个人道德的要求而言，与其说这反映了这样的信念，即按照一种很苛刻的道德要求去行动是不合理的或者说错误的，倒不如说反映了对待人的本性的一种宽容与现实的态度。这种观念是，针对普通个体而提出的某些要求，比如压制他自己的需要、奉献及情感并以此偏向于他也能认识到的非个人要求，在可以从非个人的角度而得到承认的某个方面是不切合实际的。

但是，这并不必然意味着，某个能这样做的人接受这些要求，或毋宁说把这些要求强加于那个人，是不合理的。因此，非个人道德的这个方面可能对令人困惑的分外行为这一主题有所启发。分外美德由为了他人的利益而做出异常牺牲的行为所表明。这样的行为是值得表扬的，并且不被认为是不合理的，但人们并没有或者从道德上或者从理性上认为它们是必需的。什么东西使它们成为善的（事实上它们是一种非凡的善）并提供一种赞成实施它们的理由，同时却未提供一种反对不实施它们的理由？——从理性的角度看，那种反对不实施的理由，如果存在的话，会使得不这样做成为一件不正当的、恶的事情。毕竟，某个没有做出这些牺牲的人，并未做出某种他确实有道德上值得称道的理由去做的事。在他实施这种行为与他不实施这种行为之间，道德并不是**无差别的**。因此要问：为什么这种差别属于这种特殊的"可任意选择的"类型？

为适应人性的正常局限，非个人的道德要求必须被修改；而上述问题的答案，我认为，就在于分外美德是对被修改前的那些非个人道德要求的遵循。在某种程度上，通过宽容的态度，这种修改采取了一种放宽这些要求的形式，而没有采取另一种形式，即寻找在重要性上超过原来的非个人理由的新的道德理由。假如它们在重要性上被超过了，那么人们就有理由反对这类展现分外美德的牺牲：这类牺牲将会是**错误的**。而按照目前的情况，它仅仅不是必需的。不过，虽然因为考虑到人的动机的复杂性，我们不能切合实际地要求他们严格遵循非个人理由，但是承受这类牺牲的那些人使自己服从于这些理由的真实力量，因而是值得表扬的。一种道德中分外美德的出现，是从一种非个人的立场出发而对该立场必须与其抗争的那些困难的一种承认。非个人的立场会从动机上有效地作用于它仅仅作为其一个方面的那些生物的真实生活，而它与那些困难的抗争就是在这种作用过程中做出的。[9]

道德与善的生活之间的关系的后果是，一些比较明显的冲突将通过这些由宽容所带来的道德要求的降低而缓和。但是，冲突当然不会消失，而且这把我们引回到了原先的那个问题，即在这样的情况下道德是否将总是在其自己这一边拥有反对善的生活的理由净差额。我认为，对允许分外美德进入其中的非个人道德所做的这些自我制约式的修改使这更有可能了，尽管它们并不确保如此。就理由是普遍的而言，当考虑到来自所有视角的理由时，对非个人的标准的重复应用似乎产生了可以期待的最协调的一组要求。

5. 政治与归附

一方面，我已断言，道德要求会与善的生活相冲突，并且这不是拒绝道德的合法根据。另一方面，我自己的看法是，假如有时候同意它的要求是不合理的，那么一种道德的正确性就受到了质疑（尽管关于这种道德的观念并不是不一贯的）。有一种来自道德的立场自身的压力，即调整那些要求以使它们与完整的人的合理性的条件（尽管不是善的生活的条件）趋向汇合。

然而，关于善的生活与道德的生活之间的冲突与妥协，依然存在某种极其令人不满意的东西。这种东西产生一种持续的压力，而压力就在于，对它们之一或它们二者重新进行解释以保证它们是一致的。在说这样的冲突是可能的时，我并非想以一种满不在乎的方式处理它们。威廉姆斯已确切指出伦理学中一个基本的被忽视的问题。假如伦理学理论的职能在于同时鉴别道德的生活和善的生活，并揭示我们不得不过这两种生活中每一种的理由，那么考虑到它们各自的重要性，一种允许它们有分歧的理论将是在主张某种难以接受的东西。

由于不希望生活成为那个样子，我们自然希望这样的理论是错误的。但是，这并不能驳倒它们。唯有一种更极端的缺陷或者一种更好的选择方案，才能做到那一点。过我们有决定性的理由去过的生活似乎不可能构成一种恶的生活，或者说不可能构成一种给定处境下的次佳生活。一种不道德的生活似乎不可能好于一种道德的生活，或者说一种道德的生活似乎不可能是一种恶的生活。但我认为，隐藏在这些不可能性要求背后的东西不是伦理学或逻辑，而是这样的信念即事情不应该是那个样子的——假如事情是那个样子的，那就会是恶的。那的确会是恶的。但是，最善的生活总是通过做一切正当的事情而实现的，并不是一条必然真理；道德的合理性并不因为那一点而成为个体的人的善的一个具有充分支配性作用的部分。假如在决定我们应当做什么时它拥有一种支配性作用，那是因为有一些外在于我们的好的东西。

像威廉姆斯一样，我发现功利主义太苛刻了，并希望它是错误的。但是，纵然功利主义被拒绝了，这些问题也不会消失。一种基本的道德洞见是，每个人在客观上都不比任何其他人更重要，并且承认这一点对我们每个人来说都具有根本的重要性，即使客观的立场不是我们仅有的立场。这种洞见在自我身上制造了一种冲突，而此种冲突非常强烈，以至于我们无法认同一种省力的解决方案。我不能确定，对道德、合理性和善的生活的一种富有吸引力的调和，可以在被狭义地理解的伦理学理论的范围内达成。这里所揭示的困境会在绝大多数伦理学理论中出现，而且尤其会在带有一种重要的非个人因素的理论中出现。这些困境是否不仅是可能的而且也是现实的，将取决于世界的以及我们的存在方式。

这不是在理论上而是在生活中导致了一种不同的处理它们的方式。道德与善的生活的冲突是一种不能令人满意的境况，这种境况向我们提出了一种任务；而且尽管对于解决这种冲突来说理论是必需的，但这种解决方案自身并不只是一种新的理论，而是在生活前提方面的一种改变。我将提及两种可能的办法。

第一种办法是个人的归附（conversion）。一种道德可能会对某个人提出一些无法实现的要求，例如当他是一个极端不平等的世界中的富裕个体时对他所提出的诸如功利主义那样的要求；而当他发现自己又确信关于这样的一种道德的真理时，他能通过一种自我超越的提升而从内部彻底改变他的生活，以至于服务于这种道德即人类的福祉或一切有感觉能力的生物的福祉，成为其难以抵制的关切及支配性的善。这可能要么是一种个人的选择，要么是某种他认为每个人都应该做的事情：那是人的改变的一种需要。

从面临这种提升前景的某个人的观察角度来看，它自然像是一种可怕的牺牲，甚至是一种形式的自杀。但是，这是依据善的生活的标准去做的，而那些标准是由其转变前的条件所确立的。假如这种提升是成功的，那么当他落脚于另一边时，对他来说构成一种善的生活的东西将是不同的，并且和谐的局面将会重新恢复。考虑到他现在拥有那些非常不同的个人价值，问题在于去发现做出这种提升的力量。假如他的道德与他的生活的冲突所导致的疏远感是足够强烈的，那么这可能有助于提供必要的动力。但是，这样的归附，像其他的归附一样，显然可能是非常痛苦的。

第二种可选择性的办法是政治的。关于政治制度在使立场之间的冲突具体化方面所起的作用，我在上一章中已有所说明。政治思想和行为的一个重要的而且也许是最重要的任务，就在于给世界以秩序，以便让每一个人都能过上一种善的生活，同时又不致人们做坏事、伤害他人或从他人的不幸中不公正地获得利益，等等。道德的和谐，而非仅仅国内的和平，是政治的正当目标。值得想望的是，在不让每一个人都陷入这类强烈的个人归附的情况下实现道德的和谐；而所说的归附是避免道德与善的生活之间的冲突所必需的。

个体的个性在某种程度上的改变，是经由政治而来的追求和解行为的一个合理部分。但是，它不必与人们在纯粹个人的归附中所期待的东西一样彻底——在个人的归附中，所有的工作都是在一个单独的灵魂的内部完成的，并且大量的东西可能不得不放弃。相反，我们把个人的价值与非个人的道德之间的冲突看作其中任何一种我们都不愿意放弃的两种目标之间的冲突，以至于它给我们提出了如下的建设性任务：创造一个此类显著的冲突可能在其中得到缓和（假如不是被消除的话）的世界，并且在这样的一个世界中，我们在生活中所遵循的那些制度将使我们有可能过上富裕的个人生活，同时又无须否定来自我们数十亿同住者的需要的非个人要求。这还不是一种伦理的或政治的理论，然而，假如一种理论想在对道德与善的生活都不做过多放弃的情况下使二者达成和谐，那么它就描述了我认为这种理论必定会采取的形式。

假如要在这两种处理视角冲突的办法之间做一选择，我宁愿选择第二种。第二种办法把一种规范的分工带入人的生活，并因此需要一种不太极端的统一。但在当前的世界状态中，我们可能没有选择，因为这样的任务，即创造一种具有人们所渴望的道德和谐的政治秩序，似乎非常巨大，并且非常迫切，以至于要开始执行它，可能需要许多个体实现彻底的个人归附。

问应该用什么作为我们的道德目标依然是有意义的，而且对于这个问题，我将提供一种多元论的、反共同体主义的答复。

我憧憬着会从一种政治重建过程中出现的世界，并不包含某些"新人"——所说的"新人"，就其为非个人的价值所支配而言，他们以一种无法被我们认可的方式区别于我们自己，因为他们的个体幸福就在于为全体人服务。那也许是一个比我们现在所拥有的世界更美好的世界。但是，就算完全不考虑这样的一种事物是不是可能的，相比于一个在其中很大一部分非个人要求通过制度而得到满足的世界，它也将是一个更加贫乏的世界；而制度会让个体（包括支持和运作那些制度的个体）自由地把相当多的注意力和精力奉献于他们自己的那些无法从非个人角度得到承认的生活与价值。

注释

[1] 参见 Williams（4）、（6）以及（8）中的其余论文。

[2] 我从头到尾都将使用"一种善的生活"这种表述，尽管威廉姆斯没有用这些术语来表达他的立场，而且尽管在某种程度上它可能是不精确的。"愉快地活着"也许更恰当，因为它并不强烈地

暗示着一个人的利益在其整体生命过程中的最大化。这会更符合威廉姆斯的看法，即关于决断的适当立场**来自现在**，而非来自一种忽视你的整体生命的无时间的观点。它也会消除如下的暗示：反对非个人道德的东西只是一己之利，而非一个个体在任何特定的时间内可能会亲自关心的一系列事物中的任何一个——包括另外一些特殊的人的利益，而且也许根本不包括他自己的长远的一己之利。但是，主要的问题并不取决于在对愉快地活着所做的这些解释之间做出一种选择。我们所关心的这种一般的反对意见，介乎非个人道德的要求和被施加这些要求的那个行为者的个人视角之间。用善的生活来表述它，使我们能将威廉姆斯的观点与先前的讨论联系起来。

［3］Kant（3），第 110～133 页；Kant（1），第 2 版，第 839 页。

［4］Sidgwick，第 2 卷，第 5 章及最后一章。

［5］这种变化出现在 Foot（1）与 Foot（2）之间。

［6］我的立场与沃尔夫的立场相似。她讨论了道德的观点与个体的完善性的观点之间的关系，并且对"这个假定即在道德上成为更善的总是更好些"提出了异议。［Wolf（2），第 438 页］她也断定，如果根据一种道德理论的标准，某个人在道德上是完善的，而他又不得不是一个有缺陷的人，那么这并非必然是那种理论的缺陷，因为道德的观点并未提供一种综合评价一个人的生活的方式。沃尔夫专注于道德的完善性中的令人不快的方面，但她的立场也能应用于对程度较低的道德要求的遵循问题。［参见 Wolf（3）］就像我在下面要解释的那样，我同她的分歧是这样的：在确定如何活

着是合理的（尽管不是确定如何活着是善的）时，我希望有某种保留道德要求（假如不是通常的道德考虑）的优先性的方式。

[7] 雷尔顿（Railton）对这些问题做出了有说服力的讨论，尽管这种讨论是根据一种比我所能接受的更具后果论性质的立场而做出的。

[8] 关于对沃尔夫的一种不同而又有吸引力的回应，参见 Adams。亚当斯批评了那种"强烈的诱惑，即用道德代替宗教，并在这样做时使道德成为一种奉献的对象。这种奉献至少在热诚上是最大的，并且事实上具有宗教的特性"（第 400 页）。他说，这是一种形式的盲目崇拜。

[9] 在《道德思维》中，黑尔提供了一种关于分外美德的描述。这种描述在某些方面与这里所说的类似——除了他认为，它与功利主义是一致的，因为鉴于人的本性，不太苛刻的原则可以是那些其灌输具有最大功利的原则。

第十一章　出生、死亡及生命的意义

1．生命

十余年前的一个夏天，当我在普林斯顿大学任教时，一只大蜘蛛出现在 1879 号教学楼男厕的便缸中，此楼是哲学系的办公楼。当无人使用便缸时，它就暂栖在金属排水器的底部。当有人使用便缸时，它会试图爬出来，以便不被冲走。有时，它会顺着墙向上爬一两英尺，到达墙面上贴有瓷砖的地方，那里不太容易被淋湿。但它有时被水流击中，从上面滚下来，全身湿透。它似乎不喜欢那个地方，并且当它有能力时，它总是试图摆脱那种处境。但这个便缸一直垂到地面并埋了下去，而且其悬出的缸口也是光滑的，因此它就只能待在地面以下，无法爬出便缸。

不知道它是通过什么方式活下来的，很可能是靠以对这里感兴趣的微小昆虫为食物的；而且当秋季开学时，它仍然待在那里。便缸每天必定被使用百余次，而且对它来说，试图爬出这里始终都是同样的毫无希望的努力。它的生命看来是悲惨的，而且来日无多了。

久而久之，我们的一次次相遇开始使我感到心头沉重。当然，这也许是它的自然习惯，但因为被这光滑的瓷质便缸的周边所陷，即便它想摆脱困境，也是无法做到的，而且我也无法分辨出它是否想摆脱那种处境。在其他经常如厕者中没有人想到要做些什么来改变它的处境。但随着时间的流逝以及秋去冬来，我带着诸多不安与踌躇，打算解救它。我思忖，假如它不喜欢外面的环境，或者找不到足够的食物，它可以轻易地爬回来。因此，在临近学期结束的一天，我从墙上的取纸机里拿了一张纸巾，将其伸展到它面前。它的爪子抓住了纸巾的末端，于是我把它举起并拿了出来，然后放到铺有瓷砖的地面上。

它只是待在那儿，一动不动。我用纸巾轻轻地触动它，但无济于事。我沿着瓷砖把它往前推动了一两英尺，正好推到了相邻的那个便缸旁，但它依然没有反应。它似乎吓呆了。我感到担心，但又想，当它恢复活力时假如不想待在这些瓷砖上，几步就可以走回来。与此同时，它靠近了墙壁，但不存在被人踩着的危险。我离开了。但是，当我两小时以后再次回来时，它依然没有挪动。

第二天，我在同一个地方发现了这只蜘蛛。它的腿枯萎了，它死掉了。它的尸体在那儿躺了一个礼拜，直到最后有人打扫了地面。

这件事证明了把那些根本不同的视角结合起来的危害。那些危害采取了多种形式。在这最后一章中，我将描述其中的一些形式，这些形式的出现是与我们看待自己的生命的态度相关联的。

寻求价值方面的客观性可能会导致价值的全然丢失。我们可以拥有这样的一种立场，它远离人的生命的视角，以至于我们所能做的一切就在于去发现如下这一点：似乎任何事物都不拥有当从内部着眼时它似乎拥有的价值，而且我们所能看到的一切就是人的愿望、人的努力——作为一种活动或条件的人的**论价行为**。在第八章中，我提到了这样的事实，即假如我们继续沿着从个人爱好通往客观的价值与伦理的道路走下去，就可能掉入虚无主义的泥潭。问题是要知道在何处以及如何停下来，而这个问题将在某些容易让个体感到不安的哲学疑难中显示自身。

内在的及外在的视角我们都无法逃脱，二者之间令人不安的关系使我们很难对我们确实存在这一事实、对我们的死亡以及对我们的生命的意义或要旨保持一种连贯的态度，因为一种关于我们自己的存在的超然的观点，一经获得，就不易成为可以由之断定人生就是活着的那种立场的一部分。从足够遥远的外部来看，我的出生似乎是偶然的，我的生命似乎是盲目的，而且我的死亡似乎是无意义的；但从内部来看，似乎简直不能想象我从未出生过，似乎我的生命是极其重要的，而且似乎我的死亡也是一件翻天覆地的大事。尽管这两种观点明显地属于一个人（若非如此，这些问题就不会产生），但它们相当独立地发挥着作用，以至于每一种观点对另一种观点来说都是意想不到的东西——就像是一种暂时被忘掉的特性。

主观的观点是日常生活的核心，而客观的观点最初是作为理智 *210* 的一种延伸形式而确立起来的。在追求主观的目标时，它所揭示的许多东西都是可以作为工具使用的。但是，如果被推进得过远，它将会颠覆那些目标：客观上把我自己看成宇宙这碗汤中一个细小、偶然而又极其短暂的有机泡沫，导致了一种近乎冷漠的态度。我从那种视角出发对待 TN 的生命的态度，完全等同于对待其他生物的生命的态度。我对待我自己的态度是完全不同的，而且这二者是有冲突的。主观上被托付给一个丰满的个体生命的人，同时却在另一方面发现自己被分离了（detached）。这种分离削弱了他的托付行为，但并未毁灭它，而是使他分裂了。由于注意到从身体上看它就是自己的分离行为的对象，客观的自我感到自己陷入了这个特殊的生命——被分离了，却又无法摆脱；而且它还因此感到自己被一种它甚至不能尝试去驱除的主观的严肃性所牵引。

导致这些冲突的一些态度可能是错误的。另外一些态度在调解的过程中也许是可修正的；而在这种调解中，分离得以减轻了，结合得到修改了，冲突最后得以缓和了。然而，有些冲突却是不可能消除的。许多人都体验过与他们自身进行客观地分离所产生的不适感。毫无疑问，这些人只是忘记了这种不适感，并且他们活在这个世界的内部，就好像不存在外在的观点似的。有些人把这些存在的忧虑当成虚假的或人为的东西来驱逐。我认为这两种反应都是不能让人接受的，因为实际上在其自身的限度内，客观的立场是我们的一个基本的部分，以至于我们无法违心地压制它，而且也因为，为发现一种承认并包含客观立场的个体生命形式而付出的努力可以是富有成效的，即使完全的结合不可避免地会难倒我们。

这样的希望，即在生命过程中尽可能充分地认识到一个人在宇宙中的位置并不是中心，有一种相关的宗教冲动的成分，或者至少在某种意义上承认了宗教声称为其提供答案的那个问题。通过对一个至高无上的东西的关切，宗教的解决方案为我们提供了一种虚构的中心性。也许，这个没有宗教答案的宗教问题相当于反人类主义，因为我们不能用一种源自我们自己的视角的意义来弥补宇宙意义的缺乏。我们必须在自己的头脑内完成我们能够做到的调和，而且这些可能性是有限的。这个问题不仅仅是智力上的。外在的观点以及对死亡的沉思导致了生命中平衡的丧失。一想到我们自己的出生本是极端不可能的，或想到世界在我们死后还将继续漂游着，我们绝大多数人都会感受到一种出乎意料的荒唐。在为我们的生命提供前进动力的计划与抱负中，我们一些人始终感受到了一种荒唐的逆流。外在的观点的这些不和谐的位移是与意识的充分发展分不开的。

让我从出生问题开始。这个问题是谈论应以何种态度对待我们终究是存在的这一事实的。与死亡问题及生命的意义问题相比，这个问题不太常见；但它的形式是相似的。从一种客观的立场看，在我自己的出生问题上，有两种东西给我留下了印象：它的极端偶然性以及它的卑微性。这两种东西处理起来都不容易。（关于任何人的出生，我们都可以说同样的话；并且假如那是我所关心的某个人，许多同样的困难也将因此出现。）让我依次讨论这两点。先从偶然性开始。

从主观上看，我们起初以为我们的存在是理所当然的：它是一个最基本的给定的事实。不管我们是谁，当我们在儿童时期首次了解自身存在的偶然性，甚至当首次了解自己的存在取决于父母的相遇这个简单的事实时，我们在世界上的立足点就因此削弱了；而我们原本未经反思就自认为这种立足点是可靠的。我们是侥幸地出现在这儿的，而非按理或必然出现在这儿的。

基础生物学表明这种情况是非常极端的。我的存在取决于一个特殊有机体的出生，并且该有机体只能从一个特殊的精子和卵子中发展而来；而这个精子和卵子反过来又只能由产生它们的那些特殊有机体产生；如此等等。考虑到一次典型的射精的精子计数，并考虑到我被怀上的一小时之前所存在的情况，我的出生机会是极其渺茫的。如果再考虑到一百万年以前的情况，那就更不用说了，除非世界上发生的一切都是绝对严格地被决定了的——而事实上似乎并非如此。关于我自己必然会出生的自然的幻觉与下述客观事实相冲撞：**谁**将存在并已经存在着是一件极其偶然的事情。因此，我自己的存在尤其成了这个世界上最可有可无的事情。几乎每一个可能的人都没有出生，并且绝不会出生。我是为数不多的实际出生的人当中的一员，而这一点具有十足的偶然性。

知道这些之后所产生的主观效果是复杂的：它不只是一种严肃的思想。有惊奇和宽慰，也有因为只在危险过去之后才对极其侥幸的脱险有所了解而产生的眩晕或后怕。也可能有一种幸存者的综合征的感受，即对所有那些其他永远不会出生的人所产生的内疚感。然而与此同时，主观上必然会出生的感觉并没有完全消失。这些关于我自己的无可争辩的客观事实激起了情感上的怀疑。我能想象我在五岁时就已死去，但却不容易完全清醒地领会这个事实，即假如没有我在某个时候**真正**出现，宇宙的历史本来也会自然地延续下去。当我确实真正理解这种想法时，它就制造了一种下沉的感觉，而这种感觉显示一种强有力的但却未被注意到的支撑物已经从我的世界中被移除了。

212

我自己的存在赫然耸现在我的反思前的世界图景的中心，因为这个生命是我理解其他一切事物的源泉和途径。通过引导并经由这个生命而发现我的存在总体上是可有可无的，即发现它是世界上最不"基本的"事物之一，是会使人丧失自信的。一个没有我的世界在其历史的任何时刻似乎都像一个失去了关键片断的世界，即一个突然失去其支柱的世界。假如你努力专注于这种想法，即你也许本来绝不会出生，或者说专注于这样一种明显的可能性，即你永远并完全缺席于这个世界，那么我相信，你也将发现这个完全清晰而又简单的事实让人产生了一种确实异乎寻常的感觉。

这里有一种唯我论的倾向在起作用。就像维特根斯坦《逻辑哲学论》中的唯我论那样，这种倾向相当奇怪地与客观的立场而非主观的立场联系在一起。客观的观点以永恒的样式思考一切事物，它容易把自己看作世界的条件或者说一切存在的框架，而不会认为自己是世界上的一个特殊个体的一个方面。

假如我忘记了我是谁，我可以毫不畏惧地想象 TN 从未存在过。但是，如果通过想象我的世界中没有 TN 来做到这一点，那么就存在一种半途而废的危险——这样说吧，客观的自我被暂时搁置起来了。为了充分想象这个没有我的世界，我也不得不抛弃客观的自我，并且这开始像是抛弃了世界自身，而非其中的某种东西。好像存在一种自然的幻觉，即世界完全不可以同我关于它的概念相分离。

这种幻觉的感染力是神秘的。我完全充分地知道，世界并非必然是我的世界：它能被我提及或思考，或者曾经能被我提及或思考，并不是一个必然的事实。我能把我现在所在的房间作为这个房间来提及，并且它和我之间可以从未拥有使这种提及成为可能的关系，因为我可以从未出现在这个房间中；而就像这个房间一样，世界以及关于它的一切事物也都如此。这一事实即我必须存在于世界的内部来想象世界本可以不包含我，并未使得这种可能性成为不再真实的。即使世界的一些能被客观地描述的方面对它来说是必不可少的，作为客观的观点的一个具体拥有者的我也不是必不可少的，而且我能在脱离与世界的联系中想到世界。

但是，即便我们坚定地把唯我论的假定作为一种错误抛弃，它还有一种无法令人接受的版本。尽管这个世界并不必然是我的世界，对我的偶然性的客观的认识还是不得不与一个总体的世界图景共存于我的头脑中，而这个世界图景的主体必然**是**我。我认识到其偶然性的这个人，不仅是从这里所显现出来的世界的中心，而且也是我的整个世界观的中心。设想他从未存在过，就相当于设想我的世界从未存在过。

213   这使得我的世界的存在好像依赖于其内部的某种东西的存在。但是，情况当然不是这样的。真实的我不只是**我的**世界的一部分。我所是的那个人是世界的一个偶然片断，而世界不只是属于我的。因此，我的世界的存在依赖于我，我的存在依赖于 TN，而 TN 依赖于这个**世界**，并且它对这个世界来说是可有可无的。这是具体地成为某个人时所出现的另一种不安：我的世界的存在依赖于他的出生，尽管他也作为一个角色出现于其中。以这种方式把一个人自己以及他的整个世界看作自然的产物，是令人不解的。

从一种关于我的出生的客观的观点中显露出来的第二种东西，是它的卑微性。尽管重要与卑微将在下一节得到更彻底的讨论，但还是让我在这里先稍微说上几句。

把关于人的存在的价值的那些更宽泛的问题搁置一旁，当我们从一种一般的观点来看世界时，谁会存在似乎是不重要的。我自己的存在或任何其他特殊的人的存在，是完全没有根据的。既然我在这儿，我的连续的存在也许有某种理由，但最初我为什么出生了，是绝对没有理由的：假如我当初没有出生，世界也会依然如故；我确实没有**错过**这个世界！也许有像莫扎特（Mozart）、爱因斯坦这样的少数几个人，他们的不存在会是一种真正的损失。但对于绝大部分的人来说，任何具体的人的存在都是没有理由的。我们可以进一步说，人及其生命形式在某个时候的存在是没有理由的：假如他们不曾存在，那么把他们创造出来是没有必要的——无论如何，可以有其他类型的生命来取代他们。但是，我在这里所谈论的问题并不依赖于那种更宽泛的主张。让我们设想，假如世界上没有人，那么世界会是一个更无趣也更无价值的地方。更狭隘的主张是：客观地看，哪些**具体的**人出生了是不重要的。

这与我们在世界内部所自然采取的观点相冲突。从主观上看，我们觉得，我们以及我们所爱的人应当被安置在这里——任何东西都不能侵犯我们进入这个宇宙的权利。不管别人会怎么认为，我们所期待的最终的事情是，**我们**可以用一种引导价值产生的方式来看这个世界。但是，随着客观性的提升，分离开始了，并且我们的所有关切、动机及证成都由之开始的存在就成了无关紧要的东西。任何其他的人也像我和你一样经历了这样的情况。而且，因为几乎对我们每个人都至关重要的一切东西都依赖于实际存在的生命，至关重要的东西稳固地根植于其非存在产生不了丝毫影响的某种事物中。

显而易见的答复是：某种东西可以是至关重要的，即使它是否存在在先前并不是至关重要的，而且假如它不曾存在，那么它在先前就不是至关重要的。不管其最初的出现多么没有根据，一旦它存在，它就随身带来自己的价值，并且其存活及安康也变得重要了。

这其中确有某种东西。当我们看这个现实的世界时，甚至其中那些具体的树木似乎也有一种未被它们的相互可取代性或无根据性所取消的价值。但是，调和这两种立场是不够的。关于宇宙的外在的立场是从作为宇宙之一部分的我们自己的立场中抽象出来的；依据这种外在的立场，假如我们从未存在过，那也依然没有丝毫影响——并且那不是我们能依据关于真实的生命的立场而简单地接受的某种东西。它给我们强加了一种复视（double vision），并使我们丧失了在对生命的意义的怀疑中更充分地确立起来的信心。对于某个其他的人，我们容易拥有这些思想，并且当我们从我们这些具体的人中进行抽象时，它们并不是令人不安的。但是，当我们把这些思想呈现于自己面前时，我们就不能消化它们了。不管作为客观的自我，还是作为 TN，我都不能安然地认为我自己完全是可有可无的。

有一种可以识别的人的愿望，这就是去发现我们的存在是有意义的——不管我们采取了一种多么宇宙化的观点；也有一种同由客观性所诱发的局部的分离一起出现的最终的不适。但也许这些都是错误：既是知识方面的错误，也是情感方面的错误。也许我们只不过是太苛刻了，并赋予客观的立场太多的权威——而赋予的方式则在于允许它对我们的存在缺乏独立的关切，以支撑这样一种判断，即人的存在是无意义的。也许客观的自我的分离是无意义的，因为各种证成会终结于生命内部，并且假如在其外部寻求它们是没有意义的，那么我们就不能因为没有在那儿发现它们而失望。也许如威廉姆斯所声称的那样，永恒的观点是关于人的生命的一种非常苍白的观点，而且我们应当在事情的中间开始和结束。或者，也许在两方面我们都有话要说。

2. 意义

当从外部看我们自己时，我们发现难以严肃地对待我们的生命。这种信仰的缺失以及再次获得它的企图，是生命的意义问题。

　　首先，我应当说，一些人比另一些人对这个问题更敏感，而且在其吸引他们的程度上，甚至对其敏感的那些人也会因时而异。显然，有性情的及环境的因素在起作用。但它仍是我们不能忽视的一个真正问题。超越的能力随身带来了一种疏远的倾向，而且摆脱这种状况并去发现一种更大的意义可能导致更大程度的荒唐。然而，我们不能放弃外在的立场，因为它是我们自己的。同宇宙达成某种和谐这个目标，就是同我们自己和谐地生活在一起这个目标的一部分。

　　对于主观的观点来说，决定生命是否有意义的条件，就像包裹的一部分一样，纯粹是给定的。它们是由善与恶、幸福与不幸、成功与失败以及爱与孤立的各种可能性所决定的，而所有这些东西之所以会出现，都是因为你是人，尤其是因为你是你所是的那个特殊的人——你是在你发现自己身处其中的特殊社会及历史背景中成为那个特殊的人的。从内部看，对于依据那些标准而过上一种善的及有意义的生活的企图，我们找不到任何前后一贯的证成；并且即使真的需要它，它也不可能被发现。

　　一些严肃的关于生命意义的问题完全能在生命内部产生，并且它们应该与关于生命意义的完全一般的哲学问题区别开来，后者是从客观的分离的威胁中产生的。一种生命可能是荒唐的，并且被感觉到是荒唐的，因为它充满了琐事，或者，要么受制于一种神经官能强迫症，要么受制于这一点，即经常需要对外在的威胁、压力或控制做出反应。在一种生命中，若人的自主与发展的种种可能性在

215

很大程度上没有得到实现与检验，这样的生命似乎是没有意义的。面临这样一种生命的某个人，可能缺乏作为纯粹内在问题的有意义的生活意志，而这不是由任何客观的分离所导致的。但是，所有这些无意义（meaninglessness）的形式都与意义的可能性相一致，假如事情是向着不同的方向发展的。

哲学的问题与此不同，因为它用客观的无意义去威胁甚至处于主观上的最佳状态的人的生命，并且假如它不能停止以严肃的方式看待自己，那么它也用荒唐去威胁人的生命。这个问题是客观的自我在具体地作为某个人时所感觉到的那种任意性感觉在情感方面的对应物。

我们每个人都发现自己有一种要过的生活。尽管我们对它有一定程度的控制，但成功与失败的基本条件、我们的基本动机与需要，以及定义我们的诸多可能性的社会条件，都纯粹是给定的。出生后不久，我们就不得不开始赛跑，这只是为了不致失败；并且关于对我们至关重要的东西，只存在有限的选择机会。我们担心一次效果不理想的理发或一篇糟糕的书评；我们试图提高我们的收入，改善我们的性格，并提升对他人情感的敏感性；我们养育子女，观看约翰尼·卡逊（Johnny Carson），讨论阿尔弗雷德·希区柯克（Alfred Hitchcock）或毛主席，并为晋升、怀孕或年老力衰而忧虑。简言之，我们在自己的空间、时间、种族及文化的界限内过着极其具体的生活。什么东西能够比这些更自然？

然而有这样一种观点，依据这种观点，生命中似乎没有什么东西是至关重要的。因为这个生命是你的，所以你和它是密切相关的；但是，假如你在看你的奋斗时就像是从极高的地方并脱离你与它之间的密切关联——甚至可能脱离你对人类的认同——来看的，你可能感到对这个可怜的家伙有一定的同情，在他的成功中感到一种微弱的喜悦，并对他的失望有一种轻微的关切。当然，只要这个人存在着，除了继续前行直到死亡，并试图根据内在于其生命形式的标准来完成某种事情之外，他就几乎没有什么事情可做。但是，假如他失败了，也不会有多么要紧，并且假如他根本不存在，那也许就更无关紧要了。立场之间的冲突不是绝对的，但差异是非常巨大的。

这种类型的分离对我们来说当然是可能的，但问题在于：**它**是否至关重要。当我声称自己是来自外空的访客时，也就是说，当我站在极高的地方并离开它是我的生命或者说我是人和这个文化圈的成员这个事实来看待我的生命时，我在外部那儿做什么？从那种观察角度看到我的生命是不重要的，这对**我**来说如何能具有一定的重要性？也许，这个问题是一种纯粹的哲学人造物，而非真实的东西。

我将在以后再回来讨论这种反对意见，但首先让我提出另一种反对意见：即使这个问题不能作为不真实的问题而被抛弃，它也可以有一种简单的解决方案。我们可以如此肯定这些态度确实像它们看起来那样有冲突吗？既然两种判断是从不同的视角中产生的，为什么不把它们的内容适当地看作是相对于那些视角的，并从而使冲突成为虚幻的？假如情况是这样的，那么，如同一只大老鼠是一个小动物一样，或者说，如同某种东西从一个方向看起来是圆的而从另一个方向看起来是椭圆的一样，这一点即我的生命过程从内部看是至关重要的而从外部看则并非如此，也就不再成为一个问题了。

我不认为这种解决方案是可用的，尽管它可能显得合乎逻辑。麻烦在于，两种态度不得不共存于一个人身上，而且他又实际地过着他在其中同时被结合和分离的生活。这个人并不拥有另外一种立场即第三种立场；从这样的立场出发，他可以针对其生命而做出两种被视为相对于各自视角的判断。假如他所拥有的一切就是这两种判断，那么它们根本不容他保留任何关于其生命的态度——只容许他知悉从这两种观点而来的适当的态度，而这两种观点中没有一种是他自己的。但事实上，他既拥有两种冲突的观点，也拥有来自两种观点的态度。

真正的问题是与外在的观点联系在一起的。一旦自我开始膨胀并适应外在的观点，外在的观点就不再只是一个旁观者了。自我不得不跟随众人做同样的事情，并过着这种它与其分离了的生活。通常，这个人在重要的方面分离于他正在做的事情。客观的自我缓慢地被这个人的不可避免的结合拖着前行——作为整体的人，这个人过着一种客观的自我认为是形式上任意的生活。客观的自我产生一种证成的要求，同时又必然导致这种要求是不可满足的，因为唯一可获得的证成依赖于来自内部的观点。

一些哲学家认为，灵魂困在身体内。对柏拉图来说，这不仅意味着灵魂居住在身体内，而且意味着，身体的需要侵犯并损害了灵魂，同时还用它的最基础的部分即欲望部分的控制权来威胁它。我是在谈论某种不同但却类似的东西，即客观的自我在一个特殊的偶然的生命中的不可避免的结合；这种结合的后果不是堕落，而是荒唐。并不是生命中如此多的动物性方面产生了荒唐，因为任何关于重要性的判断都无须与一种本能的生存性的努力联系在一起。上述问题主要是伴随那些更高级的人的计划而来的，那些计划声称自己是有意义的，并且如果没有它们，生命就不是人的生命。我们全都在同样的意义上以人的方式参与了我们**自己的**生活与抱负，而这使它变得突出了。

这要求我们立即解决这个问题。也许我们能避免荒唐，假如我们只是专心致志地为每个人的基本需要做准备。世界上有大量的苦难，并且我们许多人都能轻易地耗费我们的生命，来试图消灭它们——扫除饥饿、疾病与痛苦。

这样的目标似乎确实为生命提供了一种毋庸置疑的意义。尽管它们确实是值得追求的，并且很可能是极其重要的目标，但是它们不能消除这个问题。就算生活在这样一个糟糕的世界中确有一种好处，即能为人们提供机会去从事许多我们无法怀疑其重要性的活动，但人的生命的要义怎么能在于消除恶呢？痛苦、贫困以及不公正，阻止人们追求那些我们设想能为生命所创造的积极的善。假如所有这样的善都是无意义的，并且唯一真正重要的事情就是消除痛苦，那么这确实**会**是荒唐的。对于这样的观念即帮助他人是唯一真正赋予生命意义的事情，也同样可以这么说。假如任何人的生命就其自身而言都是没有任何意义的，那么它如何能通过献身于他人的无意义的生命而获得意义呢？

这是不可能的。即使意义问题可以放到所有苦难都被消除后再说，它也不会永远消失。不管怎样，我们当中绝大多数人在自己的生命中都要面对它。我们有些人比其他人拥有更强的自尊心，并且甚至在没有哲学的帮助的情况下，一种起支配作用的对个人地位或成功的迷恋也会被认为是荒唐的。但是，每一个人，只要不是被神秘地改造过的或者无可救药地失去自尊的，都认为他的生命和计划是重要的，并认为不只对他自己是这样的。

从外部看，我们确实倾向于认为，我们的绝大部分追求只在相对的意义上是重要的。观看关于人的戏剧有一点像观看少年棒球联合会的比赛：参与者的激动是完全可以理解的，但是一个人不能实际地进入其中。然而，既然一个人**是**一个参与者，他就直接卷入了比赛，而且不可能承认重要性是相对的。当你考虑事业、婚姻、孩子，甚至考虑是否实行节食、评论一本书或购买一辆汽车时，外在的立场就被排除了，并且你从关于日常生活的内在立场出发而直接面对这些问题。被分离出来的外在的观点只是不得不跟随而来，并调整自身，以适应它不能使其内在化的那些无条件的关切。与此同时，还存在一种抵制这样的分离的诱惑——而抵制的方式则在于强化一个人生命内部的关于客观的重要性的感觉，也就是说，要么过高地估价一个人自己的意义，要么把一种更宽泛的意义归于一个人的追求。

这也是我们在其他方面所讨论过的那种现象，例如，在认识论中我们就讨论过。内在的观点拒绝被还原为一种关于其内容的主观解释，那种解释是外在的观点试图强加于它的。但是，这使得客观的立场与自身相冲突。尽管发现我的生命在客观上是不重要的，我仍然不能把自己从对它应尽的一种绝对的义务中解脱出来——而我的生命就是我的向往与抱负，以及得到满足、承认与理解的希望，等等。荒唐的感觉就来自二者的这种并置。

就像认识论上的怀疑论一样，这并不是由哲学上的错误判断所导致的一个虚假问题。我们不能为了回避怀疑论而否认我们关于世界的信念的资格，并认为它们完全是相对于一种主观的或个人的观点而言的；与此相同，我们也不能为了回避客观的分离的影响而否认我们的生命中支配性目标的客观的资格。那纯粹是对实际情况的歪曲。生命的意义问题其实就是动机层面上的一种形式的怀疑论。就像休谟出色地看到的那样，怀疑论的论证是有说服力的。但是尽管如此，在回应那些论证时，不管我们发现它们的说服力可能有多大，我们也不能放弃关于世界的信念；而与此相同，我们也不能随意放弃我们的绝对义务。我认为，我们也不能为回避这两个问题中的任何一个而拒绝采取那种对通常的观点构成怀疑的外在于我们自身的步骤。

可以尝试通过几种方针来打破这种僵局。我认为，不存在摆脱困境的办法，尽管我们能做出一些调整以容忍冲突。但是，考虑需要用什么东西来完全消除它，是值得的。我将讨论两种试图直面这个问题的建议，以及一种试图化解它的建议。

要考虑的第一种解决方案是最残酷的：否认主观的观点的要求，尽可能多地摆脱个体的人的生活的细节，使一个人与世界的局部接触的范围最小化，并关注普遍的东西。默祷、沉思、对身体和社会的需要的冷漠，以及对专属个体的私人关系和世俗抱负的放 *219*

弃——所有这一切，都导致只有很少的东西需要从客观的立场中分离出来，也导致在这种立场中只有很少的东西被看作是无价值的。我猜想，这种回应的方式是某些传统所推荐的，尽管我对它的认识尚不充分，因此也就不能确定它不是一种讽刺：个体意义上的自我的丧失被认为是揭示非个人观点所必需的，而这种非个人观点高于来自本地的观点（the view from here）。并且，一些个体显然有可能使自我变得这样枯萎，以至于个人的生命本身不是作为一种目标而只作为超越的自我的一种载体而延续着。[1]

我不能依据经验来说话，但在我看来，这是为了获得心灵的和谐而付出的高昂代价。为了确保毫不含糊地肯定其余的东西而削减自己这么多的东西，似乎是观念的浪费。我宁愿过一种被合并在特殊中的荒唐的生活，也不愿过一种沉浸在一般中的没有分离痕迹的超越的生活。也许，对这二者都进行了尝试的那些人会不可思议地嘲笑这种偏爱。它表明了这样的信念，即人的生命的荒唐并不是一件如此糟糕的事情。关于我们应该准备做什么来逃避它，存在一定的限度——不可以让某些疗法比疾病本身更荒唐。

第二种解决方案与第一种正相反：它否认我们的生命之客观的卑微性，而这种否认将证明来自客观的立场的充分结合是正当的。尽管这种回应分离的方式有某种优点，然而其中所包含的真理并不足以解决冲突。

就像我在第八章中所证明的那样，一种非个人的视角并不必然导致虚无主义。它也许不能发现关心主观上与我们相关的东西的**独立的**理由；但是，世界上许多有价值并有意义的事物，都只能从一个特殊的生命形式的视角内部而得到直接的理解，并且这一点能从一种外在的立场中被认识到。就如音乐的价值不能被天生的聋人直接理解并不意味着他必须断定它是没有价值的一样，某种事物的意义不能单纯依据客观的立场而被理解并不意味着它在客观上必须被看作无意义的。他对于其价值的认识必须依赖于他人，而且在价值方面，客观的立场可以认识到特殊的观点的根据，就像在必然具有视角性的事实方面它能做到这一点一样。这包括认识到仅仅相对于一个特殊的人才有价值的事物的价值，而且这个特殊的人也可以是一个人自己。我们可以说，通过包括一个人自己的视角在内的特殊视角可资利用的证据，绝对价值被揭示给了客观的观点。因此，即使包括我自己的生命形式在内的任何特殊生命形式的存在并无外在可估量的理由，至少通过参照它而得到定义的一些价值，无论肯定性的还是否定性的，也还可以从外在的角度而得到承认。参与少年棒球联合会的棒球比赛、制作薄煎饼或涂一层指甲油，完全都是人们要做的善事。它们的价值必然不会因为它们缺乏外在的证成而被取消。

　　然而，这不足以调和这两种立场，因为它并未证成在碰巧属于我的个体生命中的一种特殊的客观利益，甚至没有证成在该个体生命作为其实例的人的生命之一般形式中的一种特殊的客观利益。这些事物被提交给了我，并且它们需要我加以充分的注意。但对于外在的观点来说，许多不同的实际的或可能的主观价值必须被承认。那些出现在我的生命内部的东西可能会得到赞同，但那与真实的客观的结合并非一码事。在一个也非仅有的文明国度中，我的生命是

220

无穷多的生命之一，并且我对它的自然的专注与我可以合理地从外部赋予它的那种重要性是极不成比例的。

从那里，我至多能把它在一种总体视域中所该具有的重要性赋予它，而这种视域在一个平等的立足点上囊括了所有可能的生命形式及其价值。确实，我的生命是所有这些生命形式中的一个，也是我最有条件对其加以关注的生命；而且可以证明，传统的劳动分工原则确保了我以通常的方式把全部精力倾注于其上是对宇宙居民做贡献的最好方式。但是，尽管这里面确有某种东西，它不应该被夸大。这个论证不会真正证明从一种客观的立场出发而与我们的个人目标进行充分结合是正当的，并且从对我们作为其一个部分的那个整体的客观的关切来看，它曾证成过的结合是勉强的。这至多是一种部分地调解内在的与外在的观点的方法：我们能试图避免赋予自己一种与我们的客观价值极不相符的个人的重要性，但不能实际地希望完全填平这个裂缝。因此，尽管对人的生命内部的客观价值的承认可以使立场之间的冲突变得不太尖锐，但消除不了它。

我要讨论的第三种候选方案，可以被认为旨在证明这个问题是不真实的。这种反对意见是：与客观的自我连为一体，并发现它的分离是令人不安的，就等于忘记了你是谁。当从遥远的外部看待一个人的存在，并且这种外部是遥远的，以至于他可以问为什么这种存在是至关重要的时，存在某种错乱的东西。假如我们确实是被分离的灵魂，并且即将通过展现在一种特殊的生物——我们迄今为止只从外部看到过这种生物的生命形式——之中而被投入凡界，那么情况会有所不同：我们可以充分感觉到一种即将发生的被囚禁起来的威胁。但是，情况不是那样的。我们首先并且必然是个体的人。我们的客观性只不过是我们的人性的一种发展，而且不允许我们强行摆脱它。它必须服务于我们的人性，并且就它没有做到这一点而言，我们能够忘记它。

这里的关键在于强行撤回导致出现这个问题的外在要求。这是一种自然的并在某些方面具有吸引力的回应方式，但将不会作为一种决定性的论证起作用。客观性并不满足于继续充当个体的视角及其价值的仆人。它有其自己的生命，并且它渴望超越，而在响应关于重新设定我们的真实身份的请求时，这种渴望将不会停止。这一点不仅会在对个体生命的永久疏远即在荒唐感中显示出来，而且就像在确立伦理学的过程中那样，也会在我们有时**能**满足的客观的证成的要求中显示出来。外在的立场在人的动机方面既起一种重要的肯定性作用，也起一种否定性作用，而且这两种作用不能分开。二者都依赖于外在的观点的独立性以及强行让我们将其带入我们生命中的那种压力。荒唐感只是关于此努力的极限的一种知觉；而假如我们乘着超越的阶梯上升到一定高度，并且此高度甚至高于我们纯粹的人的个体性在借助于重大的重新调整的情况下所能赶上的高度，那么我就能获得这种知觉。客观的自我是我们的关键部分，忽视其准独立的运作就等于把它从自我中割断，而这就如同一个人放弃了他的主观的个体性。不存在对一种或另一种疏远或冲突的逃避。

总而言之，我认为没有可靠的消除内在冲突的方法。不过，我们仍有缓和这种冲突的动机，并且有可能在不采取极端措施的前提下在两种立场之间促成某种程度的和谐。对待一个人自己的生命的态度不可避免地受到下述事实的支配：与所有其他的生命不同，它是一个人自己的。但是，这种支配不应该是非常完全的，以免客观的立场把由那个生命所定义的价值看成最终的。尽管客观的理性自然地服务于主观的激情，但是不管这些激情得到了怎样的赞同，它仍能继续认识到，它们是一个特殊的个体的激情，并且它们所可能拥有的任何重要性都来自那个个体。因此，客观性自身分裂成旁观者和参与者。它让自身献身于一个人的利益和追求（包括竞争性的追求）；而与此同时，它认识到，他不比任何其他人更重要，并且人的生命形式并非所有价值的体现。

222　　　把这两种态度结合起来的手段之一是道德。道德所寻求的是我们如何作为一个个体而活着，而一个个体也承认其他个体具有同等的价值，因此道德是可以从外部被我们接受的。道德是一种客观的重新结合。在与他人相应的要求不抵触的情况下，它允许对主观的价值进行客观的断言。它能够采取种种不同的形式，其中一些形式是我讨论过的。它们全都在一种或另一种程度上在你自己的生命之外占据一个足够遥远的位置，从而降低了你自己和他人之间的差别的重要性。然而，这个位置虽然遥远，却并未导致所有的人类价值都消失在虚无主义的暗淡之中。

　　　但是，结合拥有比这更多的东西。客观的态度的最一般的效果应该是一种形式的谦恭：承认你并不比实际的你重要，并承认这一事实即某种事物对你来说是重要的（或者说，假如你做了某事或忍受了某种东西，那么这种情况就会是善的或恶的）只具有一种纯粹个人的意义。这样的谦恭似乎和下面这一点不相容：一个人应当充分沉浸于自己的生命以及这种生命使其成为可能的对那些快乐和利益的追求。它听起来可能像是一种逐渐失去活力的自我意识，或者一种自我贬低，或者一种禁欲主义。但我认为，它并非必须如此。

它不创造自我意识，而只是赋予其内容。因为我们有能力对自己采取一种外在的观点，所以才会提出这个问题。我们不能消除它，并且我们必须发现某些对待它的态度。谦恭介于虚无主义的分离与盲目的妄自尊大之间。它不要求你每次吃汉堡牛肉饼时都批评味觉的极端任意性。但是，我们能试图避免常见的过分嫉妒、虚荣、自负、好胜和骄傲——包括在我们的文化、我们的民族以及作为一个物种的人的成就方面所感到的骄傲。不管其成就如何，人类有一种强烈的自我崇拜的倾向。但是，过上一种已被给予人们的完全的生活是可能的，只要不对它进行令人绝望的过高估价。我们甚至能抵制过于看重——无论是肯定性地还是否定性地——历史现在时的倾向；天底下此刻正在发生的事情并不因为那种原因而成为特别重要的。现在就是我们所在的地方，并且我们不能只在无时间的视角中发现它。但我们能不时地忘记它，即使它不会忘记我们。

最后，有一种克服超越的普遍性与褊狭的自我专注之间的对立的态度，那就是对特殊的东西的非自我中心式的尊重。[2] 作为一种要素，它显著存在于审美反应中。但是，它能用来对待一切事物，包括一个人自己的生命的诸多方面。人们可以只是紧紧盯着一瓶调味番茄酱，于是来自不同立场的意义问题就将消失。特殊的事物可以拥有一种不具竞争性的完全性，并且这种完全性对自我的所有方

223

面来说都是透明的。这也有助于解释为什么大美的感受倾向于把自我连为一体：对象通过一种让观点间的差别变得不再相干的方式立即而又整体地吸引着我们。

难以知道一个人能否一贯地保持这样一种对待日常生活的诸要素的态度。它需要一种感觉的直接性，并需要我们关注未与一个有教养者的复杂而又进步的追求充分融合的当前事物。也许，在一个人所做过的事情方面，它要求有一种根本的改变，而且这会产生一个问题，即这种简单化是否有价值。

除此之外，对我们绝大部分人来说，这些可能性都受到了限制。有些人确实是超凡脱俗的；但是，假如那不是天生的，那么达到这种境界的尝试很可能是在虚伪及自我扭曲方面所做的一种训练。我们绝大多数人都极其关心各种形式的个人成功；而从一种非个人的立场看，我们可以发现，这些成功的意义，远远小于当我们从生命内部看时情不自禁地认为它们具有的那种意义。我们天生具有自我专注的特点，而且我们有能力认识到这个特点是过度的；即使我们通过使两种立场更接近而在某种程度上实现主观—客观的结合，这样的一种特点和能力也会使我们不可克服地变得荒唐。对于任何一个完全意义上的人来说，这个裂缝太宽了，以至于不能完全填平它。

因此，荒唐是人的生命的一部分。我认为，根本不可以对此感到遗憾，因为它是我们的存在的一种后果，而我们又是作为具有获得客观性的能力的特殊生物而存在的。一些哲学家，比如柏拉图，一直因高级的自我困于一个具体的人的生命而闷闷不乐；而另外一些哲学家，比如尼采，则贬低客观的立场的作用。但我认为，显著削减二者之一的力量或重要性都是在贬低我们，而且不是一个合理的目标。压制不仅可以有效而又带有毁坏性地与本能开战，而且可以同样与客观的智力开战。自我的这些内战产生一种贫瘠的生命。它最好同时被结合和分离，并因此成为荒唐的，因为这是自我否定的对立面及充分的意识的结果。

3.　死亡

继续活下去是我们最强烈的愿望之一，这种愿望本质上是第一人称的：它并非一个特殊的、公共可识别的人存活下来的愿望，尽管它的实现当然需要与那类似的某个人的存活，并且因此和针对任何一个特殊的人的存活而采取的客观的冷漠态度发生了冲突。你与你的死亡之间的关系是独一无二的，并且如果主观的立场可以在什么地方拥有一种支配地位，那就只有在这里了。出于类似的原因，如果你与一些人非常接近，以至于你是通过他们的眼睛来看世界的，那么内在的立场也将间接地支配你对待他们的死亡的态度。

一些人相信有来生。我并不相信。我所说的话都将建立在死亡是虚无与终结这一假定之上。对于它，我认为几乎没有什么可说的：它是一种巨大的灾祸，并且假如我们真正面对它，那么，除非知道我们能通过死亡阻止一种甚至更大的恶，没有什么东西会使其成为受人欢迎的。要不然，假定要在再活一个礼拜与在五分钟之内

224

死去之间做一个简单的选择，我始终愿意选择再活一个礼拜，而且根据数学归纳法的描述，我断定，我会乐意永远活下去。

也许我最终将厌倦生命，但此刻我无法想象这一点，而且我也无法理解，许多杰出人士，要不然就是理智之士，为什么会发自内心地断言他们不认为自己的必死性是一种不幸。[3]

我不能接受由帕菲特所提供的那种形而上学的慰藉（他发现他的观点和佛教有相似之处）。通过打破他自己和他人之间的形而上学界限，并松开目前将他与他的未来的自我连接起来的形而上学捆带，他声称，他对包括自己的死亡在内的一些事物也已不太感到沮丧了。他的死亡将是相互连接起来的某一特定系列的活动与经验的终端，但并非一个独一无二的基础性的自我的毁灭。"我不应该说'我将死亡'，而应该说'将不存在通过某些方式与当前这些经验联系在一起的未来经验'。因为它使我想到了这个事实所包含的东西，这种重新描述使得这个事实不太令人沮丧了。"[Parfit（2），第281页]如同我在第三章中所说过的那样，我不能接受这种形而上学的修正。但我不能肯定，假如我接受了，我就会发现这种结论是不太令人沮丧的。我确实发现了帕菲特对**生存**的描述是令人沮丧的，但那当然是相对于**我**所理解的生存的。与帕菲特的生存比起来，帕菲特的死亡似乎并不这样令人沮丧；但是，那可能既由前者的缺陷所致，也由后者的优势所致。（参见他在第280页的评论）

我在这里不打算集中精力解释为什么死亡是一件坏事。生命可以是精彩的，但即使它不是这样，死亡通常也是特别糟糕的事情。假如对死亡者而言，它切断了未来的善多于未来的恶的可能性，那

么不管他活得多久，当死亡发生时，它都是一种损失。而且事实 **225**
上，如理查德·渥海姆（Richard Wollheim）所说，甚至当生活不
值得过下去时，死亡也是一种不幸（第 267 页）。但是在这里，我
想说一说期待我们自己的死亡意味着什么，以及我们如何能（假如
真有办法的话）使内在的与外在的观点和解。我所能希望去提供的
最令人满意的东西，是一种现象学的描述。我希望这种描述不只是
独特的。像我们的出生的偶然性一样，我们的死亡的不可避免性容
易被客观地领会，但难以从内部去领会。每一个人都是会死去的；
我是某个人，因此我将死去。但是，这并非仅仅是 TN 将会在一次
飞机失事或持械抢劫中失去生命，将会患中风、心脏病或肺癌，而
且衣服将送给救世军，书籍将送往图书馆，身体的某些器官将送往
器官库，而其余的东西则送往焚化场。除了这些平凡的客观的变迁
之外，我的世界也将终结，就像当你死去时你的世界将终结一样。
难以理解的是下面这个内在的事实：这种意识有朝一日将会永久消
失，并且主观的时间将完全停止。我的死亡，作为世界中的一个事
件，是易于思考的；而我的世界的终结则不易思考。

困难之一在于，对待我自己的未来的主观态度之适当形式是期
待。但是，既然这样，就没有什么可以期待的。我如何能期待**本身**
不存在的东西呢？似乎，我能做到的最好的事情是期待它的全部，
即数量上有限但不确定的某种东西——或者，假如我被明确地宣判
死刑，那么这种东西在数量上就是确定的。现在，在我的未来的有
限性所产生的后果问题上有许多话可说；但那些是相对乏味的，并
且是我们绝大多数人都自然会考虑到的东西，尤其到了四十岁以

后。我所关心的，是对我的最后的毁灭本身的充分认识。将有最后一天、最后一小时、最后一分钟的意识，而那就是毁灭本身。它将出离边缘。

为了领会这一点，只想到一种行将结束的特殊的意识流是不够的。关于死亡的外在的观点既是物理的，也是心理的：它包括这种观念，即你所是的这个人将不再拥有思想、经验、记忆、意图以及愿望等等。那个内在的生命也将结束。但是，我正在谈论的东西，并不是这样的认识，即世界上一个特殊的人的生命即将终结。为了从内部领会你自己的死亡，你必须努力**向着前方**期待它——把它看作一种**前景**。

这是可能的吗？关于你自己的死亡，除了一种外在的观点或者一种内在的观点，似乎不可能存在任何其他形式的思想；按照外在的观点，世界在你的生命停止后继续存在，而内在的观点只看到死亡这一侧——它所包含的东西仅限于你预期中的未来意识。但事实并非如此。也有某种能被称为对虚无性（nothingness）的期待的东西，并且尽管心灵往往会改变方向以避开它，但它是一种明白无误的经验。它始终令人吃惊，时常令人害怕，且显著不同于人们常见的一种认识，即你的生命将只会再延续有限的一段时间——你很可能只拥有不到 30 年的时间，而且肯定不到 100 年。对主观时间之终结的肯定性预期，尽管在逻辑上与这些限度不可分离，却是某种明摆着的东西。

这种感觉的具体对象是什么？事实上，即使我不在其中，客观的世界和客观的时间也会延续下去；而部分说来，那种对象就是关于这个事实的观念。我们习惯于主观的和客观的时间的同步向前，因此当认识到我身后的世界在没有我的情况下也会平静地运转下去时会产生某种震惊。它是放弃的终极形式。

但是，我正在谈论的这种特殊的感觉不仅仅依赖于这一点。这是因为：即使唯我论是真的，也就是说，即使这个唯一存在的世界的终结与我的死亡一同发生，这种感觉还会存在；或者，即使我们颠倒依赖的方向，从而我的死亡将会**因**世界的终结而发生，它亦将存在。（设想我开始相信一种古怪的科学理论，这种理论指出，因为物质与反物质的碰撞出现了一次突如其来而又势不可当的加剧，宇宙从现在起将在 6 个月之内完全毁灭自身。）正是对虚无性本身的预期，而非对世界在我不再存在之后将会延续下去的预期，才是我们不得不去理解的。

几乎无须说，我们习惯于我们自己的存在。我们每个人都已活了与其记忆同样长远的时间；它似乎是各种事情的唯一的自然的前提，而且期待它的终结感觉就像在否认某种不只是可能性的东西。确实，我的死亡将导致我的各种可能性都无法得到实现——那些可能性指的是我可以做的事情或可以经验的东西。但是，更重要的是这样一个事实，即当作为诸多可能性及现实性之主体的我不再存在时，它们将因此连可能性也不再是。这就说明了为什么对完全的无意识的期待如此不同于对死亡的期待。无意识包含了经验的连续的可能性，而且因此不像死亡那样将当前的时刻抹掉。

关于我自己的存在的内在意识自身，对于它自己的未来以及它在任何可以实际到达的未来之后的可能的延续，都拥有一种特别强

烈的感觉。世界上有些特殊的事物是我们客观地构想出来的，而对
于同任何这样的事物的存在相联系的未来的可能性（也许是一种仅
仅被我们关于世界本身的可能的延续的感觉所超过的力量），我们
也拥有一种感觉。但在这两种感觉中，前一种比后一种更强烈。

可以这样解释以上这一点。在我们关于世界的客观概念中，特
殊的事物可以终结，因为我们考虑到了它们的非存在的可能性。一
227　种特殊的对象、人工制品、有机物或人的存在与非存在的可能性，
是由构成这两种可能性之基础并与它们同时共存的现实性所给予
的。因而，某些元素的存在及化学规律的真理性，构成了一种特殊
化合物的合成或分解的可能性的基础。这样的可能性依赖于现
实性。

但是，一些可能性自身似乎就是世界的基本特征，并且不依赖
于更深层的现实性。例如，从 m 个元素中一次取 n 个元素的可能
的排列数，或者可能的欧几里得正多面体的数目，也是一些可能
性，但这些可能性的存在不取决于任何事物。

我有各种各样的可能性，其中一些构成了我的生命，但很多可
能性都是我绝不会去实现的。现在，所有这些可能性都取决于我的
存在。我的存在是所有这些可能性所依赖的现实性。（它们也取决
于在我之外的我能遇到的事物的存在，但是且让我暂时忽略这一
点。）问题在于，当我从内部想到自己时，似乎不存在一种具有下
述特点的更基本的东西：它能将我的存在的现实性转而作为一种存
在的可能性的实现而揭示出来，而这种存在的可能性是与建立在同
一种基础上的一种非存在的可能性相关联的。换句话说，定义我的

生命的主观条件的那些可能性，似乎不能在一种主观的观点内部被转而解释为更深层次的可能性的偶然实现。但是，与元素的存在和化合物的可能性之间的关系不一样，没有什么东西在主观上同它们有联系。

为了解释它们，我们不得不走出主观的观点，去客观地说明TN为什么存在并拥有决定其主观的可能性的那些特征。它们依赖于一种外在的现实性。

但是，当我们从内部思考我们的生命时，这会导致一种错觉。我们实际上不能使这些外在的条件成为主观的观点的一部分；事实上，从任何方面来看，我们都不知道它们是如何导致我们的主观的可能性的。我的经验的可能的内容与现实性形成了对照，它们本身好像就构成了一个宇宙——各种事物可以在这个领域中出现，但它自身并不依赖于任何事物。那么，关于这个可能性宇宙的毁灭的思想，就不能被看作已由一种基本的主观的现实性所设定的又一种可能性的实现。主观的观点没有考虑到它自己的毁灭，因为它不把自己的存在构想为一种可能性的实现。这是包含在构想自己的死亡是不可能的这种常见谬误中的真理成分。

所有这一切都是相当明显的，但我认为它们解释了某种东西。每个人都拥有的关于其自己的来自内部的感觉，部分地隔绝于关于他所是的那个人的外在观点；可以说，它主动把自己投入了未来。从这一点来看，我的存在似乎是一个由诸多可能性所构成的独立自存的宇宙，而且因此它不需要任何其他事物就可以继续存在下去。那么，当这种已部分湮没了的自我概念与 TN 将会死去并且我也将 *228*

和他一同死去这一显见的事实发生冲突时，它就极其令人震惊了。这是一种非常强烈的虚无性，即一个内在世界的消失；而这个世界则根本未被看作一种偶然的显示，并且它的不出现从而也就不是一种包含在关于它的概念中的可能性的实现。因此，我并不是我下意识地希望我所是的那种事物，即一组无根据的可能性；这样的一组可能性与一组以偶然的现实性为根据的可能性形成了对照。主观的观点把其关于无条件的可能性的感觉投入未来，而世界否认了它们。它们不只是不会变为现实——它们将会**消失**。

这不只是一种关于未来的认识。它所摧毁的那种根深蒂固的幻觉隐含在关于当前的主观观点中。在某种意义上，好像我已经死了，或者从未真实存在过。有人告诉我，对飞行的恐惧通常不仅把失事的可能性而且也把飞行自身的可能性当作自己的对象：在一个很小的飞行器内急速飞行于离地面数英里高的上空。它与人们对飞行的恐惧有点类似；只不过在这种情况下，它是你可以反复忘记并重新发现的某种东西：你始终认为你安全地立于地面上，而当你突然向下看时，你发现自己正站在一根离路面一千英尺高的狭梁上。

迄今为止，我尚未谈论我们对待死亡的态度的最令人困惑的特征：我们对待过去的非存在的态度和对待未来的非存在的态度是不对称的。我们不会用看待死亡的预期的那种方式来看待我们出生前的那段时期。然而，我们能针对前者而说的绝大多数话，也同样适用于后者。卢克莱修（Lucretius）认为，这表明把死亡看作一种恶是错误的。但我认为，它代表着一种更一般的未来—过去的非对称性；这种非对称性与我们的主观的观点不可分割。

帕菲特已经研究了像愉悦与痛苦这样的其他一些价值的非对称性。（我们的）痛苦不是出现在过去，而是出现在将来；这个事实在很大程度上影响我们对待痛苦的态度，并且这种影响不能被看作是不合理的。［Parfit（3），第 64 节］

尽管我没有解释这种非对称性，但我认为，必须把它看作对待我们自己的死亡的主观态度中的一种独立因素。换言之，我们不能用过去和未来的非存在之间的某种其他差别来解释它，这正如我们不能用过去和未来的痛苦之间的某种其他差别（此差别使后者比前者更恶）来解释我们对待痛苦的态度的非对称性一样。

未来的可能性可以被切断，这既包括不让它们得以实现，也包括使它们作为可能性而被消除；相应地，过去的可能性也可能无法得到实现或者说不存在。在这两种情况之中，前一种情况在我们身上所引起的反应，非常不同于后一种情况在我们身上所引起的反应。这也许是一个非常深奥难解的事实。就实际情况而言，我们不能在我们开始存在之前就存在，但即便我们能做到这一点，我们也不会认为出生前的非存在与死亡同属一种损失。而且，即使我们在 200 年以前的非存在使我们明显地意识到了这个事实，即我们主观的存在是一种以关于这个世界的客观事实为依据的可能性的实现，这也并不会像对死亡的预期那样影响我们。关于主观的可能性的感觉赋予未来一种想象的实在性，而它并没有借着此种实在性将自己投入过去。死亡是对某种事物的否定，而此种否定的可能性似乎并不是预先存在的。

这与关于死亡的客观的观点之间的不一致是显而易见的。在我们就出生及生命的意义问题所说的话中，有很多在这里也是适用的，而且无须重复。像任何其他事物一样，我的死亡是客观的秩序中的一个事件，并且当我以那种方式想到它时，分离似乎是自然的：这个个体从世界上的消失，与其在世界上极为偶然的出现一样，是不会引起人们注目的，或者说是不重要的。这不仅适用于个体的完整的内在生活，而且适用于客观的立场本身。就算某种存在物的消亡似乎比它的不出现更糟糕，当被看作一般的宇宙变化之一部分时，这似乎也不是一件极其重大的事情。

无须过分在意死亡的另一种理由是：每个人的必死性都是一般的生物更新的循环的一部分，而且这种更新是有机生命的不可分割的一部分。具体的死亡也许是恐怖的，或者会提前到来；但是，就像鹰吃老鼠这个事实一样，人的死亡本身是一种给定的东西，为此悲叹是没有意义的。对于即将被鹰吃掉的老鼠，这种悲叹不是一种安慰；而对于某个即将死亡的人，它同样不是一种安慰，但却是填平主观—客观的裂缝的另一种障碍。

通过论证非个人的立场应该立足于死亡所隶属的那个人的态度来形成其关于每一例死亡的观点，一个人能试图在相反的方向上填平这种裂缝。假如对于每一个人来说，自身的死亡都是可怕的，那么每一例死亡都应该从客观上被看作是可怕的。于是，超然的冷漠就是对内在视角中的清楚明白的东西的一种视而不见——而且不只是这种视而不见的唯一例子。

关于这一点，存在某种正确的东西；确实，假如一些人看待死亡的方式比现在更认真，那会是一件好事。[4] 但是，假如我们试图

230

公正地对待这个事实，即死亡对每个人来说都是最终的损失，那么我们就不清楚客观的立场在想到永恒的灾难之流时会做什么——世界会在灾难之流中每天数十万次地走向终结。死亡的主体是带着某种利害关系来看待死亡的，而我们则不能带着同样的利害关系来看待所有那些死亡：任何试图唤起一种与大屠杀完全一致的感觉的人都知道，十足的情感重负阻止我们这样做。客观的立场完全不能在其充分的主观价值之上容纳这个事实，即每一个人，包括一个人自己在内，都不可避免地会死去。事实上，在死亡问题上，没有办法消除立场之间的根本冲突。

这一切都不表明，一个人不能使自己的生命从属于其他事物——有时不这样做是不体面的。人们愿意为外在于自己的东西去死：价值、事业及他人。严格说来，任何人，如果不能足够关心身外某种东西并为之牺牲生命，都是有缺陷的。而且，这样的外在关切，尽管可能需要损失人的生命，但时常具有减少那种损失的效果，并且甚至可能因此而得到加强。你对自己生命之外的人与事关心得越多，你因死亡而受到的损失相对来说就越小，并且随着死亡的临近，你能通过使你的利益外在化而在某种程度上减轻死亡之恶：专注于将比你活得久的那些人的福祉，并在不考虑你是否会活着看到所发生的事情的情况下，专注于你所关心的那些计划或事业的成功。我们一直在终有一死的个体生命中看到了这种蚀本行为——更模糊地说，是在个人对死后的名声、影响或赏识的想望中看到了这种现象。

但是，这些措施的效果不应该被夸大。不管你在多大程度上扩展你的客观的或死后的利益，你都没办法确立一种足够完全的态度。这种生物在客观上并不引人注目的死亡，不仅将会终止它的由有意识的经验所构成的经验之流，而且将会终止它的死亡也被包含在其中的特殊的客观的实在概念。当然，按照客观的立场，任何特殊的客观的自我（包括这一个）的存在或非存在都是不重要的；但那是一种有限的安慰。在对待其自己的毁灭问题上，客观的立场可能试图形成一种冷漠的态度；但关于这一点，存在某种错误的东西：个体与生命之间的关联甚至将会在这个层次上努力走回来。这里，客观的自我破例不再处于安全的境地。我们可以看得更清楚，但我们不能通过占据死亡将会摧毁的一种有利地位而上升到死亡之上。

客观的立场不可能真正为人所控制。它不仅威胁要越过我们，而且相比于我们在真实的生命中所能接纳的东西，它给予我们的东西更多。当我们承认我们被包含在世界中时，我们就明白我们不能完全依据那种承认而活着了。在这种意义上，我们的问题没有得到解决的办法，但认识到这一点，就相当于尽我们所能地依据真理而生活。

注释

［1］或许能换一种说法：每一个特殊的成分，不管其性质如何，都被看作普遍的东西的一种展现。

［2］感激雅各布·阿德勒（Jacob Adler）使我看到了这一点。

［3］例如 Williams（3），第 6 章，"The Makropulos Case：

Reflections on the Tedium of Immortality"（《马克洛普罗斯案件：对关于不朽的单调乏味的反思》）。他会比我更容易感到厌烦吗？

[4]人们普遍愿意把热核武器作为最终的武器来仰仗。这揭示了对待死亡的一种轻率态度，而此种态度总是让我感到不解。在我的印象中，不管他们可能说什么，这些武器的绝大多数的辩护者都没有因为可能发生一场导致数十亿人死亡的战争而表现出适当程度的恐惧。这可能是由于想象力的极度缺乏，或者大概由于一种特殊的对待危险的态度——当灾难发生的概率远小于50％时，这种态度会导致人们不重视这样的概率。或者，它可能是出现在侵犯性冲突情况下的一种防御的不合理性的机制。但我怀疑，一个重要的因素可能是相信来生，并且那些认为死亡并非终结的人的比例在核武器的盲目拥护者中要比在反对者中高得多。

参考文献

233　　　　如果除了首印处之外，重印或译文也列出来了，那么文中的页码索引是关于后者的。对于哲学经典，除了文中有页码索引的，其余都没有指明版本。

Adams，R. M.

"Saints，" *Journal of Philosophy*，1984.

Anscombe，G. E. M.

（1）"Causality and Determination，" Inaugural lecture，Cambridge University，1971，in *Metaphysics and the Philosophy of Mind*：*Collected Philosophical Papers*，vol. Ⅲ，University of Minnesota Press，1981.

（2）"The Causation of Action，" in C. Ginet and S. Shoemaker （eds.），*Knowledge and Mind*，Oxford University Press，1983.

Aristotle

Nicomachean Ethics.

Austin, J. L.

"A Plea for Excuses," *Proceedings of the Aristotelian Society*, 1956—1957.

Bennett, J.

Kant's Dialectic, Cambridge University Press, 1974.

Bentham, J.

An Introduction to the Principles of Morals and Legislation, 1788.

Berkeley, G.

A Treatise Concerning the Principles of Human Knowledge, 1710.

Butler, J.

The Analogy of Religion, 1736.

Carter, B.

"Large Number Coincidences and the Anthropic Principle in *234* Cosmology," in M. S. Longair (ed.), *Confrontation of Cosmological Theories with Observational Data*, Dordrecht: Reidel, 1974.

Chisholm, R.

Person and Object, La Salle, Ⅲ. : Open Court, 1976.

Chomsky, N.

Rules and Representations, Columbia University Press, 1980.

Clarke, T.

"The Legacy of Skepticism," *Journal of Philosophy*, 1972.

Davidson, D.

（1） "Actions, Reasons, and Causes," *Journal of Philosophy*, 1963; rpt. in （4）.

（2） "Mental Events," in L. Foster and J. W. Swanson （eds.）, *Experience and Theory*, University of Massachusetts Press, 1970; rpt. in （4）.

（3） "On the Very Idea of a Conceptual Scheme," *Proceedings and Addresses of the American Philosophical Association*, 1973—1974; rpt. in （5）.

（4） *Essays on Actions and Events*, Oxford University Press, 1980.

（5） *Inquiries into Truth and Interpretation*, Oxford University Press, 1984.

Dennett, D. C.

Brainstorms, Montgomery, Vt. : Bradford Books, 1978.

Descartes, R.

Meditations on First Philosophy, 1641.

Dummett, M.

（1） "Wittgenstein's Philosophy of Mathematics," *Philosophical Review*, 1959; rpt. in （3）.

（2） "A Defence of McTaggart's Proof of the Unreality of Time," *Philosophical Review*, 1960; rpt. in （3）.

（3） *Truth and Other Enigmas*, Harvard University Press, 1978.

Dworkin, R.

"What Is Equality? Part 1: Equality of Welfare" and "What Is Equality? Part 2: Equality of Resources," *Philosophy & Public Affairs*, 1981.

Evans, G.

The Varieties of Reference, Oxford University Press, 1982.

Farrell, B. A.

"Experience," *Mind*, 1950.

Farrer, A.

The Freedom of the Will, London: Adam & Charles Black, 1958.

Fodor, J.

The Modularity of Mind, MIT Press, 1983.

Foot, P.

(1) "Moral Beliefs," *Proceedings of the Aristotelian Society*, 1958—1959; rpt. in (3).

(2) "Morality as a System of Hypothetical Imperatives," *Philosophical Review*, 1972; rpt. in (3).

(3) *Virtues and Vices*, Oxford: Blackwell, 1978.

Frankfurt, H.

"The Problem of Action," *American Philosophical Quarterly*, 1978.

Fried, C.

Right and Wrong, Harvard University Press, 1978.

Gould, S. J.

(1) "Is a New and General Theory of Evolution Emerging?" *Paleobiology*, 1980.

(2) "Genes on the Brain," *New York Review of Books*, June 30, 1983.

Hampshire, S.

235 (1) "Spinoza and the Idea of Freedom," *Proceedings of the British Academy*, 1960; rpt. in (3).

(2) "A Kind of Materialism," *Proceedings of the American Philosophical Association*, 1969—1970; rpt. in (3).

(3) *Freedom of Mind*, Princeton University Press, 1971.

Hare, R. M.

(1) *Freedom and Reason*, Oxford University Press, 1963.

(2) *Moral Thinking*, Oxford University Press, 1981.

Harman, G.

The Nature of Morality, Oxford University Press, 1977.

Harman, P. M.

Energy, Force, and Matter: the Conceptual Development of Nineteenth-Century Physics, Cambridge University Press, 1982.

Hirsch, S. M.

My Lai 4, New York: Random House, 1970.

Hobbes, T.

Leviathan, 1651.

Hume, D.

A Treatise of Human Nature, 1739.

Husserl, E.

Cartesian Meditations, 1929; trans. Dorion Cairns, The Hague: Martinus Nijhoff, 1960.

Jennings, H. S.

The Behavior of the Lower Organisms, 1906; rpt. Indiana University Press, 1976.

Kant, I.

(1) *Critique of Pure Reason*, 1st ed. （A） 1781; 2nd ed. (B) 1787.

(2) *Foundations of the Metaphysics of Morals*, 1785; Prussian Academy ed. , vol. Ⅳ.

(3) *Critique of Practical Reason*, 1788; Prussian Academy ed. , vol. Ⅴ.

(4) *Religion Within the Limits of Reason Alone*, 1794.

Kripke, S.

(1) "Naming and Necessity," in D. Davidson and G. Harman (eds.), *Semantics of Natural Language*, Dordrecht: Reidel, 1972; rpt. as *Naming and Necessity*, Harvard University Press, 1980.

(2) *Wittgenstein on Rules and Private Language*, Harvard University Press, 1982.

Locke，J.

Essay Concerning Human Understanding，2nd ed.，1694.

Lucas，J. R.

The Freedom of the Will，Oxford University Press，1970.

Lucretius

De Rerum Natura

Mackie，J. L.

(1) *Problems from Locke*，Oxford University Press，1976.

(2) *Ethics*，Harmondsworth：Penguin，1977.

Madell，G.

The Identity of the Self，Edinburgh University Press，1983.

McGinn，C.

The Subjective View，Oxford University Press，1983.

Mill，J. S.

236   *Utilitarianism*，1863.

Moore，G. E.

"Proof of an External World," *Proceedings of the British A-cademy*，1939.

Nagel，T.

(1) *The Possibility of Altruism*，Oxford University Press，1970；rpt. Princeton University Press，1978.

(2) "Brain Bisection and the Unity of Consciousness," *Synthese*，1971；rpt. in (4).

(3) "What Is It Like to Be a Bat?" *Philosophical Review*, 1974; rpt. in (4).

(4) *Mortal Questions*, Cambridge University Press, 1979.

(5) "The Limits of Objectivity," in S. McMurrin (ed.), *The Tanner Lectures on Human Values*, vol. I, University of Utah Press, 1980.

(6) "The Objective Self," in C. Ginet and S. Shoemaker (eds.), *Mind and Knowledge*, Oxford University Press, 1983.

Neurath, O.

"*Protokollsätze*," *Erkenntnis*, 1932—1933; trans. F. Schlick, in A. J. Ayer (ed.), *Logical Positivism*, New York: The Free Press, 1959.

Nietzsche, F.

The Genealogy of Morals, 1887.

O Shaughnessy, B.

The Will, Cambridge University Press, 1980.

Parfit, D.

(1) "Later Selves and Moral Principles," in A. Montefiore (ed.), *Philosophy and Personal Relations*, London: Routledge, 1973.

(2) *Reasons and Persons*, Oxford University Press, 1984.

Peirce, C. S.

"How to Make Our Ideas Clear," 1878; in *The Collected Papers of Charles Sanders Peirce*, Harvard University Press, 1931—

1962，vol. Ⅴ.

Plato

(1) *Meno*.

(2) *Republic*.

Popper，K.

Objective Knowledge，Oxford University Press，1972.

Putnam，H.

(1) "The Meaning of 'meaning'," *Mind*, *Language and Reality*:
Philosophical Papers，vol. 2，Cambridge University Press，1975.

(2) *Reason*, *Truth and History*，Cambridge University
Press，1981.

Quine，W. V.

"Epistemology Naturalized," in *Ontological Relativity and
Other Essays*，Columbia University Press，1969.

Railton，P.

"Alienation，Consequentialism，and the Demands of Morali-
ty," *Philosophy and Public Affairs*，1984.

Rawls，J.

(1) *A Theory of Justice*，Harvard University Press，1971.

(2) "Social Unity and Primary Goods," in A. Sen and B. Wil-
liams（eds.），*Utilitarianism and Beyond*，Cambridge University
Press，1982.

Reid，T.

Essays on the Intellectual Powers of Man, 1785.

Scanlon, T. M.   *237*

(1) "Preference and Urgency," *Journal of Philosophy*, 1975.

(2) "Rights, Goals, and Fairness," in S. Hampshire (ed.),
Public and Private Morality, Cambridge University Press, 1978.

Scheffler, S.

The Rejection of Consequentialism, Oxford University Press,
1982.

Searle, J. R.

Intentionality, Cambridge University Press, 1983.

Shoemaker, S.

"Personal Identity: a Materialist's Account," in S. Shoemaker
and R. Swinburne, *Personal Identity*, Oxford: Blackwell, 1984.

Sidgwick, H.

The Methods of Ethics, 7th ed. , 1907.

Spinoza, B.

(1) *On the Improvement of the Understanding*; tr. R. H.
M. Elwes, in *The Chief Works of Benedict de Spinoza*, vol. Ⅱ,
New York: Dover, 1951.

(2) *Ethics*, 1677.

Sprigge, T.

"Final Causes," *Proceedings of the Aristotelian Society*, sup-
pl. vol. 45, 1971.

Stanton, W. L.

"Supervenience and Psychophysical Law in Anomalous Monism," *Pacific Philosophical Quarterly*, 1983.

Strawson, P. F.

(1) *Individuals*, London: Methuen, 1959.

(2) "Freedom and Resentment," *Proceedings of the British Academy*, 1962; rpt. in *Freedom and Resentment and Other Essays*, London: Methuen, 1974.

(3) *The Bounds of Sense*, London: Methuen, 1966.

(4) "Perception and Its Objects," in G. MacDonald (ed.), *Perception and Identity*, London: Macmillan, 1979.

Stroud, B.

The Significance of Philosophical Skepticism, Oxford University Press, 1984.

Sturgeon, N.

"Altruism, Solipsism, and the Objectivity of Reasons," *Philosophical Review*, 1974.

Taylor, R.

Action and Purpose, Englewood Cliffs, N. J.: Prentice-Hall, 1966.

Wachsberg, M.

"Personal Identity, the Nature of Persons, and Ethical Theory," Ph. D. diss. Princeton University, 1983.

Waston, G.

"Free Agency," *Journal of Philosophy*, 1975.

Wefald, E. H.

"Truth and Knowledge: On Some Themes in Tractarian and Russellian Philosophy of Language," draft of Ph. D. diss. Princeton University, 1985.

Wiggins, D.

(1) "Freedom, Knowledge, Belief and Causality," in *Knowledge and Necessity*, Royal Institute of Philosophy Lectures, vol. Ⅲ, London: Macmillan, 1970.

(2) "Towards a Reasonable Libertarianism," in T. Honderich (ed.), *Essays on Freedom of Action*, London: Routledge, 1973.

Williams, B.

(1) "Imagination and the Self," *Proceedings of the British Academy*, 1966; rpt. in (3).

(2) "The Self and the Future," *Philosophical Review*, 1970; rpt. in (3).

(3) *Problems of the Self*, Cambridge University Press, 1973.

(4) "A Critique of Utilitarianism," in J. J. C. Smart and B. Williams, *Utilitarianism: For and Against*, Cambridge University Press, 1973.

(5) "Wittgenstein and the Idealism," in G. Vesey (ed.), *Understanding Wittgenstein*, London: Macmillan, 1974; rpt. in (8).

238

（6）"Persons, Character, and Morality," in A. Rorty（ed.），*The Identities of Persons*, University of California Press, 1976; rpt. in（8）.

（7）*Descartes: The Project of Pure Inquiry*, Harmondsworth: Penguin, 1978.

（8）*Moral Luck*, Cambridge University Press, 1981.

Wittgenstein, L.

（1）*Tractatus Logico-Philosophicus*, London: Routledge, 1922.

（2）*Philosophical Investigations*, Oxford: Blackwell, 1953.

Wolf, S.

（1）"Asymmetrical Freedom," *Journal of Philosophy*, 1980.

（2）"Moral Saints," *Journal of Philosophy*, 1982.

（3）"Above and Below the Line of Duty," *Philosophical Topics*, 1986.

Wollheim, R.

The Thread of Life, Harvard University Press, 1984.

索 引 *①

* 我对尼古拉斯·休莫兹（Nicholas Humez）编辑了本索引表示感激。

① 数字表示原书页码，即本书边码。——译者注

② 此条目原书索引有错，第 77 页上的表述是：absolute space and time，而非 space-time。中间加了连字符与不加连字符完全是两个概念，加了连字符之后是不能用 absolute 修饰的。——译者注

修订版译后记

　　作者艰深的思想加上独特的文字表达风格，为本书的翻译带来了相当的难度。本次修订做了较大的改动，或是更正了原先的个别错译，或是根据译者现在的理解而对个别地方进行了重译，但更多的是对一些文字的重新润色与完善。译稿虽经认真修订，但错误仍在所难免，恳请读者批评指正。

贾可春

2020 年 3 月 9 日

图书在版编目(CIP)数据

本然的观点：中文修订版 /（美）托马斯·内格尔
(Thomas Nagel) 著；贾可春译. --北京：中国人民大
学出版社，2022.5
书名原文：The View from Nowhere
ISBN 978-7-300-30277-5

Ⅰ.①本… Ⅱ.①托…②贾… Ⅲ.①本体论-研究
Ⅳ.①B016

中国版本图书馆 CIP 数据核字（2022）第 030385 号

本然的观点（中文修订版）

[美] 托马斯·内格尔（Thomas Nagel）著

贾可春　译

Benran De Guandian

出版发行	中国人民大学出版社			
社　　址	北京中关村大街 31 号		**邮政编码**	100080
电　　话	010 - 62511242（总编室）		010 - 62511770（质管部）	
	010 - 82501766（邮购部）		010 - 62514148（门市部）	
	010 - 62515195（发行公司）		010 - 62515275（盗版举报）	
网　　址	http://www.crup.com.cn			
经　　销	新华书店			
印　　刷	涿州市星河印刷有限公司		**版　　次**	2010 年 8 月第 1 版
规　　格	148 mm×210 mm　32 开本			2022 年 5 月第 2 版
印　　张	12.875 插页 4		**印　　次**	2022 年 5 月第 1 次印刷
字　　数	267 000		**定　　价**	78.00 元